Heini Holzer - Meine Spur, mein Leben
Grenzgänge eines Extrembergsteigers

Heini Holzer

Meine Spur, mein Leben

Grenzgänge eines Extrembergsteigers

Redaktion: Markus Larcher

Edition Raetia

Gedruckt mit Unterstützung der Kulturabteilung bei der Südtiroler Landesregierung, den Raiffeisenkassen des Burggrafenamtes und der Raiffeisen Landesbank Südtirol

Herausgeber:
Alpenverein Südtirol AVS
Umschlagfoto von Martin Fliri Dane;
Heini Holzer am Piz Palü
Graphik und Layout: Dall'O & Freunde
Druckbild: Typestudio, Bozen
Druck: Fotolitho Varesco, Auer

ISBN: 88-7283-136-9

Zum Geleit

Meine erste Begegnung mit Heini fand am Schlernbödele statt. Zusammen mit Meraner Freunden war er per Fahrrad gekommen. Er war blutjung, 15 Jahre etwa. Seine Seilschaft ging die Burgstallkante, unser Ziel war der Santner.
Heini Holzer war ein außergewöhnlicher Mensch. Klein von Statur, mit einem unbändigen Willen und einem Kämpferherzen ausgestattet, ist er einer der ganz Großen im Alpinismus geworden. Gäbe es eine alpine Kombination – Fels und Eis in den höchsten Schwierigkeitsgraden, in Seilschaft oder allein, im Sommer wie im Winter und zudem noch seine gut hundert Steilwandabfahrten – er wäre für Jahrzehnte unerreicht geblieben.
Heini war ein tiefsinniger Mensch, ein Grübler auch. Er konnte singen und musizieren, und ein Hüttenabend mit ihm war immer ein Erlebnis. Als Mitglied der AVS-Hochtouristengruppe stieß Heini in späteren Jahren zur Bozner Gruppe, der er immer treu blieb.
Wiederholt wurde von einem Freundeskreis um Heini Holzer ein Buch über diesen angeregt. Mehrere Anläufe gab es dazu, aber es kam nichts Rechtes dabei heraus. Bis vor eineinhalb Jahren sein Sohn Markus an uns vom Alpenverein Südtirol (AVS) herantrat. Vieles, was sein Vater geschrieben hatte, in Tage- und Tourenbüchern, Zeitungsberichten und Aufsätzen, hatte er gesammelt. Markus Holzer schwebte ein Buch vor, in dem fast ausschließlich sein Vater zu Wort kommen sollte. Sehr schnell kamen wir jedoch zu der Erkenntnis, daß es lohnender sein würde, die Persönlichkeit Heini Holzers in einen größeren Zusammenhang zu stellen.
Bei der Suche nach einem Autor lernte ich den jungen Publizisten Markus Larcher kennen. Er hat ausgiebig recherchiert, viele Freunde und Seilgefährten interviewt und ist gewissermaßen in die Persönlichkeit Heini Holzers eingetaucht, dessen Seele und Motive ergründend.
Das Ergebnis ist das vorliegende Buch, das Angehörigen, Freunden und Bewunderern von Heini sein Leben zeigt und zudem ein Stück Alpingeschichte dokumentiert.
Der Alpenverein Südtirol freut sich über die nun vorliegende Publikation, wird damit doch eine über Südtirol hinausreichende Lücke in der Alpingeschichte geschlossen.
Wir danken allen Gönnern und jenen, die unterstützend mitgewirkt haben: den Artikelschreibern, den Bildautoren, der Familie von Heini Holzer und Reinhold Messner für sein Vorwort.

Luis Vonmetz, Alpenverein Südtirol, 1. Vorsitzender

Heini Holzer, der Steilwandfeger

Wir waren beide zwanzig, als wir uns kennen lernten. Natürlich kannte ich Heini Holzer von Erzählungen, ging ihm doch der Ruf eines Stehaufmännchens voraus. Wie er seinen freihängenden Seilpartner vor dem Stranguliertwerden befreit, seine Begleiter am Fuße des Ortlers aus einer Lawine gräbt, waren Geschichten, die Heini früh schon mit dem Flair des Legendären umgaben. Immer war er es, der die Situation rettete.
Der Kaminfeger Heini Holzer, mit Spitznamen „Feger“, war noch kleiner, als ich ihn mir vorgestellt hatte. Mit seinem Strahlen und Lachen aber konnte er jeden für sich einnehmen, dem er nur kurz auf der Hütte begegnete oder nach einem Vortrag die Hand schüttelte.
Heini war weder als Fußgänger noch als Kletterer besonders schnell, aber er kam überall durch. Seine Ziele wuchsen mit seiner Erfahrung, und sein jugendlicher Übermut hatte mehr mit dem Gefühl von Unsterblichkeit zu tun als mit Frohsinn. Am Berg war für ihn fast alles möglich, nur Umkommen kam nicht in Frage. Noch nicht.
Heini war Romantiker, wie Generationen von Bergsteigern vor ihm und die meisten seiner Zeitgenossen. Dass er das Bergsteigen in seinen Erzählungen romantisierte und seine „Helden“ – es waren immer wieder andere – heroisierte, ist also verständlich. Auch seine Fähigkeit immer wieder neue Freunde zu finden, hängt damit zusammen. Dabei blieb Heini im Grunde seines Herzens ein trauriger Mann. In den Melodien, die er mir in so mancher Biwaknacht auf seiner Mundharmonika vorspielte, in den bruchstückhaft erzählten Erinnerungen aus seiner traurigen Kindheit klang viel Melancholie. Nein, er war nicht unglücklich über sein Schicksal, stand zu seinem Beruf als Kaminkehrer und genoss sogar sein wöchentliches Hinaufsteigen über den Alltag. 50 Arbeitswochen hatte sein Jahr, dazu kamen drei Wochen Urlaub. Das Ergebnis: 70 Bergtouren pro Jahr, im Winter auf Skiern, im Sommer in Fels und Eis.
Heini heiratete früh, und als ich ihn einlud, zu einer gemeinsamen Himalaja-Expedition mitzukommen, waren es nicht nur die beiden kleinen Kinder, die ihn davon abhielten. Er hatte seine eigene Form gefunden, sich am Berg auszudrücken, neue Freunde und endlich die Anerkennung, die er mehr brauchte als andere. Heini war immer noch Kaminkehrer, aber am Wochenende jetzt vor allem Steilwandfahrer und plötzlich ein bekannter Mann.
Mit den ersten Sponsorverträgen ergaben sich noch mehr Möglichkeiten, die er mit größer und größer werdender Ambition zu nutzen wusste.

Im Gegensatz zu mir blieb Heini bei seinem Beruf, in seinen Alpen, in seinem Umfeld. Und die Zahl seiner Bewunderer nahm mit jeder Abfahrt zu.
Wir trafen uns seltener, obwohl wir häufig von derselben Bühne erzählten: Heini von seinen Steilwandabfahrten zwischen Monte Cristallo, Königsspitze und Montblanc – ich vom Nanga Parbat, Aconcagua, Manaslu.
Als ich 1977 von einem gescheiterten Versuch an der Südwand des Dhaulagiri im Himalaja heimkam, war Heini tot. Abgestürzt mit Skiern an der Nordostwand des Piz Roseg. Zur öffentlichen Trauerfeier kam ich zu spät – die Erinnerung an seine Lieder aber, sein Lachen, sein Leben ist nach 20 Jahren Unterwegssein ganz lebendig geblieben. Mit 32 Jahren, wie Hermann Buhl, ist Heini Holzer vom Berg gefallen, wo er tausend und mehr schwierige Touren gemeistert hat – zu jung, um zu wissen, wie gefährlich die Faszination der unbegrenzten Möglichkeiten da oben ist.

Reinhold Messner

Heini Holzer, 15jährig vor dem Spronser Langsee; ▶
Auftakt zu ersten Erkundungstouren in der Texelgruppe.

Alle Geschichte ist Legende. Jedes Zeitalter, ja fast jede Generation hat ein anderes Ideal, und mit dem Ideal ändert sich auch der Blick in die einzelnen großen Abschnitte der Geschichte.

Egon Friedell

Meine Spur, mein Leben

Meine Spur ziehe ich am liebsten,
wohin keine andere führt.
Ich kann zurückblicken
und sie beurteilen,
was ich sonst nicht könnte,
weil sie sich durch die vielen anderen
verlieren würde.

Auch mein Leben
will ich unter Kontrolle haben.
Darum gehe ich einen eigenen Weg,
dem nicht jeder folgt.

Heini Holzer

Ein Leben für den Berg

Schwierige Kindheit

Heinrich Holzer kommt am 7. April 1945 in Taufers im Münstertal (Südtirol), während des Überflugs eines amerikanischen Bombengeschwaders, zur Welt. Er wird in ärmlichste und unstabile Verhältnisse hineingeboren. Seine 28jährige Mutter, Maria Defatsch aus Matsch, seit 1943 mit dem Schlanderser Richard Holzer (geb.1914) verheiratet, vermißt ihren Mann bereits seit einem halben Jahr an der Ostfront. Die Mutter arbeitet als Magd auf einem Bauernhof in Taufers und muß das Neugeborene untertags zu einer verwandten Bauersfamilie in Pflege geben. In Ermangelung fehlender Muttermilch stillt die Tauferer „Schloßhof"-Bäuerin das Pflegekind zusammen mit ihrem eigenen.

Mein Spielzeug

Oft denke ich an meine Kindertage, ich hatte kein Spielzeug zum Spielen, aber was ich hatte, war die Natur mit ihren Blumen und Tieren und mit ihrer Freiheit. Auch heute finde ich das noch in meinen Bergen.

1946 zieht die Magd mit ihrem Kleinen auf den „Brunnerhof" nach Schenna. Unweit davon arbeitet ihr neuer Lebenspartner Josef Kröss (geb.1904) als „Wirtschafter" auf dem „Greiterhof". Ihn heiratet die junge Witwe ein Jahr später, nachdem aus Deutschland eine offizielle Bestätigung über den Tod ihres vermißten Ehemannes eingetroffen ist. Oberhalb von Schenna bezieht die junge Familie das „Salchthal", ein ärmliches 1500 Meter hoch gelegenes Holzhäuschen. Wenngleich in bescheidensten Lebensverhältnissen und weit abseits des dörflichen Geschehens, wächst Heini inmitten einer prachtvollen Naturumgebung heran.

Ich bin vielleicht hart zu verstehen.

Heini ist zwei Jahre alt, als seine Stiefschwester Waltraud geboren wird; mit fünf Jahren versucht sich der Knirps als Gehilfe beim Hüten am Fuß des imposanten Ifinger. Auf seinen Entdeckungszügen durchstreift das Kind seine nähere Oberschennaer Umgebung. Es scheinen diese allerersten Lebensjahre zu sein, in denen in Heini jene tiefe Naturverbundenheit heranwächst, die ihn zeitlebens prägen wird.
Anfang der 50er Jahre zieht die Familie nach Latsch. Im hinteren Martelltal bauen die Montecatini-Werke einen Staudamm. Heinis Stiefvater verspricht sich bessere Verdienste und läßt sich als Stollen-Arbeiter anwerben. In Latsch verbringt der Bub seine ersten beiden Schuljahre. Die wirtschaftlichen Verhältnisse der Familie bleiben jedoch äußerst bescheiden, zumal der Stiefvater zu trinken begonnen hat.

Maria Defatsch und Richard Holzer. Heirat der Eltern in Zeiten des Krieges.

Die Sommermonate über muß der Bub gewissermaßen auf sich selbst schauen: Gegen Kost und Logis hilft er im „Hotel Post" im benachbarten Suldental aus, hütet die Ziegen des Hauses und die einiger Bauern. Nach nur zwei Jahren steht ein neuer Wohnortswechsel an:

Ärmlichstes Zuhause in prächtiger Umgebung. Im „Salchthal"-Höfl auf dem Oberschennaer Berg verbringt Heini Holzer einige seiner ersten Lebensjahre.

Um noch näher an seinem Arbeitsplatz zu sein, zieht Josef Kröss samt Familie ins nahe Dorf Martell. Dort kommt im Jahr 1953 Heinis Stiefbruder, Alois, zur Welt.

Wiederum gilt es für den schmächtigen achtjährigen Buben, sich in Martell an ein neues Umfeld zu gewöhnen, neue Freunde zu finden. Gewährt bleibt indessen die sommerliche Hirtentätigkeit Heinis in Sulden. Dort spürt er dem Wild nach, sammelt Geweihstücke und Vogelfedern, sucht die Felsen der Rosimwände nach den Nestern der Raubvögel ab. Allmählich interessiert er sich auch für Mineralien und Bergblumen, und Heini beginnt mit jener Beschäftigung, der er auch im Erwachsenenalter leidenschaftlich frönt: er sammelt – kistenweise.

Allgegenwärtig in seinem Blickfeld bleiben die mächtigen Eiswände von Königsspitze, Zebrù und Ortler. Und die Ortler-N-Wand, so erzählen sich die älteren Hirtbuben im Tal, sei nach den Erstbezwingern schon ein Vierteljahrhundert niemand mehr hinaufgekommen …

Huflattich war die erste Blume, die ich in ein Gefäß einpflanzte und sehen mußte, wie sie abstarb. Damals weinte ich, kam mir vor wie ein Mörder, der ein Leben vernichtet hatte.

Für Heini sind die jeweiligen Sommer eine relativ unbeschwerte Zeit, wenngleich er als Hirte sehr viel allein ist. Ernsthaft wird sein Hüter-Dasein nur einmal unterbrochen: Man unterstellt ihm, etwas entwendet zu haben. Der Bub sieht sich zu Unrecht beschuldigt und läuft über das Madritschjoch ins hintere Martelltal hinunter, wo er den Stiefvater an der Stollenarbeit weiß. Dieser hat für Heinis Anliegen jedoch nichts übrig und versetzt dem Buben eine Ohrfeige. Von dieser wird Heini noch als Erwachsener sprechen. In Latsch schließlich setzt die Mutter den heulenden und verstörten Buben ins nächste Postauto nach Sulden. Für Heini ein traumatisches Ereignis, das ihn endgültig von seinem Stiefvater distanziert und ihn eine bittere Lek-

tion lehrt: im Notfall nur auf sich allein gestellt zu sein. Selten früh muß sich Heini seiner Einsamkeit bewußt werden: Ist die Menschenferne ein mögliches Zuhause?
Die Identität seines richtigen Vaters indessen wird Heini von seiner Mutter verschwiegen. Erst sehr viel später, als junger Mann, wird er diesen – anläßlich eigener Nachforschungen – das erstemal auf einem Foto sehen.
Nach knapp drei Jahren steht wieder ein Umzug an. Zurück ins Burggrafenamt, nach Riffian, wo sein Stiefvater die Arbeit bei einer Baufirma aufnimmt. In Riffian beendet Heini auch die Volksschule und muß ausschulen.

Bedingt durch den häufigen Wohnortswechsel der Eltern schult Heini während seiner Grundschulzeit dreimal neu ein. Bleibende Freundschaften sind so gut wie unmöglich.

Lehrjahre

An den ärmlichen Verhältnissen der Familie ändert sich auch mit der neuen Arbeit des ungeliebten Stiefvaters wenig; dieser trinkt in einem fort. Familiäre Geborgenheit gibt es nur ansatzweise.
Heini Holzers Kleinwuchs ist mittlerweile augenscheinlich und – wie für jeden Jungen – ist er Nährboden für Minderwertigkeitskomplexe, Nichtigkeitsängste. Heini entwickelt einen überdurchschnittlich starken Ehrgeiz, der ihn in Wettkämpfen, Läufen und später am Berg alles geben läßt. Einem Wettkampf gleich, mißt er sich bei seinen späteren Alleingängen an den Begehungszeiten seiner Vorgänger, um jene beinahe regelmäßig zu unterbieten.
Körperlich schmächtig und sehr sensibel, findet Heini in diesen Jahren nicht die notwendige Beachtung und Ermutigung. Die Kräfte der Mutter werden von der täglichen Sorge um die materielle Existenz, vom Kampf um den Familienfrieden und der notwendigen Fürsorge für Heinis kleinere Geschwister aufgezehrt. Heini verschließt sich zusehends: nicht aber vor den kleineren Geschwistern. Diese „halten zusammen wie Pech und Schwefel" (Alois Kröss). Und dies über die Jugendjahre hinaus.

Um ein Zubrot bemüht, begibt sich die Mutter mit ihren zwei ältesten Kindern zeitweilig ins nahe Saltaus: Gemeinsam singt man dort in einer Pension vor Touristen – Heini begleitet Mutter und Schwester auf seiner Mundharmonika und Gitarre.
Auch während der Jahre in Riffian wird der Junge zur Entlastung der Familienkasse zum Hüten ins hintere Passeiertal geschickt. Zwei Sommersaisonen lang hütet er unweit des Jaufens, im Passeirer Waltental, das Galtvieh. Er freundet sich mit einem Jagdaufseher an, der ihm Einzelheiten der alpinen Tierwelt näherbringt. Der Berg, dessen Fauna und Flora – sie prägen sich dem jungen Heini Holzer endgültig ein. Am Berg findet er jene elementaren Gewißheiten und Freuden, die ihm anderswo verwehrt bleiben; dort kann sich Heini bewähren. Die Natur urteilt nicht, verurteilt niemanden.

Der erste Bergausflug mit dem AVS bringt Heini Holzer auf den Schlerngipfel; akribisch genau führt der Jugendliche fortan Buch über seine Bergfahrten.

Ende der 50er Jahre beginnt Heini Holzer mit der Kaminkehrerlehre in Marling bei Meran. Das wenige Lehrgeld muß er zu Hause abgeben. Doch mit dem Trinkgeld, das er bei seiner Arbeit erhält, kauft sich Heini Ausrüstungsgegenstände für seine ersten Bergtouren.
1960 schließlich erneuter Wohnortswechsel: Die Familie kehrt nach Schenna zurück. Die wirtschaftliche Situation verbessert sich leicht. Die Mutter vermietet einzelne Zimmer an Feriengäste; der Vater, schwergezeichnet, läßt vom Alkohol.
In Schenna ist der 15jährige sofort wieder an seinem Hausberg, dem Ifinger, unterwegs. Dort beginnt er auch mit seinen ersten ernsthaften Klettertouren. Das Wissen rund um Seil- und Sicherungstechnik erliest sich der Autodidakt aus einer kleinen Kletterfibel. Der Eintritt in den Bergrettungsdienst bringt ein übriges an Detailwissen rund um die Seiltechnik mit sich.
Es folgt die Mitgliedschaft im Südtiroler Alpenverein AVS. Über die Vereinsfahrten eröffnen sich für den mittellosen Jugendlichen bislang unerreichbare Berge: der Rosengarten, die Dolomiten, die Zillertaler Alpen, ja sogar die Berninagruppe. Während die große Mehrzahl der AVS-Ausflügler die angepeilten Gipfel über Normalwege erreicht oder auf Almhütten verweilt, nützt Heini Holzer die Gelegenheit für schwierigere Gipfelanstiege. Einer seiner ersten AVS-Ausflüge bringt ihn in den Rosengarten: Dort erklimmt er die gleichnamige Spitze über den Südgrat mit Stellen im IV. Schwierigkeitsgrad; im Anschluß, macht sich Holzer in den nahen Vajolettürmen an die Delagokante, um sie in eineinviertel Stunden hinter sich zu bringen. Zuweilen wartet auch schon mal eine ganze Ausflugsgesellschaft auf den rastlosen Jugendlichen. Der Ruf des Eigenbrötlers und Individualisten ist ihm sicher. Dieser Stempel wird ihn zeitlebens begleiten.

Hermann Buhl ist mein Vorbild. Auch er war oft als Alleingänger unterwegs. Wenige verstanden ihn. Ich las sein Buch – keines verstand ich so gut wie dieses.

In Wiesen in Pfitsch absolviert der Kaminkehrerlehrling an Wochenenden die ausbildungspflichtige Berufsschule. Von Wiesen aus begeht der Bergbegeisterte teils allein, teils in Begleitung anderer Kaminkehrerlehrlinge einige Gipfel des Pflersch- und Pfitschtales: Die Erkundung von Stubaier und Zillertaler Alpen steht an. Auf seinem Programm stehen Normalwege, aber auch schwierigere Aufstiege wie etwa der Westgrat am Goldkappl in der Tribulaungruppe. Dort wähnt sich der junge Bergsteiger auch auf Tuchfühlung mit seinem größten Vorbild, Hermann Buhl. Dieser war rund 15 Jahre zuvor ebendiesen Grat bei Nacht abgestiegen, nachdem er mit einem Gefährten in der Südwand nur knapp einer Katastrophe entgangen war. Buhls Südwand, vielleicht ist auch sie einmal in Reichweite …

An den freien Wochenenden seiner Lehrzeit klopft Holzer fast sämtliche Gipfel „seiner“ Texelgruppe ab. Das Bestreben, sich im Hochgebirge zu bewähren, und zwar zu jeder Jahreszeit, läßt ihn auch gefährliche winterliche Alleingänge, vorwiegend zwischen Tschigat und Similaun, unternehmen. Heini Holzer sucht das Extreme und darin letztlich wohl sich selbst. Das Vorankämpfen in hüfthohem Schnee, das Sichabhärten ist ganz nach seinem Geschmack. Es dient dem Bestehen des Daseins. Sein Erfahrungsdrang im kombinierten Gelände läßt sich nur von akuter Lawinengefahr einbremsen: für den Unermüdlichen die einzige Legitimation, umzukehren. Heini, dem nie etwas geschenkt worden war, schenkt auch sich selbst nichts.

In den Vajolettürmen begibt sich Holzer erstmals auf klassische Kletterfahrt. Am Delagoturm klettert er die gleichnamige Kante (punktierter Routenverlauf).

Klettern als Daseinsform

Nach dreijähriger Ausbildung legt Heini Holzer 1962 die Gesellenprüfung ab. Nachdem er vom Militärdienst wegen seines Kleinwuchses freigestellt wird, beginnt das Arbeitsleben. Es erweist sich kräftezehrender und aufreibender, als es dem Jugendlichen lieb ist, fallen doch mehrere größere Dörfer in das Arbeitsgebiet seines Chefs in Marling. Die Freizeit ist knapp bemessen. Zu knapp.
Zufall oder nicht – mit dem Eintritt ins Berufsleben werden auch die Klettertouren mit einem Mal anspruchsvoller. Hatte sich Heini Holzer bislang sehr bedächtig den höheren Schwierigkeitsgraden angenähert, so stellt der Sommer '63 die Wende hin zur Extremkletterei dar. Während er noch zunächst auf IVer und Ver-Touren unterwegs ist, wie beispielsweise an den Südwänden von Scheibenspitze, Euringer, Grohmannspitze und Marmolata oder der Dibonaführe der Rotwand, so schlägt der junge Holzer am Winklerturm indessen ein neues Kapitel auf.
Mit der Winklerturm-S-Wand in den Vajolettürmen schafft der 18jährige im Seil mit dem Meraner Dieter Drescher seine erste Tour im VI. Schwierigkeitsgrad. Ob freie oder künstliche, sprich hakentechnische Kletterei: VI+ gilt in diesen Jahren als die oberste Grenze des Kletterbaren. Heini Holzer darf sich in Südtirol fortan zum kleinen Kreis der sogenannten Extremen zählen.

Klettern ist kein Spiel mit dem Leben, sondern mit dem Berg.

Erfahrungshungrig beginnt Holzer die Grenze des Kletterbaren auszuloten. Die Eisensteckenroute am Fensterleturm im Rosengarten, die UKK-Führe auf die Scheibenspitze und die SW-Wand des Margarethenturms dienen ihm in der Folge als ideales Experimentierfeld. In einigen Mitgliedern des exklusiven zehnköpfigen Meraner Kletterklubs UKK (Unsere Kletterkameraden) findet Holzer zudem auch gleichgesinnte Partner für seine gewagten Touren.
Um mit den sprichwörtlich Großen mitzuhalten, gilt es für Heini mit 1,53 m Körpergröße, das Manko seines Kleinwuchses wettzumachen. Nachdem auf vielen Führen entscheidende Haken für den kleinen Mann zu hoch geschlagen sind, bastelt er sich eine künstliche Verlängerung: ein zirka 30 cm langes Drahtgestänge, mit dessen Hilfe er Seilschlingen,Trittleiter usw. in unerreichbare Haken einzuhängen vermag. In der Blütezeit der künstlichen Kletterei, wo technische Hilfsmittel den Traum der Machbarkeit „unmöglicher" Wände realisieren helfen, fällt Holzers „Griff-Fiffi" – in Bekanntenkreisen

In der Ifinger-Nordwand. Immer wieder ist Holzer an seinem Hausberg unterwegs.

„Schiarhangl" (Schürhaken) genannt – höchstens als Kuriosum auf. So gut wie unsichtbar indessen erweist sich Holzers Messerhaken, der, in kleinste Ritzen geschoben, zum Einhängen der Trittleiter dient.

Nahezu sämtliche Klassikertouren im Südtiroler Umfeld liegen nunmehr im Bereich des Machbaren. Doch der Hauch des Unberührten, welchen Holzers Vorbilder Auckenthaler, Comici, Micheluzzi, Rebitsch – um nur einige zu nennen – spürten, hat sich in den Dolomiten bereits seit Jahren verzogen; für den Tatendrang eines jungen Mannes, der sein Leben bedingungslos dem Berg verschrieben hat und dessen Tourenprogramm (noch) von Geldnot bestimmt wird, eine beträchtliche Einschränkung. Zudem wissen Holzers Eltern nichts von den extremen Touren Heinis. Lediglich seine Geschwister haben von der heimlichen Leidenschaft Kenntnis: Wenn Heini sich offiziell zu einer „Wanderung" verabschiedet, sind sie es, die ihm, versteckt vom Fenster aus, die Klettersachen nachreichen.

In den erschlossenen Alpen dieser frühen 60er Jahre ist so etwas wie alpine Pionierluft beinahe nur mehr bei Winter-Erstbegehungen zu schnuppern. Wie viele andere Extrembergsteiger erblickt auch Holzer darin eine Möglichkeit, knapp gewordenes Neuland zu betreten. Und offengebliebene Probleme im kombinierten Gelände gibt es zudem in einer nahen Berggruppe, die Holzer seit Kindestagen vertraut ist: an den Eiswänden und -graten der Ortlerberge.
Mit Helmut Larcher und Dieter Drescher geht er im Winter '64 die Nordwand des Ortlers an: zwar „nur" als Winter-Zweitbegehung, doch der Abstieg durch die Schückrinne ist als Premiere geplant.
Die Nordwand! Seit Kindestagen hat dieser Eiskanal Heini beeindruckt. Nun endlich geht er sie an. Hans Ertl, der Erstersteiger, hatte sich drei Jahrzehnte zuvor nicht gerade mutmachend geäußert:
„An dieser 1400 m hohen Wand, einer lotrechten Eismauer, zu deren beiden Seiten reiche Vorräte an Stein- und Eisschlag-Munition in den Wülsten und Überhängen vorbereitet sind, haftet das Auge des gewöhnlichen Sterblichen nur mit Grauen. Und wer dem Toben und Heulen der Stein- und Eislawinen gelauscht, die von Zeit zu Zeit die Wand herabdonnern (...), der wendet entsetzt den Blick weg von dem schaurigsten aller Erdenwinkel und kann verstehen, daß es bisher keinem Menschen gelang, sich dort in einem Lotteriespiel einen Weg zu erkämpfen."
Unter dem Stichwort „Die weiße Hölle" schreibt Holzer ungewohnt schreibfreudig in sein Tourenbuch: *„Die Nordwand hatte gute Verhältnisse, aber Staublawinen grollten über unsere Köpfe. Mir persönlich fegten zwölf über den Rücken. Alles ging gut, außer dem Nervenkitzeln und der Todesangst."*
Der Nervenkitzel dauert acht Stunden, doch die Beinahe-Katastrophe passiert beim Abstieg in der Schückrinne. Eine der zahlreichen Schneerutschen, welche die drei selbst lostreten, reißt die Angeseil-

ten mit sich. Holzer und Gefährten stürzen über 300 Meter die Rinne hinab. *„Ich dachte an zu Hause und an das Ende."* Bei Stillstand der Lawine bleibt Heini Holzer dank seines Federgewichts und der geistesgegenwärtigen Schwimmbewegungen als einziger unverschüttet. Unverletzt befreit er seine ohnmächtigen und nur leicht verletzten Seilpartner aus der eisigen Todesfalle.

Das Unglück tut Holzers bergsteigerischer Betriebsamkeit keinen Abbruch – im Gegenteil:
Die erstmals spürbar empfundene Möglichkeit des Todes, in Verbindung mit dem unerschütterlichen Bewußtsein des eigenen Könnens, stellt für Heini Holzer ein seltenes Lebenselixier dar. Nur der Berg verspricht ihm Lebensglück; nur dort ist der gläubige Christ sich und der Schöpfung am nächsten.

Es folgt die Erstbegehung des Nordpfeilers der Thurwieserspitze (Ortlergruppe). Mit dieser Tour betritt Holzer auch in einer zweiten Hinsicht Neuland. Der „Feger", wie der neunzehnjährige Kaminkehrer in der Kletterszene nunmehr genannt wird, schreibt das erste Mal für die Alpinseite der Südtiroler Tageszeitung „Dolomiten". Für ihn eröffnen sich damit ungeahnte Möglichkeiten. Erstmals kann er die eigenen Leistungen einer breiteren Öffentlichkeit präsentieren und im medialen Forum der lokalen Größen – nebst Tourenvorschlägen – auch seine eigene alpinistische Sichtweise darlegen.
Die Suche nach Bestätigung und Anerkennung auf der einen Seite, Bescheidenheit und Verschlossenheit auf der anderen – in seinen schriftlichen Beiträgen lebt Holzer diesen Widerspruch geradezu auf exemplarische Weise. Sich in alpinistischen Belangen zu Wort zu melden, ist ihm jedoch auch eine Herzensangelegenheit. Selbst Idealist und Naturromantiker und wenngleich sehr einfach und sachlich schreibend, scheint ihm der verklärende, naturromatische Geist der „Bergsteiger"-Seite auf den Leib geschrieben. Hier wird er verstanden und kann – ja soll sogar! – von sich und seinen Bergen erzählen. „Der Bergsteiger in den Dolomiten", die einzige langjährige Tageszeitungsbeilage im deutschen Sprachraum, wird Heini ein zweites Zuhause, wenngleich er sich später auch noch in den Alpinzeitschriften „Bergsteiger" und „Alpinismus" einen Namen machen soll.

Zu Hause in Schenna hat Heini Holzer seit dem glimpflichen Absturz in der Schückrinne außerdem nichts mehr zu verheimlichen. Selbst im Radio wird von der Beinahe-Tragödie berichtet. Heinis Leidenschaft bleibt bei Mutter und Stiefvater unverstanden, ja sie wird mißbilligt.
Was aber ist das für ein Zuhause, wenn selbst Grundbedürfnisse verleugnet werden sollen?
Unverstanden bleibt Heini Holzer zuweilen aber auch unter Berggefährten.

Auszug aus dem Tourenbuch Holzers vom Sommer 1962

Die Felsen, das Eis, sie sprechen zu mir; sie lassen mich tiefer denken, denn ich habe nichts außer mich selber.

Mit Bergfreunden auf Skitour. Von links nach rechts: Ulli Kössler, Fritz Pichler, Heini Holzer und Walter Alber.

Als eigenwillige Persönlichkeit eingeschätzt, gilt er in Meraner Alpinkreisen nicht als der Pflegeleichteste. Bei Skitouren zieht er mitunter sprichwörtlich seine eigene Spur, ja biwakiert auch schon mal abseits, um am nächsten Tag seine Aufstiegsroute selbst und ohne Diskussionen bestimmen zu können. In alpinistischen Fragen gibt er sich streitbar, Übertreibungen und alpinistisches Jägerlatein mißbilligt er aufs schärfste. Was die Tourenwahl anbelangt, hat Holzer zudem genaue Vorstellungen: Für fade Kompromisse ist die Zeit am Berg zu knapp. Herdenmensch um der Herde willen – dafür ist der Individualist Holzer nicht zu haben.
Nichtsdestotrotz gibt er sich gesellig und ist als musizierender Stimmungsmacher überall gern gesehen. Als Kletterpartner ist er zudem äußerst zuverlässig und gefragt. Holzer ist bekannt dafür, schwierige Routen bis ins kleinste Detail vorzubereiten. Für Meraner Topkletterer, wie Leo Breitenberger oder Helmut Larcher, ein willkommener Aspekt, wenn es an Zitterpartien wie die Westverschneidung der Punta Pilatus in der Kreuzkofelgruppe geht.
An letzterer ist Holzer besonders gelegen. Die beim Erstbegeher, dem Lienzer Extremkletterer Sepp Mayerl, eingeholten Informationen sind knapp und eindeutig: „Wenn ihr die (Westverschneidung, Anm.d.Hrsg.) schafft, dann könnt ihr in den Dolomiten alles machen."

Ich habe es sehr eilig, beruflich. Doch schauen für mich Metallski und Schnallschuhe heraus. Vier Tage Stiegen auf und ab, jeder Kundschaft ein Händedruck, gutes Neujahr und Gesundheit anwünschen, ca. tausend Kundschaften. Dann die Silvesternacht auf den Bällen. Es sind fünf Bälle abzuklopfen, Neujahr dann weiter. Ja, Beruf ist Beruf.

Das sitzt. Seilpartner Larcher erfährt von den bevorstehenden Schwierigkeiten nichts – im Gegenteil: Es sei eine unschwere Tour, läßt Holzer wissen. Die Notlüge hat für Holzer ihren guten strategischen Grund: Zumindest einer sollte diese Zweitbegehung unbelastet angehen können.
Die Schwierigkeiten in der „Mayerl-Verschneidung" lassen nicht auf sich warten. Holzer rutscht als Führender auf den nassen Platten an der Schlüsselstelle aus und baut seinen bislang schlimmsten Sturz. Er fällt rund 30 Meter ins Seil – ohne größeren Schaden zu erleiden. Nach 12 Stunden Kletterzeit und neun Seillängen ist auch dieser bislang schwierigste Brocken geschluckt. Knapp schreibt Heini Holzer in sein Tourenbuch: *„sehr schwierige Tour"*.

Freunde und Rosinen

Immer wieder zieht es Heini Holzer in das fels- und eiskombinierte Gelände der Ortlergruppe. Doch der Traum von der ersten Solo-Winterbegehung der Ortler-Nordwand währt nur kurz: Auch für die erste Solobegehung der Nordwand der Königsspitze kommt der Tatendurstige zu spät. Dieter Drescher kommt ihm zuvor. Als nach einem abgebrochenen Versuch Holzers schließlich auch noch die winterliche Erstbegehung am Ortler Marltgrat ohne ihn im Februar 1965 fällt – Drescher und Larcher verbuchen diese nach dreitägigem Schneesturm für sich – ist es um die „Pioniertaten" in dieser Berggruppe vorerst geschehen.

Doch Holzer ist mit den Spielregeln der „Extremen“ längst vertraut: Man bleibt sich und den anderen nichts schuldig. Trotz aller Kameradschaftlichkeit sind die seltenen Lorbeeren hart umkämpft. Heini selbst schweigt sich über Erstbegehungen eisern aus. Auch zeitweilige Seilpartner sind im alpinistischen Erstbegehungs-Wettlauf mögliche „Konkurrenten“.
In Ermangelung bedeutender Wanderschließungen rückt bei manchen Extremen ein anderer Maßstab für Leistungsfähigkeit in den Mittelpunkt: die Begehungszeit.
Heini Holzer entwickelt sich zum glühenden Vorreiter eines solch sportlich orientierten Tempobergsteigens. Im meist zu seinen Gunsten ausfallenden Vergleich mit vorausgegangenen Begehungszeiten vergewissert er sich der eigenen Leistungsfähigkeit – und des eigenen Selbstwerts.

Mit Renato Reali (rechts) auf Buhls Spuren am Piz Ciavazes. Auf Anhieb gelingt den beiden Freunden die begehrte Zweitbegehung.

Einen völlig Unbedarften hinsichtlich der extremalpinistischen Gepflogenheiten lernt Heini an seinem Hausberg kennen: Renato Reali, einen jugendlichen Alleingänger. Vom Klettern versteht der italienischsprachige Meraner so gut wie nichts. Doch als ihn Holzer unvermittelt von der Wand herab einlädt, am heruntergelassenen Seil nachzusteigen, und dieser auch noch eine überhängende Rißverschneidung im Nu hinter sich bringt, wird klar: An Holzers Seite befindet sich ein Ausnahmetalent.
In Reali findet Holzer einen idealen Partner und Freund. Nachdem er diesen in die Seil- und Sicherungstechnik eingewiesen hat, gelingen den beiden bedeutende Touren. Darunter sind die Südwand der Großen Cirspitze in der Sellagruppe, die – nach Buhl – zweite Begehung der Kleinen Südverschneidung am Piz Ciavazes, die Nordwand des Comiciturms. Wände an der Sturzgrenze.

Die Zweierseilschaft erregt aber nicht nur wegen ihrer extremen Kletterfahrten Aufmerksamkeit. Mit einem „Walschen“ – sprich einem Italiener – auf Südtirols Bergen unterwegs zu sein, ist in den politisch heißen 60er Jahren bei der großen Mehrheit der deutschsprachigen Südtiroler immerhin erstaunlich. Nur wenige Jahre nach der berüchtigten „Feuernacht“, der von Südtirol-Aktivisten durchgeführten Attentatswelle und den anschließenden Verhaftungen, wird in deutschen Kreisen generell und vorwiegend die Sprachgruppentrennung praktiziert. Vor diesem Hintergrund passiert es, daß dem unorthodoxen Gespann Holzer/Reali auf einzelnen AVS-Schutzhütten von deutschsprachigen Südtiroler Bergsteigern ein rauher politischer Wind entgegenschlägt. Um die Ifingerhütte bittet Reali seinen Freund einen Bogen zu machen, auf der „Schlernbödelehütte“ will man Reali gar den Eintritt verwehren. Für Holzer kennt Kameradschaftlichkeit, zumal eine solche am Berg, keine politischen oder sprachlichen Barrieren. Interethnisch ist der an und für sich unpolitische Holzer aus einem natürlichen, intuitiven Empfinden heraus. Damit ist er seiner Zeit weit voraus.

Torre Trieste, der Turm der Türme in der Civetta, mit der von Holzer nachgezeichneten Cassin-Route.

Mit knapp 21 Jahren kann Heini Holzer bereits eine beachtliche Tourensammlung vorweisen, darunter einige der schwierigsten Führen in den Dolomiten. Doch Holzer will mehr. Bei einer Winterüberschreitung der Plattenspitzen in der Ifingergruppe mit seinem Klettergefährten und Freund Hans Authier kommt Holzer im jugendlichen Überschwang in seinem Schneebiwak eine zündende Idee: nämlich nichts weniger als einer der allerbesten Extrembergsteiger der Welt zu werden. Für Holzer, dem das Klettern zur alles bestimmenden Daseinsform geworden ist und der bislang nur am Berg seinen Selbstwert erkennt, ein durchaus legitimes Ziel. Daß er der beste Steilwandfahrer werden sollte, davon freilich ahnt er noch nichts.

Und als ginge es daran, für sein hochgestecktes Ziel die Voraussetzungen zu schaffen, geht Heini Holzer klassische Routen im höchsten Schwierigkeitsgrad an – im Winter. An der Westwand der Rotwand in der Rosengartengruppe schafft er erstmals die Eisensteckenführe als Winterbegehung. Nach dem Scheitern an der Verschneidung der Mugoni-S-Wand auf den Spuren Vinatzers belagert er mit seinem getreuen Seilgefährten Authier die Geierwand in den Sextner Dolomiten, um schließlich deren Südwandverschneidung als erste Winterbegehung hinter sich zu bringen.

Doch um in die internationale Elite vorzustoßen, bedarf es der Lösung von gewichtigeren „Problemen“, keiner auch noch so schweren Kurztouren. Etwa eines winterlichen Alleingangs durch die Nordwand des Matterhorns. Mit einer solchen Unternehmung hatte beispielsweise ein Walter Bonatti 1965 Alpingeschichte geschrieben. Die großen Wände der Alpen aber liegen (noch) nicht in Reichweite des aufstrebenden Jungkletterers aus Schenna.
Immerhin schafft sich Holzer mit neuen Freundschaften beste Voraussetzungen für eine mögliche Realisierung seiner Träume.
Nach Reali lernt er – nach vorausgegangenem Briefkontakt – den Lienzer Sepp Mayerl nun auch persönlich kennen. Gemeinsam geht man im Sommer 1965 mit Helmut Larcher und Sepp Hölzl die Westwand des Campanile Basso an. Beweise für Holzers Kletterfähigkeiten braucht Kirchturmrestaurator Mayerl keine mehr. Ihm ist nicht entgangen, daß es Holzer und Larcher waren, welche „seine“ Verschneidung an der Punta Pilatus zweitbegangen hatten. Im Team mit dem erfahrenen Mayerl gelingt die Tour denn auch ohne größere Schwierigkeiten.Und als ob es keine Zeit zu vergeuden gäbe, findet sich das Gespann Holzer/Mayerl an der Cassin-Führe am Torre Trieste in der Civetta wieder. Nach elfeinhalb Stunden im nassen Fels haben die beiden die berüchtigte Südostkante (VI A) unter sich.

Eine weitere Kletterfreundschaft soll Holzer nachhaltig beeinflussen. Als er mit Authier wieder einmal in der Rotwand im Rosengarten klettert, lernt er jenen Mann kennen, der tatsächlich Alpingeschichte

schreiben sollte: Reinhold Messner. Es ist der Auftakt zu einer intensiven Freundschaft.
Holzers wohl glücklichste Kletterzeit beginnt. Mit Reali, Mayerl Reinhold Messner und seinem Bruder Günther gelingen Holzer die kühnsten Dolomitentouren. In wechselnder Zusammensetzung finden sich die durchsetzungsfähigsten Extremkletterer des gesamten Tiroler Raums gemeinsam an ein-zwei Seilen. Mit Sepp Mayerl, dem Ältesten in der Truppe, hält zunächst auch der Erfahrenste die Zügel in der Hand. In ihm, dem „Blasl-Sepp", finden die jungen Ehrgeizlinge auch so etwas wie eine väterliche Leitfigur. Von ihm lernen sie noch entschlossener zu klettern, sichere Standplätze einzurichten, saubere Sicherungstechnik. Und so fallen in der Folge Nordwände wie die an der Rochetta Alta („Via delle Grotte") oder am Delagoturm (Schrott/Hasse).
Einen Meilenstein in Holzers Alpinistenkarriere bildet der Kletterurlaub mit seinem Freund Reinhold Messner in der Civetta im August 1966. Zwei Wochen lang holen sich die beiden von ihrem Zeltlager am Coldaisee aus die schönsten *„Rosinen"* (Holzer) in der Civetta und den Pelmo-Wänden. Ihr „Basislager" bleibt schon die erste Nacht verwaist. Die beiden hängen nach einem Wettersturz hoch droben in der Aste/Susatti-Führe unterhalb der Punta Civetta. *„Bis heute meine schwerste Freikletterei"*, notiert Holzer. Den beiden scheint in diesen Tagen nichts verwehrt: zwei Erstbegehungen, eine Wiederholung der berüchtigten Philipp/Flamm-Route, die Zweitbegehung der Plattenwand am Torre d'Alleghe. Letztere wird etliche Jahre später gar mit dem (noch undenkbaren) 7. Schwierigkeitsgrad bewertet werden. Nach 14 Tagen ziehen die Klettermaxen mit einer ansehnlichen Ausbeute ab: 12 der schwierigsten Routen vor Ort liegen hinter ihnen. Die gemeinsamen Fahrten haben sich in beider Gedächtnis eingegraben. „Bergsteigerisch gesehen waren das wohl die erfolgreichsten Wochen meiner Kletterlaufbahn überhaupt", wird Messner zweieinhalb Jahrzehnte später unumwunden erklären!
Die zwei völlig unterschiedlichen Charaktere scheinen sich zu ergänzen: Heini, der Spezialist in Kaminen und Rissen, Reinhold, der Freikletterer und Stratege. Das Gespann trifft man in der Folge noch häufig an – natürlich an schwierigsten Wänden wie der Peitlerkofel-Westwand, der Mugoni-Südostverschneidung, der Südostwand des Campanile Caigo …

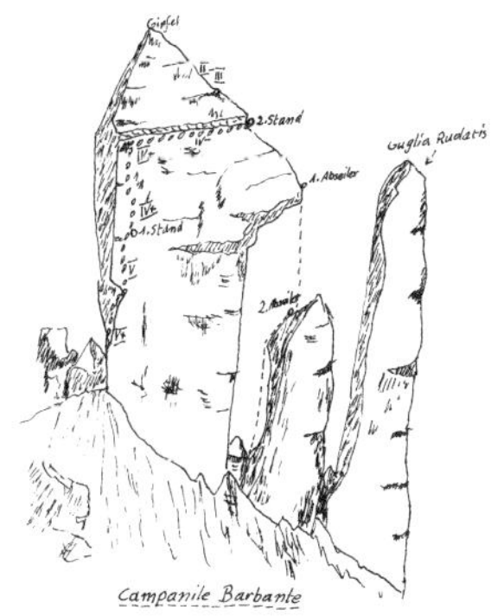

Der Campanile Barbante in einer Studie von Heini Holzer.
Der gemeinsam mit Reinhold Messner verbrachte Civetta-Urlaub ist ein früher Höhepunkt im Bergsteigerleben Holzers.

Sommer 1967. Holzers Höhenflug setzt sich fort – im erweiterten Freundeskreis. Gemeinsam mit Reinhold Messner, Sepp Mayerl und Heindl Messner wagt er sich an die „Via dell'Ideale" an der Marmolata d'Ombretta. Amando Aste und Franco Solina hatten als Erstbegeher sechs Tage in der Wand zugebracht. Ihr Fazit: „Es handelt sich wahrscheinlich um die schwierigste und gefährlichste Felsfahrt der ganzen Alpen." Für die jungen Stürmer gerade recht. Nach zwei Tagen, einem nächtlichen Wettersturz und 34 Seillängen im obersten Schwierigkeitsgrad ist die Zweitbegehung geschafft. *„Schöne, aber gefährliche Tour“,* schreibt Holzer gewohnt lapidar in sein Tourenbuch.

Eine Tour jedoch gräbt sich unauslöschlich in Holzers Erinnerung ein – der „Weg der Freunde“ in der Civetta. Die Unternehmung im Juli 1967 hat alle Zutaten, das Herz des Jungbergsteigers höher schlagen zu lassen. Zum einen weiß Holzer neben Messner mit Mayerl und Reali seine derzeit liebsten Bergfreunde um sich. Zum anderen hat man eine Neutour im Visier, deren Begehung heißbegehrt ist. Daß sie dem bewährten Vierergespann so schnell gelingt, ist paradoxerweise den konkurrierenden Mitbewerbern Dietrich Hasse, Heinz Steinkötter und deren Gefährten zu danken. Als die Neutour-Aspiranten am Vorabend des Unternehmens zufällig aufeinandertreffen, ändern die „Jungen“ unvermittelt ihre Pläne und preschen nächtens zum Einstieg voraus. Nach zwei Tagen des Kletterns taufen Holzer und Co. ihre erfolgreiche Neutour auf den bezeichnenden Namen „Weg der Freunde.“

Unter solch günstigen Vorzeichen scheinen selbst die großen Wände der Westalpen kein Wunschtraum mehr zu sein.
Tatsächlich findet sich Holzer wenige Tage später, Anfang August, in Chamonix ein, um mit Reinhold Messner, dessen Bruder Günther und Sepp Mayerl alpines Neuland anzugehen. Um dieses ist es bereits knapp bestellt. Doch ein Tip der Bergsteiger-Zeitschrift „Alpinismus“, wonach die direkte Nordostwand der Aiguille d'Argentière noch auf ihre Erstbegehung wartet, weist den Weg. In Martigny besuchen die vier zuvor noch Pierre Mazeaud, einen der Besten unter Europas Spitzenalpinisten. Für den 22jährigen Holzer ist der Aufenthalt vor Ort eine Tuchfühlung mit der internationalen Elite. Gaston Rébuffat, ebenfalls bereits Alpinlegende, hatte wenige Tage zuvor eine direkte Ostwandführe auf die Aiguille d'Argentière eröffnet. Die Zeit für die Nordwand drängt. Und so fällt in der Folge zwar keine sensationelle alpine Neutour, doch immerhin gelingt Holzer und Freunden nichts weniger als die Erstbegehung der 800 Meter hohen Nordostwand der Aiguille d'Argentière, eine kombinierte Fels- und Eistour in rein klassischem Stil. Für Heini ist es eine „Rosine“, für die ein anderer Extremer, Pit Schubert, einige Tage danach, bereits zu spat kommt.

Fast zeitgleich mit der Erstbegehung der Argentière-Nordwand fährt Kameramann Jürgen Gorter mit Skiern filmend von der Nordflanke des Montblanc ab. Noch mutet die Episode kurios an. Daß Holzer ein knappes Jahrzehnt später für Gorters Kinofilm „Abenteuer Ski“ selbst eine Steilwand abfahren sollte, ist – noch – undenkbar. In dem für Holzer so erfolgreichen 67er Jahr steht ausschließlich die Bergsteigerei im Vordergrund. So sehr, daß dem 22jährigen schon kurz nach den Westalpen eine weitere bedeutende Erstbegehung in der Pala

gelingt: die direkte Nordostwand des Monte Agnèr, gemeinsam mit seinen Freunden Reinhold und Günther Messner.
Heini Holzer steht im Zenit seiner Kletterkarriere. Und er weiß Freunde um sich, wie er sie noch nie hatte. Neue Kletterfreunde, wie Hans Pescoller und Hermi Lottersberger, ergänzen sein Freundesglück. Mit ihnen lernt der Verschlossene sich zu öffnen; für Heini ein mehr als gewagtes Unternehmen. In der Zillertalerin findet er überdies eine *„mütterliche Freundin."* Die begeisterte Bergsteigerin, die unter anderem bei ihrem damaligen Nachbarn Peter Habeler und dem Lienzer Sepp Mayerl das nötige klettertechnische Rüstzeug erhalten hatte, ist auch bei Heinis Kletterfreunden schnell beliebt. Am Seil der Extremkletterer entwickelt sie sich zur Grand Dame der Dolomitenwände. Sie bedankt sich auf ihre Weise und schenkt Heini und den anderen Selbstgestricktes. So ergibt es sich, daß die Kletterkollegen auf manchen Touren mit gleichen Handschuhen, Mützen und Strümpfen im nahezu identischen Outfit erscheinen, was für manche Verwunderung sorgt. „Daß aber jeder von uns noch ein handgestricktes Angora-Unterhemd hatte, wurde erst später einmal aufgedeckt. Nämlich auf der Leschaux-Hütte, als Reinhold Messner, Peter Habeler und ich im selben Hemd umherliefen. Fritz Zambra, der Vierte im Bunde, kam aus dem Staunen nicht mehr heraus, bis ich ihm verriet, daß wir alle drei dieselbe Freundin hätten." (Sepp Mayerl)
Für Heini Holzer ist Hermi fortan nicht mehr wegzudenken: Er weiß jetzt, wo er mit seinen Problemen Gehör findet.
Doch über die ganz private Leerstelle an Heinis Seite kann auch Hermi Lottersberger nicht hinwegtrösten.

Ersehntes Glück

„Ich werde warten, irgendwann bringt mir das Schicksal die Richtige. Es ist gleich, ob sie Südtirolerin, Italienerin ist oder aus Österreich kommt."

Was hilft mir Geld, Schönheit? Ich habe einen guten Beruf und werde meinen Weg finden.

Kurz nach dem Schreiben an Hermi Lottersberger hat das „Warten" für Heini Holzer ein Ende. Im Frühjahr 1968, während eines Sonnenaufgangs auf der Mutspitze, überreicht er der gebürtigen Meranerin Erika Lösch den Verlobungsring.

Die um zwei Jahre ältere Verkäuferin hatte Holzer bereits Jahre zuvor in der Marlinger Milchhalle kennen- und schätzen gelernt. Beinahe täglich war Heini als Kaminkehrer zum rußentgiftenden Milchtrinken gekommen. Zunächst jedoch hatte der Bergfex den Bogen überspannt: Auf dem ersten gemeinsamen Bergausflug hatte er der Ungeübten mit dem ausgesetzten und verschneiten Nordwestgrat der Scheibenspitze eine Tour an der Grenze ihrer Belastbarkeit zugemutet. Die Erfahrung, daß auch außerbergsteigerische Gesetzmäßigkei-

23jährig heiratet Heini Holzer am 24. Oktober 1968 Erika Lösch. Die Hochzeitsreise bildet ein 4tägiger Wanderaufenthalt im Villnößtal, bei Familie Messner. *„Alles wie im Märchen"*, notiert der Frischvermählte.

ten zu berücksichtigen sind, hatte der Ungestüme erst noch zu machen …

Drei Jahre später ist der 23jährige gereifter: Heini Holzer heiratet seine Erika im Herbst '68 in Tschars. In einer Wohnung in St. Georgen bei Schenna beziehen beide ihr neues Heim. Holzers Glück scheint perfekt, zumal er abseits von zu Hause jetzt sein Leben endgültig selbst in die Hand nehmen kann. Und er macht sich selbständig: Der junge Kaminkehrer übernimmt das Gemeindegebiet von Schenna. Nur mit Mühe jedoch kann sich Heini in seinem Dorf durchsetzen; dem Kleinwüchsigen traut man nur wenig zu.

Im Gegensatz zu vorangegangenen Bergsaisonen nimmt sich die Anzahl der Holzerschen Kletterpartien im Sommer '68 relativ bescheiden aus. Die Monate vor seiner Hochzeit verbringt der Extreme gemächlich, wandernd mit Erika. Selbst einige der wenigen Kletterpartien stehen im Zeichen seines Mädchens. So macht Holzer auf der Scheibenspitze von jenem ungeschriebenen Gesetz Gebrauch, wonach Erstbegehern die Namengebung ihrer neueröffneten Führe zukommt: Heini tauft den von ihm – gemeinsam mit Hermi Lottersberger und Walter Ludl – erstmals begangenen Südwestpfeiler auf den Namen „Erikapfeiler". *„Öfter werde ich über ihn aus dem Abgrund steigen"*, schreibt Holzer in sein Tourenbuch.
Um nicht aus dem Tritt zu kommen, geht er die Eisensteckenführe in der Westwand der Rotwand an. Es ist die erste Alleinbegehung dieser hauptsächlich durch Freikletterei bestechenden Route (V–VI), und doch ist sie für Holzer nur eine Vorbereitungstour, ein Test für jenes Unternehmen, welches zum schwierigsten in seinem Kletterleben werden soll: die erste Alleinbegehung des Schmuck-Kamins in der Fleischbank-Ostwand im Wilden Kaiser. Ein ausgewiesener Freikletter-Krimi.

Auch knapp 20 Jahre nach seiner Erstersteigung durch den Österreicher Marcus Schmuck und Gefährten gilt das Riß- und Kaminsystem als eine der schwierigsten Kaiser-Touren (V bis VI+). Für Heini wird dieser Kamin im Juli '68 zum Gradmesser seines Kletterkönnens, zumal ihm nicht entgangen ist, daß bereits ein Hermann Buhl sich vergebens an der Erstbegehung versucht hatte. Für Holzer ist es eine besondere Herausforderung, da in der glatten Wand nur fallweise eine Selbstsicherung angebracht werden kann: Stellen an der Sturzgrenze müssen ungesichert bewältigt werden.
Wie selten nur wird Holzer hier sein Kleinwuchs vor Augen geführt: Zeitweilig stellt sich der Kamin für ihn als zu breit dar, als daß er sich mit herkömmlicher Spreiztechnik höherstemmen könnte. Holzer behilft sich, indem er sich an ein-zwei Stellen in nahezu waagrechter Körperlage höherstemmt – die Hände an einer Wandseite, die Füße auf der anderen. Ungewohnt offenherzig berichtet er in einem Erlebnisbericht:

„Es ist ein grausames Gefühl zu spüren, daß die Beine fast nicht mehr reichen, zu fühlen, daß die Wände auseinanderzubrechen scheinen. Ich sehe nach unten, das Seil hängt vom Fels weg. An seinem Ende ist jetzt kein Partner, der sichert und vertrauensvoll heraufblickt.
Statt dessen ein gähnender Abgrund, der mich verschlucken will. Schnell spreize ich höher, denn ich fühle, wie die Kräfte nachlassen. An der Grenze zwischen Stürzen und Nochhalten komme ich höher. Ich zittere am ganzen Körper, doch ich muß mich beherrschen, ich darf nicht stürzen. Ich denke an mein Mädchen: Ich darf nicht stürzen ...“

Nach viereinhalb Stunden schließlich steht Holzer am Ausstieg und damit am Höhepunkt seines Kletterdaseins.
Die Freude über die außerordentliche alpinistische Leistung währt jedoch nur kurz. Am 2. September stürzt sein Freund Renato Reali beim Alleinbegehungsversuch der Capucin-Ostwand tödlich ab. Holzer ist geschockt: *„Ich kann es nicht fassen. Renato, mit dem ich soviel beisammen war. Ich darf ihn nur noch einmal begleiten ...*“
Heini gedenkt des verstorbenen Freundes auf seine Weise. Nur fünf Tage nach dessen Tod eröffnet er mit Reinhold Messner den „Renato-Reali-Gedächtnisweg“ an der 300 Meter hohen Südwestwand des Kleinen Vernel in der Marmolatagruppe.
Realis Tod markiert einen Einschnitt im Kletterdasein Holzers: Die goldenen Kletterzeiten im bewährten Kreis scheinen unwillkürlich vorbei zu sein. Inmitten seines neuen Glücks wird sich Holzer schmerzlich bewußt, daß seine besten (Kletter-)Freundschaften zu existieren aufhören. Die Wege der Freunde haben sich unmerklich zu trennen begonnen.

Oft denke ich an Renato. Nur mit ihm, mit Sepp, Reinhold und Dir (Hermi Lottersberger, Anm. d. Hrsg.s), *habe ich die Berge am schönsten genossen.*

So ist die Kletterei am Kleinen Vernel Holzers erste gemeinsame Tour mit Reinhold Messner seit über einem Jahr. Uneinholbar schickt sich Messner an, an den großen Wänden der Alpen zum besten Extremalpinisten zu werden. Holzer kann schon aus beruflichen Gründen nicht mithalten. Den naheliegenden Sprung ins Profibergsteigertum lehnt der Schennaer aus einer ethischen Sichtweise heraus ab.
Holzer zieht sich am Höhepunkt seines Kletterdaseins ins private Glück zurück. Doch in der Verkündigung, ganz mit dem extremen Bergsteigen aufhören zu wollen, schwingt unmißverständliche Enttäuschung mit.
Tatsächlich bleibt er über ein halbes Jahr jeglicher Wand fern. Diese Ewigkeit wird mit gelegentlichen Wanderungen und Skitouren überbrückt. Der Extreme richtet sich häuslich ein und läßt sich vermehrt in die Dorfinstitutionen einbinden; zum Beispiel in den örtlichen Pfarrgemeinderat.
Doch die Bergsucht ist in ihm eingegraben. Und den in sein Tourenbuch eingetragenen Psalm *„Ich hebe meine Augen zu den Bergen, von denen mir Hilfe kommt“* kann Heini Holzer nicht anders als wörtlich nehmen.

Kartengrüße aus den Anden. Holzers Freunde gehen ihre eigenen Wege und entschwinden zu den hohen und höchsten Bergen der Welt.

Im Frühsommer '69 schließlich meldet er sich mit zunächst bescheidenen Touren zurück: in Begleitung seiner Bergfreundin Hermi Lottersberger und den Freunden Hans Pescoller, Gregor Augsten und Heinz Gamper. Meist allein hingegen zieht Heini in die naheliegenden Sarner Alpen, wo ihm einige diskrete Erstbegehungen gelingen. Sein effektives Klettervermögen jedoch testet er am einsamen Nordwestpfeiler der Hohen Weiße in der Texelgruppe, dessen erste Begehung ihm auf Anhieb gelingt.

Heini Holzer scheint wieder gerüstet zu sein. Aber für welche Touren und mit wem? Die absoluten Topkletterer sind ihm inzwischen abhanden gekommen. Beinahe unverhofft trifft er auf Reinhold Messner, der, von seiner ersten Bergexpedition in den peruanischen Anden zurückgekehrt, in den Westalpen bereits Alpingeschichte zu schreiben beginnt.

Gemeinsam gelingt die von Holzer bereits einmal versuchte Westwand der Mittleren Coronelle im Rosengarten. In gewohnt strenger Einschätzung bewerten die beiden ihre Erstbegehung mit dem Schwierigkeitsgrad V+. Für sieben Seillängen schlägt man lediglich fünf Zwischenhaken; in puncto Freikletterei ist der Mann an Holzers Seil nicht mehr zu schlagen. Seit der letzten gemeinsamen Tour vor einem Jahr hat Messner auch der technischen Kletterei abgeschworen. Es wird eng in der absoluten Spitzenklasse. Holzer spürt es auf dieser Tour nur zu gut. Und Messner hat andere, größere Pläne.

Immerhin vermittelt er Holzer einen idealen Partner für die neue Südwandroute in der Marmolata: den Wiener Erich Lackner. Dieser hatte im Sommer mit Messner den spektakulären Frèney-Pfeiler an der Südseite des Montblanc in Rekordzeit bestiegen und eine Route in der Nordwestwand der Droites eröffnet. Die geplante Messner/Renzler-Route an der Marmolata kann für Holzer darum problemlos verlaufen. Am 13. September '69 steht er nach rund 22stündiger Kletterzeit mit seinem Partner auf der Punta Penia. Holzer wähnt sich im Vollbesitz seiner Kräfte; und er brennt nach wie vor darauf, Außerordentliches zu leisten. Doch der alpinistische Durchbruch auf internationaler Ebene ist ohne Qualitätssteigerung, sprich den Aufbruch zu den höchsten Bergen der Welt, nicht mehr zu haben. Auf das Selbstbewußtsein Holzers wie auch auf das anderer Südtiroler Spitzenbergsteiger wirkt sich die Messnersche Durchschlagskraft zudem nicht zum Vorteil aus. Von einem Messner-Trauma der lokalen Spitzenalpinisten freilich wird auch Jahrzehnte später noch niemand sprechen wollen.

Was das Außerordentliche abseits jeglicher Konkurrenz sein könnte, wird Holzer indessen im Oktober '69 klar. Die firnige Südwestrinne des Hohen Angelus in der Ortlergruppe aufsteigend, läßt ihn eine Eingebung nicht mehr los: der Gedanke, mit Skiern von steilen Wänden abzufahren.

Die Entdeckung einer Randdisziplin

Im Dezember '69, einen Tag vor Weihnachten, wird Heini Holzer Vater. Als Taufpaten des kleinen Markus hat er Reinhold Messner auserkoren. Holzer feiert das Familienglück auf seine Weise: Einmal mehr erklimmt er den Südwestpfeiler an seinem Hausberg. Stolz notiert er: *„Den Erikapfeiler ging ich nicht nur als Mann meiner Frau, sondern als Vater eines Sohnes, dem Erika das Leben schenkte."*

Abseits der Steilwandabenteuer stehen Ausflüge mit der Familie an – natürlich in die Berge. Seinen Sohn Markus bringt Holzer bereits eineinhalbjährig auf die Jaufenspitze.

Im späten Frühjahr '70 wärmt sich Heini Holzer mit seinem neuen Seilgefährten, dem Schennaer Ander Tscholl, zunächst in den Trientner Bergen auf. In der Paganella klettern die beiden die Ostwände von Sperone Vettorato, Spaloti di Fai und Cima Verde hinauf, nicht ohne gehörig an deren Schwierigkeitsbewertung zu rütteln. Die Führen, jeweils mit dem VI. Schwierigkeitsgrad und stellenweise mit A^2 (Schwierigkeiten beim Hakensetzen) eingestuft, wertet Holzer ganze ein bis zwei Grade ab.
Die Überbewertung vieler Erstbegeher für ihre Felsfahrten ist dem Schennaer schon lange ein Dorn im Auge. Um so strenger fallen seine Erstbegehungs-Bewertungen aus. Die Kritik, daß die niedrige Bewertung Normalkletterern mitunter ein böses Erwachen bereite, prallt an Holzer ab. Für ihn *„hinkt die Schwierigkeitsbewertung in den beiden obersten Schwierigkeitsgraden. A-Stellen (d.h.: technische Stellen) werden allgemein mit VI+ angegeben, und das ist ein großer Fehler. Technische Stellen haben nichts mit VI zu tun. Was ist ein VIer? Meine Antwort: das Letzte im Freiklettern."*

An der Südostverschneidung der Spaloti di Fai kommt Holzer durch das zufällige Zusammentreffen mit dem Extremalpinisten Alessandro Gogna zu einer unerwarteten Selbstbestätigung. Der Genueser hat bereits schwierigste Unternehmungen hinter sich: den Walkerpfeiler im Alleingang, die winterliche Nordostwand am Piz Badile oder die winterliche Erstbegehung der Zmuttnase am Matterhorn. Daß der Spitzenbergsteiger nunmehr Holzers Führe, die nahe „Via Ilse", wiederholt und hierfür die gleiche Kletterzeit benötigt wie ihr Erstbegeher selbst, befriedigt Holzer zutiefst. Doch „gut" zu sein, ist ihm nicht gut genug – nicht mehr.

Man glaubt oft, die Grenze des Unüberwindlichen liegt beim Hindernis – nein, dort liegt sie nicht. Sie liegt beim Menschen.

Wie viele Extremalpinisten ist Holzer davon besessen, Überragendes zu vollbringen – und für Heini hat das Überragenwollen sprichwörtliche Bedeutung. Das Erlebnis innerer Ganzheit, welches er mit schwierigsten Unternehmungen in seinen Bergen findet, kann darüber nicht hinwegtäuschen. Zufrieden kann er damit – noch – nicht sein. Der Gedanke, mit Skiern von steilen Wänden abzufahren, in die sich nur die allerwenigsten hineintrauen, weist jene Perspektiven auf, die Heinis inneres Feuer bislang genährt haben. Das Steilwandfahren

Mit der Skibefahrung der Marmolata-Nordwand gelingt Heini Holzer die erste große Steilwandabfahrt. Für den Extrembergsteiger eröffnet sich eine neue Welt.

birgt jene Steigerung in sich, die in den heimatlichen Bergen kletternd nicht mehr erreicht werden kann.
Die Entdeckung einer neuen alpinistischen Randdisziplin steht an. Die Chancen, in dieser der Beste zu werden, ohne das Berufs- und Familienleben auf den Kopf stellen zu müssen, sind im Gegensatz zur klassischen Bergsteigerei zumindest noch gegeben.

In der Schweiz des Jahres 1970 macht bereits ein Skilehrer mit kühnen Steilwandfahrten von sich reden. Der Walliser Skilehrer Sylvain Saudan fährt Anfang März erstmals die Nordwestflanke des Eigers ab. Ein Unterfangen, das aufhorchen läßt. Holzer ist beeindruckt, zumal der Mann das Whymper-Couloir der Aiguille Verte, das Marinelli-Couloir am Monte Rosa oder die Nordwand der Aiguille de Bionassay mit Steigungen bis über 55° abgefahren ist. Doch für Holzer weisen die Abfahrten Saudans ein alpinistisches Manko, einen Schönheitsfehler, auf: Der Mann läßt sich regelmäßig mit einem Helikopter auf den Gipfel bringen. Das freilich hat der Südtiroler Extrembergsteiger nicht im Sinn.

Holzer wartet die günstigen Voraussetzungen des Sommers ab. Am 13. Juni 1970 ist es auch für ihn soweit. Zusammen mit seiner oftmaligen Kletterpartnerin Hermi Lottersberger und Siegfried Messner wagt er sich an seine allererste Steilabfahrt, die Nordwand der Marmolata.
Auch hier gilt es eine Stelle von bis zu 55° zu bewältigen, und Heini ist mehr als nervös:

Wir fuhren los und trafen uns am unteren Ende des Eiswulstes. Zur Sicherheit fixierten wir ein Seil. (...) Ich hielt es noch mit einer Hand fest und überlegte, soll ich oder soll ich nicht.
Für Heini Holzer ist es die Abfahrt zurück ins Grenzgängerleben. Begeistert beginnt er einen rasanten Eroberungszug quer durch die Schnee- und Eiswände der Alpen.

Zwischen den Kletterrouten der Brentagipfel macht Holzer die Nordwandrinne der Cima Tosa für eine Steilwandabfahrt aus. Das Unternehmen gelingt, nicht ohne einen gefährlichen Sturz.

Schon ein Wochenende später steht Holzer auf dem Gipfel des Similaun, mit Skiern. Er hat die 500 Meter hohe, bis zu 50° steile Nordwand im Visier. Nach einer Viertelstunde durch den schweren, von der Mittagssonne aufgeweichten Firn hat er die Wand hinter sich. Tags darauf ist bereits die Nordwandrinne der Cima Tosa an der Reihe, ein abenteuerlicher Eiskanal inmitten der Brentagipfel. Ander Tscholl begleitet ihn mit Firngleitern. Im Blankeis der oberen Wand bricht Heini eine Skikante aus. Er stürzt und rutscht auf den Eiswulst in der Wandmitte zu. Doch sein Sturztraining macht sich bezahlt: Mit scharrenden Skiern vermag er sich dem Abgrund entgegenzustemmen und den Sturz zu stoppen. Über das Mißgeschick schweigt sich Heini zunächst eisern aus. Den geplanten Steilwandbefahrungen im Anschluß tut das Ereignis keinen Abbruch.

Beflügelt wird der Rastlose in seinen Plänen durch das „Gamsl", wie er sein neues Auto, einen Fiat 500, nennt. Erstmals völlig unabhängig, sind nun sämtliche Ziele in den Alpen auch kurzfristig anpeilbar. Für Holzers Unternehmungsgeist ist das „Gamsl" von unschätzbarem Wert.

Letzte Jahre

Nach furiosem Auftakt bremst Heini Holzer den Reigen seiner Steilwandabfahrten zunächst ein. Ausflüge mit der Familie stehen an – Gelegenheit zur Erkundung möglicher Steilwände und zur Betreuung des bergsteigerischen Nachwuchses: Holzers Sohn Markus „steht" eineinhalbjährig bereits auf der Jaufenspitze, als deren jüngster Gipfelstürmer.

Am 29. Juni 1970 wird Heinis oftmaliger Seilpartner, Günther Messner, am Fuße der Diamirflanke des Nanga Narbat von einer Lawine verschüttet. Erneut muß sich Holzer von einem Freund und bewährten Seilpartner verabschieden, dem *„selbstlosesten Mensch, den ich kenne."* Ratlos gegenüber jenem Unverständnis, wonach dieser Tod voraussehbar war, schreibt Holzer: *„... das Furchtbarste ist, daß viele dein Sterben am Berg mit* (der Frage, Anm.d.Hrsg.s) *„Warum gingst du?" dir zum Vorwurf machen. Ich weiß es (...)."*
Ähnliches Unverständnis wird es auch Jahre später geben – anläßlich des Bergtodes von Heini Holzer selbst. Vom In-die Berge-Ziehen als existentielle Notwendigkeit, vom Klettern als Lebensform, wissen nur wenige.

Gemessen an der beträchtlichen Anzahl von Klettertouren vergangener Tage schraubt Holzer sein extremes Klettern ab Beginn der 70er Jahre zurück. An der „Grenze des Menschenmöglichen", wie der oberste Schwierigkeitsgrad dieser Jahre umschrieben wird, scheint Holzer nicht mehr interessiert zu sein. Ein Grund hierfür mag auch das Fehlen gleichwertiger Seilgefährten sein; der Individualist ist es nicht gewohnt, sich um mögliche Kletterpartner zu bemühen. Und obschon Heini Holzer nun seine Grenzerfahrungen in einem anderen Bereich sucht, sind nach wie vor kurze Klettertouren angesagt. Zum Beispiel die Südwand des Torre Roma auf den Spuren von Tita Piaz. Eine Teufelssalbe für die Fingerspitzen, wie sie die Legende dem umstrittenen Erstbegeher und Bergführer zuschreibt, braucht Holzer für die ausgesetzte Rißkletterei nicht; hier weist nur eine Stelle den Schwierigkeitsgrad V+ auf. Über diesen Grad hinaus wird Holzer bis auf ganz wenige Touren wie die Südwand des Torre del Lago (Fanes-Dolomiten) oder die Ostwandriße der Rofanspitze – beide im Seil mit Sieglinde Walzl – nicht mehr klettern. Nicht zuletzt deshalb, weil er viele Klettertouren im obersten Schwierigkeitsgrad für überbewertet hält und stets Korrekturen um ein bis zwei Grade nach unten vornimmt.

Dafür steigert er die Schwierigkeit und Anzahl seiner Steilwandfahrten. Mit Ende des Jahres 1971 hat er bereits knapp zwei Dutzend Steilwände und Rinnen befahren. Darunter sind Abfahrten in der Ortlergruppe wie jene von den Nordwänden der Hohen Schneide und Trafoier Eiswand oder von den Nordostwänden von Ortler und Königsspitze – Wände durchwegs an der 55°-Grenze. Erstmals sieht sich Holzer, der Familienvater, mit kritischen Stimmen angesichts seiner gewagten Abfahrten konfrontiert. Anläßlich der Befahrung der „Schückrinne" am Ortler schreibt Holzer:

„Einige Eiswände liegen schon als Skiabfahrt hinter mir, aber eine solche hatte ich noch nie unter mir. Ich setze mich hin und denke an die Vorwürfe vieler. ‚Du bist verheiratet …' Immer wieder dieselben Worte. Ich frage mich, wie viele Männer die Familie wochenlang nicht sehen, nur um Geld zusammenzuraffen, wovon die Familie selbst auch nicht viel sieht. (…) Wieder andere sind dem Alkohol verfallen. Wenn man bedenkt, was die alles riskieren? Es wirkt alles nicht so gefährlich, doch die Gefahren sind weniger berechenbar als bei meinem scheinbaren Wahnsinn."

Unmittelbar nach der Abfahrt durch die Schückrinne kündigt Holzer gegenüber seiner Frau Erika das Ende seiner extremen Aktivitäten an. Bestärkt in seiner Absicht wird Holzer auch durch die Geburt des zweiten Sohnes, Günther, im Sommer 1971.

Doch Heinis Trieb ist stärker. Die Eroberung des Abgrunds hat für ihn erst begonnen. Und so ist die Devise, wonach ein Tag in der Woche der Familie gehört, für den Extremen nur schwer aufrechtzuerhalten.

◂ Holzer bei der Steilabfahrt in der Nordwand des Torrone Centrale im Bergell. Der Extrembergsteiger sieht sich mit kuriosen Ehrentiteln konfrontiert: „Napoleon der Wände".

Im darauffolgenden Jahr wird Holzer von einem verloren geglaubten Freund zu einer Himalaja-Expedition eingeladen: Reinhold Messner bricht mit einer Tiroler Mannschaft zum Manaslu auf. Nach dem gescheiterten Versuch am Montblanc, gemeinsam den gesamten Peuterey-Grat im Winter erstzubegehen, ist die Versuchung für Holzer groß, es sich und dem Freund noch einmal zu beweisen; lange hatte Holzer der vergebenen Chance dieses letzten großen Problems in den Westalpen nachgetrauert. Die gewaltige Südwand des Manaslu nun – sie wäre mehr als eine Ersatz.
Auf einem 8000er zu stehen, ist sein Jugendtraum. Bereits 18jährig hatte Heini mit einem Kleinbus in die Himalaja-Berge aufbrechen wollen. Den Traum, nun einen solchen Riesen zu besteigen und sich auch an einer Skiabfahrt zu versuchen, träumt Holzer jedoch nur wenige Wochen. Schweren Herzens schlägt er das Angebot aus beruflichen und familiären Gründen aus. Damit ist es auch mit der letzten Möglichkeit, in die internationale Bergsteigerelite vorzustoßen, endgültig vorbei. Die Entwicklung vom Extrembergsteiger zum Höhenbergsteiger bleibt Heini versagt. Was am Manaslu geschieht, verfolgt er von zu Hause aus. Durch eine Verkettung unglücklicher Umstände kommen im Gipfelsturm zwei Gefährten Messners ums Leben.

Holzers Verzicht ist freilich kein Abschied von extremen Unternehmungen. Schnell findet er sich in den Nordwänden von Hochgall (Rieserferner), Lenzspitze (Wallis) oder Piz Palü wieder. Mit der Skibefahrung des rechten Hängegletschers am Piz Palü im Juli '72 läßt Holzer auch die außeralpine Öffentlichkeit aufhorchen. Vermehrt beginnen sich Presse und Fernsehen für den verwegenen Abfahrer zu interessieren. Als er einen Sommer später mit der Befahrung der „Himmelsleiter", des Biancograts in der Bernina, und des Brenvasporns am Montblanc noch eins draufsetzt, hat Holzer den internationalen Durchbruch in seiner neuen Disziplin geschafft. Doch der „kleine Napoleon der Wände" (Bunte) widersetzt sich einer Vermarktung seines Erfolgs. Ethische Gründe verbieten ihm, aus seinen geliebten Bergen Kapital zu schlagen – vorerst noch. Dabei hätte es der Familienvater, der viel Geld in seine Unternehmungen steckt, bitter nötig.

Holzer ist Amateur aus Überzeugung. Einem Profi-Alpinisten aber steht er in nichts nach: Training, Planung, Ausführung und die Verwertung seiner Unternehmungen in Form von schriftlichen Arbeiten und Vorträgen im In- und Ausland fordern Heinis ganze Freizeit.

Doch der Erfolg schmeckt schal. Von seinen Aktivitäten vollends eingenommen, gerät das Familienleben aus den Fugen, zumal Holzer in der Schennaerin Sieglinde Walzl eine ideale Berggefährtin erkennt. Mit ihr klettert er im Sommer '73 auf der Aiguille de Peuterey, in der erneuten Hoffnung den gesamten Peutereygrat anzugehen – umsonst.

Im Juni 1973 fährt Holzer die Brenvaflanke am Montblanc ab: Für ihn ist es die bislang *„größte Abfahrt"*. Holzers Ski kommen umgehend ins lokale Alpinmuseum.

Das junge Klettertalent begleitet Heini Holzer immer öfter auf seinen Klettertouren und beginnt sogar in steilen Wänden abzufahren. Der Konflikt im Hause Holzer scheint unausweichlich zu sein. Erika Holzer verläßt mit den Kindern ihren Mann.
Mit dem einsetzenden Erfolg in seinen Bergen sieht sich Holzer mit der größten Krise seines Lebens konfrontiert. Er, der gewohnt ist, Schwierigstes zu meistern, ist angesichts seiner privaten Probleme wie gelähmt:

„Hätte ich nicht die Kinder, würde ich fortgehen, die Welt ist groß, offen. (...) Man arbeitet, ist verheiratet, hat Frau und Kinder, (...) und lebt so daheim, allein, verlassen, hoffend auf ein gutes Ende, das nie gut wird. Oft glaubt man daran, dann weiß man genau, es ist umsonst; Menschen gehen vorüber, zeigen mit dem Finger darauf, wie auf einen Verbrecher, wenn es ginge, würden sie einen zertreten.

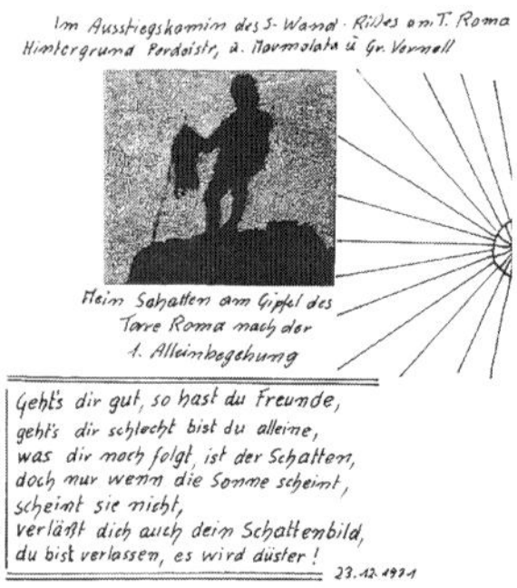

Tourenbuchauszug mit nachgetragenem Gedicht.

Und man ist so dumm und nimmt keinen anderen Weg, weil man den anderen Weg nicht für richtig hält.“

Etliche Freunde kehren Holzer den Rücken.
Das Gespenst der inneren Lähmung muß gebannt werden. Heini stürzt sich unverfrorener und häufiger denn je die steilen Wände hinab. Nur um des Erfolges willen fährt er schon lange nicht mehr. Das Spiel mit dem Abgrund ist ihm zur Sucht, die Todesnähe zum Lebensverstärker geworden. Die Zahl seiner Steilwandfahrten steigt 1974, dem Jahr nach seiner Trennung, nahezu auf das Doppelte an. Unter den 19 Abfahrten finden sich die nordseitigen Wände von Aiguille d'Argentière, Lyskamm oder Piz-Palü-Ostgipfel. Eine noch gelungenere Synthese von Bergsteigen und Steilwandfahren findet Holzer jedoch in der Befahrung felsiger Flanken. Im Erkunden der logischen Routenwahl, dem Auskundschaften kleinster Bänder und Rinnen, der Bestimmung des richtigen Abfahrtzeitpunkts oder dem Studium der Schneebeschaffenheit ist Holzer als ganzer Alpinist gefordert. An der Civetta-Südflanke und der Nordostflanke der Kapuzinerspitze (Puezgruppe) kann er seine ganze Erfahrung einbringen. Vor allem aber ist diese an der Südwestwand des Kleinen Ifinger gefragt:
„Habe ich mich wohl nicht verschaut? Nur mit Unsicherheit konnte ich mich überzeugen, daß die Schneeverbindung bis zum Gipfel reicht. (...) Keine Wand kenne ich so gut wie diese, keine habe ich so studiert wie sie. Wie oft bin ich nach Labers gefahren, habe sie mir angeschaut. Oft kam ich dann nach Hause mit der Überzeugung, „sie geht nicht“, dann wieder, „sie geht doch“. Drei Jahre ist sie meine Sehnsucht.“

Ich glaube auch mein Tief so zu überbrücken, indem ich mich und die Sorgen versuche zu vergessen. Es scheint nicht alle Tage die Sonne, und das ist gut so.

Während er die Felsenplatte am Kleinen Ifinger erfolgreich hinter sich bringt, muß er auf die Ostwand des Matterhorns verzichten. In der Ostflanke liegt im April '74 zu wenig Schnee. Ein Jahr später ist die Prestigeabfahrt – bei günstigeren Voraussetzungen – einem anderen vergönnt: dem aufstrebenden Toni Valeruz, einem 24jährigen Skilehrer aus dem Fassatal. Der Olymp der Steilwandfahrer erweitert sich um einen dritten Mann.
Um eine andere spektakuläre Erstbefahrung, der Ostwand des Watzmann in den Berchtesgadner Alpen, braucht sich Holzer indessen keine Sorgen zu machen. Auf die Idee, dem mächtigen Felsriegel eine Skiabfahrt abzutrotzen, kann nur Holzer selbst kommen. Mehrmals befindet sich der Schennaer vor Ort, studiert Wand und Lawinenabgänge. An der Rückseite des Watzmann zum Gipfel kommend, seilt er sich mit seinem Gefährten Helmut Vitroler gar in die Wand hinab, um die Schneebeschaffenheit in den Felsbändern abzuklären.

Solche Wände sind nicht einfach zu fahren, da muß wirklich alles zusammenspielen, sogar die Stunde. Dies alles kommt in Eiswänden und Couloirs nicht vor; da geht es mindestens im Spielraum von einer Woche, in dem die idealen Verhaltnisse anzutreffen sind; hier kann es oft zehn Jahre nicht gehen. Mein Auftrieb ist groß.

Die Skiabfahrt durch die Wand bleibt ein unrealisierter Traum. Holzer wagt nicht um jeden Preis. Daran ändert auch ein Reporterteam am Wandfuß nichts.

Glück haben die Presseleute indessen am Großen Aletschhorn im Berner Oberland. Die Skibefahrung der zum Teil über 50° steilen Nordwand sorgt dank dramatischer Bilder vom Helikopter aus für internationales Furore. Nun findet sich Holzer in großen Gesellschaftsmagazinen wieder. Nur widerwillig hatte er sich von seinem Freund, dem Fotografen Martin Fliri, hierzu überreden lassen.
In seinem Heimatdorf ist Holzer damit gesellschaftlich so gut wie rehabilitiert. In Südtirols boomendem Fremdenverkehrsort schlechthin wird Erfolg honoriert: Der ob seiner familiären Situation in Schwierigkeiten Geratene wird zum willkommenen Aushängeschild. Schenna ist in aller Munde.
Abgeschiedenheit gibt es für Holzer nur in seinen Bergen. Der Skialpinist hat das Klettern nicht verlernt. Nach wie vor geht er Erstbegehungen an, wie im Schlernmassiv den Mumelterkopf mit Jörgl Mayr oder den direkten Ostwandriß am Burgstall mit Helmut Vitroler. Interessante Erstbegehungen schafft er ebenso mit seiner Seilgefährtin und Lebenspartnerin, Sieglinde Walzl. Die Kletterfahrten müssen aber nicht mehr partout die Grenze des Möglichen und damit die eigene Leistungsgrenze erreichen. Touren wie an den Südkaminen des Piz Ciavazes, den Falzarego-Türmen, der Neunerspitze in den Fanes-Dolomiten oder im Rofangebirge haben für Holzer und seine Partnerin den Stellenwert einer Genußkletterei. Gefordert hingegen ist die Seilschaft Holzer/Walzl beim schwierigen Habeler-Riß in der Ostwand der Rofanspitze:
„Peter (Habeler, Anm. d. Hrsg.s) *schaute uns zu! Einige Seilschaften kehrten um! Mit V sehr streng (knapp, Anm. d. Hrsg.s) bewertet, bravo Peter!"*

Stünde nunmehr ein Wendepunkt im Alpinistendasein Holzers an?
Der Extreme hat seit der Verlagerung seines Schwerpunkts klettertechnisch zwar nur wenig eingebüßt; das Gros an schwierigen Touren in seiner näheren Umgebung jedoch hat er bereits absolviert. Auch seine Vision der Befahrung schwierigster Eiswände hat Heini Holzer tatsächlich in die Wirklichkeit umgesetzt; wie kein anderer blickt er auf eine beeindruckende Anzahl „unmöglicher" Skibefahrungen zurück. Doch bringt eine weitere Sammlung – an die hundert Abfahrten sind bereits geschafft – auch eine Qualitätssteigerung mit sich?
Ein anderer Steilwandfahrer, Sylvain Saudan, hat seine Weichenstellung bereits getroffen: Im Juni '77 ist er zu den 7000ern im Kaschmir unterwegs. Sollte sich nach dem Extrembergsteigen in den Alpen nun auch seine Lieblingsdisziplin in die hohe Berge verlagern? Oder aber will sich Holzer – wie er Freunden gegenüber ankündigt – wirklich vom Steilwandfahren zurückziehen?

Das Jahr 1977 beginnt Heini Holzer noch einmal mit Abfahrten jenseits der 50°-Grenze: die Nordrinnen von Punta Anna und Monte Cristallo, die direkte Nordwand des Zebrù.

Erste Kletterversuche des kleinen Günther Holzer unter väterlicher Aufsicht.

Holzers Schicksalsberg: Der Piz Roseg und seine Nordostwand.

In den Morgenstunden des 4. Juli steht er auf dem Gipfel des Piz Roseg. Schon oft hatte er sich der Nordostwand angenähert, nie jedoch günstige Bedingungen angetroffen. Diese sind auch diesmal nicht die besten, doch immerhin erscheint die Wand diesmal befahrbar. Und Holzer fährt …

Knapp unterhalb des Gipfels geschieht das Unfaßbare. Heini Holzer stürzt 32jährig ins Leere. Ein großer Suchender ist tot.

Große Fahrt am Ortler
Nordwand im Aufstieg, Schück-Rinne im Abstieg, eine Lawine und viel Glück

Ortler Nordwand, so hieß das Ziel, der Traum. Samstag abends Regenwetter, dann Schnee bis ins Tal herunter, als ob der Himmel offen wäre. Trotzdem kommt Helmut, sagt nichts, nur seine Augen leuchten. Der Rucksack hat im Handumdrehen seine 20 kg, der Motor des treuen VW brummt und bringt uns nach Sulden, Helmut, Dieter und mich. Das Schneien läßt nach, wie wir im Berghaus „Marietta" unser Quartier aufschlagen.
Ich war gerade erst eingeschlafen – da surrte schon das Klapperkastl von Wecker. Ein Stück bringt uns noch der VW, dann geht's mit Schneereifen die Skipiste aufwärts. Der Schnee reicht bis an die Hüften, und ringsum nur dicker Nebel. Daher zuerst Verhauer, ein Stück zwischen Marltgrat und Rothböckgrat. Nichts wie hinunter und weiter rechts probieren! Um ¾ 8 sind wir am richtigen Einstieg, also schon spät. Gleichzeitig gehend bringen wir bei guten Verhältnissen den „Schlauch" und das „Kanonenrohr" hinter uns. Auf einmal Luft, viel Luft – eine riesige Staubwolke kam uns entgegen. Ich dachte kaum mehr ans Ausweichen, kaum ans Überleben. Eisen und Pickeldorn gut verankert, drückten wir uns ans Eis, und warteten auf das, was da noch kommen sollte oder wollte. Es war dann halb so schlimm; ein Rauschen, ein Knattern und zuletzt viel Schneestaub – das war alles. Nun gings weiter bis zum nächsten Wulst und dort seilten wir uns an. Dieter querte nach rechts und bezog nach 30 m Stand. Ein starker Luftdruck war zu fühlen und schon war die Hölle los! Es riß am Seil, als wäre einer geflogen, der Luftmangel wurde groß, ich schien zu fliegen, aber dann gab es plötzlich nach. Ich schaute nach meinen Kameraden, die zuerst gar nicht zu sehen waren, denn wir waren die reinsten Schneemänner.
Unser Tempo stieg an, einige Seillängen hinauf, wo wir zehn solcher Taufen erhielten. Jetzt gings nach links, wo auch die Schwierigkeiten und die Lawinen nachgaben. Nach 8 ¼ Stunden war ein Wunsch erfüllt. Ein Händedruck und weiter gings ins neue Abenteuer.

Wir sicherten zwei Seillängen in der Schück-Rinne und nachher gingen wir zugleich. Gleichzeitige Schnelligkeit ist Sicherheit in dieser Rinne. Sauber und hurtig zogen wir dem Einstieg entgegen. Der Großteil war geschafft und die Freude wurde größer – aber leider zu früh. Ein Schlag, ein Surren, ein Ruck am Seil! Los ging die Fahrt ins Ungewisse! Da half kein Einhalten und kein Schreien. Ich

schwebte in der Luft und sah, wie plötzlich eine menschliche Gestalt über mich hinweg flog. Kurz dachte ich an zu Hause und an das Ende. Ich fühlte noch, wie ich auf einigen Felsstufen aufschlug und es weiterging. Langsam gab die Geschwindigkeit nach und durch Schwimmbewegungen arbeitete ich mich obenauf. Es wurde hell um mich und mit einem Ruck schien die rasende Fahrt ein Ende zu haben. Sofort sah ich mich nach meinen Kumpels um, die aber nicht zu sehen waren. Nun fing der Kampf erst richtig an. Ich grub mir die Füße frei und rief dauernd die Namen meiner Kameraden. Ich schien leise Stimmen unter dem Schnee zu hören und machte mich mit aller Kraft zu schaffen. Mit bloßen Händen fing ich an zu graben und weil ich unglaublich viel Glück hatte, bekam ich die Köpfe der zwei bald schon frei. Zuerst half ich Helmut und dann Dieter ganz aus der Gefangenschaft.

Dem Einstieg zu waren es noch hundert Meter, denn die Lawinen hatten sich bis hier herauf gestaut. Wir spurten durch tiefen Schnee und machten uns und mit Reifen startbereit zum Heimweg. Dieter ging ohne, denn seine waren begraben worden. Aber auch der Abstieg nahm sein Ende und wir kamen dann doch glücklich nach Sulden, aber leider nicht mehr ganz sauber, mit zerfetzten Kleidern und blutigen, zerkratzten Händen und Gesichtern. Auch ein Teil unserer Ausrüstung war am Berg geblieben. Doch besser nur dies als eines unserer jungen Leben. Wir kehrten zu unserem Lager zurück, wo wir von Herrn und Frau Reinstadler wie Könige versorgt wurden. Nach einem ausgiebigen Nachtmahl legten wir uns in die Federn und träumten von den ausgestandenen Abenteuern des Tages. Diesen Tag werden wir drei wohl nie vergessen, denn er hatte wirklich alles in sich, wovor selbst einem mutigen Bergsteiger graut. Aber der Sieg war uns geblieben, uns den drei Kameraden am Berg!

Heini Holzer

◀ Helmut Larcher und Heini Holzer (re.) in der Ortler-Nordwand. Beim Abstieg durch die Schück-Rinne werden die Bergsteiger im Seil mit Dieter Drescher von einer Lawine erfaßt. Den Absturz überleben die drei wie durch ein Wunder.

Allein wie der Berg
Hohe Weiße, Nordwestpfeiler

Vier Uhr, sternklarer Himmel, alles schlummert, wie ich mich auf das Moped schwinge und Schenna verlasse. In Meran schwanken noch einige Spätheimkehrer durch die Straßen, ein Mann schläft im abgestellten Auto, ein Mädchen im Minirock steht eng umschlungen mit ihrem Freund an einer Straßenecke – Leben ohne Sinn?
Doch was kümmert's mich! Schnell komme ich weiter, Naturns – Schnalstal – Pfossental – Außerkaser, dann auf einem schmalen Weg weiter bis zur Mitterkaser, wo ich mein Pferdchen abstelle. Gedankenverloren gehe ich mit geschultertem Rucksack weiter zum Eishof. Es beginnt zu tagen, für die Senner beginnt schon die Arbeit. Einer davon sieht mir nach, bis ich hinter den Lärchen verschwinde. Das Rauschen des Baches unterbricht die Stille und so erreiche ich nach zwei Stunden den Gruberferner. Ein herrlicher, zugleich wilder Kessel, umrahmt von Bergen. Nicht umsonst sagte Lammer, der die Alpen kannte wie wenige, „die Texelgruppe ist eine der schönsten Gruppen, die ich kenne". Ich stimme ihm zu, denn auch ich habe kein so großartiges Hochtal in den Alpen gefunden.
Vor mir steht die Hohe Weiße mit ihrem wuchtigen NW-Pfeiler, den ich begehen möchte. Warum wurde er nicht schon gemacht? War er zu abweisend oder wurde er vergessen? Mit dieser Frage hatte ich mich schon lange beschäftigt. Franz Gritsch, ein junger Meraner, hatte in den dreißiger Jahren einige Erstbegehungen gemacht, wo mancher andere es vergebens versucht hatte, aber dieser markante Pfeiler war merkwürdigerweise übriggeblieben.
Schon stehe ich am Einstieg. Auf das Härteste gefaßt, hänge ich einige Karabiner, fünf Haken und den Hammer an den Klettergürtel, nehme das Seil auf den Rücken und springe über die Randspalte. Ängstlich steige ich über die teils vereisten Platten hoch und erreiche eine Verschneidung. Schnell komme ich höher, bis sie glatter wird. Mit einem Haken sichere ich mich über einen brüchigen Überhang auf ein Pfeilerköpfl. Ein zweiter Überhang versperrt mir den Weg. Jeder Versuch mißlingt. Links und rechts aalglatte Platten, direkt ist es zu brüchig. Also muß ich umkehren. Doch warum bin ich gekommen? Es scheint keinen Ausweg zu geben. Ich seile einige Meter ab, halte an und versuche mit einem Pendelschwung nach links zu kommen. Es gelingt und ich erreiche über eine Platte einen kleinen Stand unter einer steilen glatten Verschneidung. Ich fixiere das Seil an einem Haken, sichere mit doppeltem

Klemmknoten und klettere weiter. Der Fels ist glatt. Immer wieder fürchte ich auszurutschen. Unter einem Überhang schlage ich einen Stift, hänge Karabiner und Seil ein und gelange auf eine Terrasse. Um einen Felshaken befestige ich das Seil, hantle mich daran hinab, entferne Karabiner und Haken und ziehe mich wieder hoch. Ziemlich entkräftet erreiche ich wieder den Zacken.
Über eine schöne Verschneidung stürme ich hoch, bis mich riesige Dächer über Platten nach links zu einem Pfeiler drängen. Der Fels ist hier fest. Schon sehe ich mich auf dem Gipfel, aber es kommt anders. Der Pfeiler besteht nur aus losen Felsplatten. Vorsichtig, nur auf Druck kletternd schleiche ich mich wie eine Katze nach oben, weiter durch eine Rißverschneidung. Hier ist der Fels sehr splitterig, jede Sicherung wäre nutzlos – sauberes Klettern ist hier die einzige Sicherheit. Ich bin froh, daß ich allein bin, ein Partner fürchte ich, könnte hier versagen. Der kleinste Fehler wäre das Ende.
Der Weiterweg wird durch einen Überhang versperrt; ich steige nach rechts auf die Kante. Ich bin gezwungen einen Haken zu schlagen, aber auf den kann ich mich nicht recht verlassen, doch einen besseren bringe ich nicht unter. Halb auf Seilzug, halb kletternd, erreiche ich rechts eine Art Rinne, wo ein kleines steiles Schneefeld eingebettet ist. Vorsichtig steige ich durch dieses und gelange in den Ausstiegsriß. Ein Klemmblock – dann noch fünf, drei, zwei, ein Meter, und ich stehe auf dem Gipfelgrat.
Ein Blick auf die Uhr: 3 1/2 Stunden sind seit dem Einstieg vergangen, ein paar Stunden für 300 Meter. Ich packe den Rucksack, steige zum Gipfel und träume von dem Weg über den Pfeiler, der nie den fünften Schwierigkeitsgrad überschreitet, aber Erfahrung verlangt. Ich denke an Lammer, der auch hier gestanden hat, an Franz Gritsch, den ich nicht kannte, und mit Dankbarkeit an den Meraner Walter Kaser, der mich zu dieser Art Bergsteigen anleitete.
Ich bin glücklich, Bergsteiger zu sein, den „der Berg ist eine Welt, die man auch ohne Geld bekommt“.

Heini Holzer

Vom natürlichen Kunstwerk Lenzspitze-Nordostwand

Die Nordostwand der Lenzspitze – eine Wand, die jeder Westalpenbergsteiger gesehen haben möchte, wie vielleicht das Matterhorn; eine Wand, die jeder extreme Eisgeher durchstiegen hat. Diejenigen, die die Wand gesehen haben, meinen, es sei die schönste Wand der Alpen.

Diese Wand mit Skiern zu befahren, klingt lächerlich, und doch ist da der Gedanke von Skialpinisten, die es wagen möchten. Eine Handvoll Steilwandfahrer könnte es vielleicht auch. So hört man von bevorstehenden Befahrungen, Absichtserklärungen, doch heruntergefahren ist noch niemand.

Für mich war die Wand schon lange ein Wunschtraum. Vor drei Jahren stand ich am Einstieg, mußte aber wegen schlechten Wetters verzichten. Entäuscht fuhr ich heim. Immer wieder dachte ich an sie und bewunderte sie auf Bildern. Sie ist zauberhaft: sie wirkt auf mich wie eine Prinzessin, die ich als Bettler besitzen möchte. Gewaltig, stolz und unsagbar schön.

Ich sitze vor meinem Zelt in Saas Fee. Vor zwei Tagen wurde die Lenzwand in 15 Stunden erkämpft. Gestern durchstiegen mein Freund und ich sie in 90 Minuten. Mit uns stieg eine Seilschaft ein, die 6 Stunden benötigte; sie stieg zügig und sicher zum Gipfel. Heute stiegen 5 Seilschaften durch, in der Zeit von 5 bis 8 Stunden – Zeiten, welche bei gleichen Verhältnissen benötigt wurden. Es sind Zeiten, die etwas über unterschiedliche Sicherheiten aussagen. Je länger die Begehungszeiten (bei gleichen Verhältnissen), desto unsicherer die Begeher. Vor Eis- und Steinschlag nützen die besten Haken nicht, nur Schnelligkeit.

Diese herrliche Wand liegt nun hinter mir; ich bin sie mit Skiern abgefahren: Das geht schnell und ist – wenn man es beherrscht – sicher. Doch es verlangt Kraft, Gefühl und Nerven in einem.

Viele Eisgeher fühlen sich erniedrigt, wenn eine Eiswand mit Skiern befahren wird, obwohl sie nach einer Befahrung nicht leichter zu ersteigen ist. Ich las einige Artikel von Wänden, denen zufolge man mit fast senkrechtem Eis zu rechnen hatte. Man muß sich schon auf den Kopf greifen, welche Schauermärchen einem bei Eiswänden mit 50 Grad Neigung aufgetischt werden. Und das in Zeiten des Zwölfzackers! War ich dann einmal mit den Skiern in solchen Wänden, zeigte es sich, daß sie herrlich zu befahren waren. Bestimmt suchte ich mir gute Verhältnisse aus, obwohl es nicht immer die besten waren. Aber diese Möglichkeit hat jeder andere Eisgeher auch.

Die Lenzspitze-Nordwand im Wallis mit eingezeichneter Abfahrtsroute. *„Viele Eisgeher fühlen sich erniedrigt, wenn eine Eiswand mit Skiern befahren wird“* (Holzer).

Trotz alledem ist meine Zeit knapp bemessen. Oft verlasse ich mein Zuhause früh am Morgen, fahre zum Ausgangspunkt der Tour, steige zum Gipfel, fahre mit den Skiern ab und bin abends wieder daheim. So z.B. geschehen bei der Nordostwand der Königsspitze, der Trafoier Eiswand, der Tosa-Rinne, den Nordwänden von Presanella und Cristallo. Denn für meine Unternehmungen will ich keinen Helikopter in Anspruch nehmen, wie andere das machen. Ich habe auch keine Träger bei mir. Was mich aber begleitet ist ein harter Wille und gute Kondition. Ich bin kein Ausnahmemensch. Doch während andere gemütlich im Lokal, bei Freunden oder zu Hause sitzen, trainiere ich hart, was mich viele Opfer kostet. Man wird sich fragen: Warum? Wieso?
Darauf weiß ich selbst keine genaue Antwort. Vielleicht ergeht es mir wie dem Skatspieler, der Freude an seinem Spiel hat. Ich habe Freude an der Bewegung, Freude an der Gefahr. Doch man muß wissen, wo die Grenzen verlaufen. Sie zu kennen, ist etwas Schönes, denn man erkennt sich selbst.

Man könnte die steilste Eiswand auf schnurgeradem Wege bezwingen, wenn man am Gipfel ein Seil fixieren würde und daran mit Steigbügel hochstiege. Aber wäre das ein Grenzgang? Stellt etwa der wahre Bildhauer seine Statue mit einer Maschine her? Formt er hingegen sein Werk mit Hammer und Meißel, wird man von einem Kunstwerk sprechen – niemals aber von einem Serienprodukt.
Als Kunstwerk begreife ich auch die Bezwingung einer Wand auf natürliche Weise. Als was gelten denn heute die Wände, welche von Micherluzzi, Soldá, Cassin, Buhl, Rebitsch, Bonatti, Messner usw. erstiegen wurden? Es sind vollendete Werke des Alpinismus. Wenn ich nach einer Abfahrt durch eine Eiswand oder ein Couloir zu meiner Skispur aufschaue, dann sehe ich auch ich ein Werk darin, mein Werk – und bin glücklich.

Heini Holzer

Zu Hause in Extremen

Der Eigenwillige

Zu Hause in den Bergen, zu Hause in der Natur. In der Wüstenlandschaft Hochgebirge beheimatet zu sein, heißt sich Extremen stellen, in Extremen zu leben. Hier, abseits der unnatürlichen Alltagsgesetze der Menschen, findet Heini Holzer sein wahres, einfaches Glück. Die Berge lehren ihn das Wichtigste: wie man überlebt.
„Klein ist das Alpenglöcklein, aber es hält alle Härte der Natur aus. Man sieht: Um zu widerstehen, braucht man nicht groß zu sein, wie der Mensch es oft glaubt."
Bereits als Bub hatte Heini gelernt zu widerstehen: den widrigen Verhältnissen beim Hüten, den Verspottungen der Gleichaltrigen, dem ungeliebten Stiefvater, dem Schmerz im Allein-gelassen-Sein. Von Kindestagen an hatte er seine eigenen Wege zu gehen. Die Eigen-willigkeit ist ihm Überlebensstrategie. Die Anpassung an eine Gesellschaft, die man nur von ihrer ausgrenzenden Seite kennengelernt hat, fällt schwer. Immer schwerer. Dabei würde sich Heini nichts mehr wünschen, als in ebendieser Gemeinschaft zu Hause zu sein, geliebt und anerkannt. Eigenwillige aber gelten als Eigenbrötler, Sonderlinge, Spinner.

„Schon als Kind ging ich auf die Suche nach Wahrheit, nach Wirklichkeit. Ich suchte all das bei Menschen in der Gemeinschaft. Ich sah lachende Gesichter, schöne Kleider und Häuser, hörte schöne Worte, schöne Lieder. Als ich überall daran genippt hatte, sollte ich dahinterkommen. Ich sah mich um in meiner verzweifelten Lage, in der ich steckte: die Wirklichkeit und die Wahrheit war grausig. (...) Die schönen Worte und Lieder überschatten nur die Lüge bzw. Ungewißheit und Trauer. Unermüdlich suchte ich weiter nach Wahrheit, nach Wirklichkeit. Ich fand sie nur bei ganz, ganz wenigen Menschen. (...) Darum suche ich in der Einsamkeit mein Glück, wo ich frei bin, wo der Schnee im Frühling alles frei gibt, das „Echte".

In seiner Suche nach dem „Echten" bleibt Heini Holzer ein Einzelgänger bis an sein Lebensende. Mit der Gesellschaft hat er sich arrangiert. Und er macht das Beste daraus: Heini ist eine Stimmungskanone und unterhält auf der Gitarre, mit der Mundharmonika oder mit Witzen ganze Runden. Zum Tanzen sucht sich der Kleinwüchsige auf Bällen grundsätzlich die größten Frauen aus. Amüsement pur. Aber die Heiterkeit hat für Heini ihre Grenzen. Für sich stellt er klar: *„Im Alltag lache ich nur äußerlich, am Berg aus dem Herzen."*

Der Spinner

Was denkt der, der da vorbei ging, an der Hütte, wo alle einkehren? Er war in Gedanken verloren, sah niemanden, er läuft, als würde er verfolgt, seine Augen sehen immer wieder nach oben, als würden sie suchen,was er vergessen, verloren. Immer schneller geht er, überwindet die Matten, das Kar, erreicht den Wandfuß.

Im Alltag lächle ich nur äußerlich, am Berg aus dem Herzen. Warum soll ich nicht in die Berge gehen? Wenn ich mich dort finde, wie ich bin: glücklich, zufrieden, daheim und stark.

Der Alltag ist oft unerträglich, nicht wegen der Arbeitshärte, nein wegen der Menschen. Man fühlt sich immer einsamer und sucht dort, wo die Stärke vieler Menschen scheitert, nach dem Licht, nach sich selbst.

Der Berg erscheint Heini Holzer auch der ideale Ort zu sein, um Herzensangelegenheiten zu verhandeln. So stehen Frauen, die ihm etwas bedeuten, in der Namengebung neueröffneter Führen Pate. Die Direttissima der SO-Wand am Piccolo Daino di Pietramurata tauft er auf „Via Traudy", den Südostriß am Spaloti di Fai auf „Via Ilse", den SW-Pfeiler der Scheibenspitze auf „Erika-Pfeiler" oder die Kante am Meisules dia Biesces (Sella) auf „Sieglinde-Kante". Dem Berg kann er sich ungeniert anvertrauen.

Wann immer es geht, eilt er ins Gebirge. In jungen Jahren zu Fuß, dann mit dem Fahrrad oder per Anhalter, mal mit seinem „Fiffi", wie er sein Leichtmotorrad nennt, oder später mit dem „Gamsl", dem Fiat 500. Seine benamten Fortbewegungsmittel haben so etwas wie Persönlichkeit, schließlich bringen sie ihn in sein Traumland. Bereits die Anfahrt erlebt er oft genug als Abenteuer. In improvisierten Nächtigungen in Heustadeln, hinter Sträuchern und im Auto, lebt er einen schon vergessenen Bergvagabundismus: die Vorstellung vom ungezwungenen, freien Leben. Es ist ein Bergvagabundismus auf den Spuren der Großen: Wo haben sich ein Buhl und Rainer auf ihren Berganfahrten nicht schon überall hingeworfen? Geldmangel ist für Heini nicht wirklich ein Problem, solange er ans Bergziel kommt. Spartanisch zu leben, das ist dem Jugendlichen wie später dem 30jährigen Programm.

Es gibt wenig Menschen, die sich des Lebens so oft erfreuen. Wie oft haben wir Freudensmomente, die um viel Geld nicht zu bekommen sind. Welche Menschen haben größeres Glück? Doch welche Menschen sind empfindlicher als wir?

Als Jugendlicher fährt er nächtens mit dem Fahrrad ins verschneite Martelltal. Beinahe entschuldigend schreibt Holzer in sein Tourenbuch: *„Das Rad teilweise geschoben, wegen des Gewichtes des Rucksacks und der Skier".* Daß die Fahrbahn verschneit ist und die Straße bis zu 18 Prozent Steigung aufweist, wäre als Grund fürs Absteigen beinahe noch zu wenig. In der Nähe der Zufallhütte gönnt er sich in den frühen Morgenstunden eine Stunde Schlaf – ohne Biwaksack bei 0° Celsius. Dann geht er die Skitour auf den Cevedale und die Zufallspitzen an. Daß Holzer fast gar nicht Ski fahren kann, tut nichts zur Sache …

Selbst als er später seine erste Steilwandfahrt in der Marmolata-Nordwand unternimmt, hat er es noch nicht richtig erlernt. Hermi Lottersberger, die mit ihm in die Wand einfährt, traut ihren Augen nicht – und ist entsetzt.

Der Wille schafft Welten – und Heini will. Hatte er nicht schon als Pubertierender Tannenzweige und Gurte unter die Ski gebunden, um mangels Aufstiegsfellen auch im Winter höher zu kommen?

Daß er, wenn er in Begleitung ist, stets der Vorausspurende und Führende sein will, versteht sich beinahe von selbst.

Schon am ersten Tag der Civetta-Kletterwochen mit Reinhold Messner hatte Holzer darauf bestanden, die ganze Aste-Susatti-Route (VI+) zu führen. Auch für den Abend hat Holzer seine eigenen Vorstellungen: Als der Rastlose nach langwierigen Vorbereitungen zum

Wandbiwak endlich zur Ruhe zu kommen scheint, muß ein neues Nachtlager her.
„Wenn Heini wollte, daß etwas anders würde, mußte es anders werden. Und wenn es nur in seiner Einbildung so wurde, wie er es wollte", beschreibt Reinhold Messner den gemeinsamen Klettertag. Eine Hängematte aus 80 Meter Seil entsteht. Für Heini hat sich die Mühe gelohnt, denn *„wir schliefen wie Ratten."*

Holzer weiß für seine unkonventionellen Ideen durchaus zu begeistern. Drei Tage lang führt er Hermi Lottersberger über sämtliche Gipfel der Texelgruppe. 6.000 Höhenmeter sind zu bewältigen, 27 km Gratlänge; 37 1/4 Stunden Gesamtgehzeit, wie Holzer buchhalterisch festhält. Extrembergsteiger seines Schlages finden sich im Hochsommer an anderer Stelle, doch für Holzer ist die leichte Wanderung inmitten des Hochgebirges ein Erlebnis.

Überschreitungen fernab alpiner Trampelpfade wird er mit Freunden auch später im Hinterpasseier unternehmen. Seine Begeisterung ist ansteckend.
Schon als 17jähriger Jugendlicher hatte er den um sechs Jahre jüngeren Algunder Siegfried Stocker mit seiner Bergsucht infiziert und in die Kletterkunst eingeführt. Die Begeisterungsfähigkeit zeitigte unerwartete Wirkung: Schon nach wenigen Eistouren wollte der Junge die Ortler-Nordwand hinauf. Holzer, um Schadensbegrenzung bemüht, hatte das Unternehmen zu verhindern gewußt – und war deshalb schnell eine Freundschaft los.
Unkonventionell ist Holzer auch bei der Arbeit als Kaminkehrer, wenn er sich zuweilen um 4 Uhr morgens in den Heizräumen der Hotels zu schaffen macht. Es gilt Zeit zu gewinnen für die geplanten Bergtouren. Für viele ist der Mann ein Sonderling. Vor allem in seinem Heimatdorf Schenna, dem Fremdenverkehrsort. In den blühenden 70er Jahren wird in der Hotellerie Arbeit direkt in Besitzvermehrung umgerechnet. Für den Naturburschen ist dies seinerseits ein Rätsel; er hat seine eigene Vision:
„Wie schön wär' die Welt, wenn wir nicht so reich wären, wenn wir das Essen uns selber suchen müßten, wenn nicht die Mode die Kleidung bestimmte, wenn wir uns selbst unterhalten müßten, wenn wir könnten über Schlechtes schweigen."
Frischverheiratet würde Holzer deshalb am liebsten seine eigene Welt bauen – ohne gesellschaftliche Kontakte zur Außenwelt. Mit seinen Standpunkten steht der Naturmensch allein auf weiter Flur. Und bleibt in seinen Extremen unverstanden.

Ich studiere nun das Buch „Nie mehr krank sein" von Dr. Med. Robert G. Jackson. Ein Superbuch und billig (Ernährungskunde, Training und sonst wichtige Sachen). Werde bis aufs Letzte trainieren und mich abhärten.

Lammer, der große Alleingänger, war hier (Texelgruppe, Anm. d. Hrsg.s) *unterwegs. Vielleicht ist das hier das schönste Plätzchen in den Alpen, auch Lammer schrieb es in einem Brief.*

Im Winter 1966 übt sich Holzer (Bild) gemeinsam mit Hans Authier in den Sarntaler Alpen in einer mehrtägigen Gipfelüberschreitung.

Auf Skitour

Auf die Frage „welche Art die schönste Art Bergsteigen ist“, würde ich sagen: „auf Skitour gehen“. Vorausgesetzt ist, daß man für alles Interesse hat, was man auf dem Weg zum Gipfel sieht. Der Ausgangspunkt ist meist der hinterste Winkel eines Tales. Je mehr man auf Tour geht, desto mehr entlegene Ortschaften bekommt man zu sehen. Oft tun sich Fragen auf, denn überall entdeckt man andere Bräuche, andere Menschen und andere Bauarten. Wenn man mit den Leuten spricht, zeigt es sich, daß sie zunächst meist verschlossen bleiben, um bald aber schon ihr Herz zu öffnen. Schwere Zeiten, harte Arbeit zeigen ihre Falten in Gesichtern und Händen dieser Menschen, doch Zufriedenheit und Glück strahlt in ihren Augen. Stundenlang könnte man mit ihnen reden. Sie prahlen nicht, sie jammerm nicht. Oft denke ich dabei an viele Ländler und Städter. Beim Geldbeutel fängt das Gejammer an, beim Bauchweh hört es auf. Doch über die dummen Berger können sie schimpfen. Sie wissen nichts von deren Härte im Alltag. Sie denken nicht an die Holzfällerarbeit, an die Heuarbeit, ans Maderheu-Ziehen, das Mist-Ausbreiten oder die sonstigen Arbeiten am Hof. Wer sah ihren Speisezettel?

Ihr Leben lernte ich auf Skitour kennen. Ist man weiter oben, wo sich die Mulden öffnen, der Schnee noch unberührt ist, da hat man Zeit, über das Bergbauernleben nachzudenken. Gerade dieses Träumen während man mit den Skiern aufsteigt, ist etwas vom Schönen. Alles ist still, nur das Quietschen der Bindungen und hie und da das Zwitschern eines Vogels unterbricht die Stille. Oft bekommt man Rehe, Gemsen, Hasen oder sonstiges Wild zu sehen. Auch ihr Leben ist eine Frage. Warum leben sie in dieser Höhe und von was?

Die Zeit vergeht sehr schnell und schon stehen wir in der Scharte. Der Blick auf die andere Seite ist frei. Unzählige Gipfel kommen zum Vorschein. Oft denke ich an die Bergsteiger, die schmettern, sie wüßten bald nicht mehr, welchen Gipfel sie besteigen sollen, da sie bald alle bestiegen haben. Sie lügen! Für sie ist ein Nicht-Modeberg kein Berg. Stehen sie zum Beispiel auf dem Ortler, so fragen sie nur, wo die Königsspitze ist, die anderen Gipfel interessieren sie nicht.

Schon ziehen wir die Spur über den Gipfelhang. Die Schneeverhältnisse sind gut. Wäre irgendeine Gefahr, so wäre der ganze Aufstieg ein Überlegen und ein Berechnen. Doch hierfür braucht es genügend Erfahrung, soll die Rechnung aufgehent. Ein guter, verläßlicher Partner trägt viel dazu bei. Doch es gibt nur wenige,

die die richtige Einstellung für eine Skitour haben. Der eine hat zuwenig Naturbegeisterung, der andere zu wenig Erfahrung – und doch möchten sie jedem was zeigen. Die Schwierigkeiten werden oft mit den Gefahren verwechselt So wie eine Skitour die schönste Art Bergsteigen sein kann, kann sie die gefährlichste sein. Man denke an die vielen Lawinenunglücke. 95 % davon gehen auf eigenes Verschulden zurück. Wer von denen trug eine Lawinenschnur? Auch das ist eine Frage zum Nachdenken.
Noch einmal umsteigen und wir stehen nach einigen Metern auf dem Gipfel. Ein Händedruck, ein Lachen, ein „Dankeschön", das ist alles, was wir uns zu sagen haben. Wir blicken zurück, die Spur ist lang. Viele Stunden Aufstieg liegen dazwischen, die aber schnell verronnen sind. Das Gipfelmeer scheint kein Ende zu haben: viele Spitzen haben wir bestiegen, viele davon laden uns noch ein. Wir schnallen die Felle von den Skiern, verstauen sie im Rucksack und setzen uns hin. Einige Erlebnisse werden ausgetauscht, wir singen ein Lied und wir müssen wieder Abschied nehmen. Hintereinander schwingen wir den Gipfelhang hinunter zur Scharte. Ein Blick zurück, wir freuen uns. Weiter geht die Fahrt durch die Mulden der Waldgrenze entgegen.

Die Skitour als Meditation: Holzer auf dem Weg zum Munt Chavagl im Engadin.

Der Schnee ist herrlich, die Abfahrt ein Genuß. Schon flitzen wir an der Berghöfen vorbei und stehen wieder am Ausgangspunkt. Alles ist noch wie vorher, nur die Menschen lachen uns entgegen, denn wir kennen uns.
Sie fragen: „Wie war's? War's schön?" Wir können nur bejahen, worüber sie sich freuen, obwohl sie uns nicht recht begreifen. Auch von ihnen müssen wir Abschied nehmen und so steigen wir in unseren Wagen Ein bißchen sind wir müde, wir wissen warum. Es war ein Erlebnis.

Heini Holzer

Der Alleingänger

Nur allein kann man die Großartigkeit der Natur sehen und erleben, ihre Gewalten fühlen und sich selbst kennenlernen.

Als oftmaliger Alleingänger gehört Holzer einer Spezies an, ohne welche die Alpingeschichte gar nicht denkbar wäre. Schon um die Wende zum 20. Jahrhundert hatte Ludwig Norman Neruda, Erstbezwinger der Piz-Roseg-Nordostwand, drei verschiedene Typen von extremen Alleingehern unterschieden:

„Den Sucher nach den großartigen Eindrücken der innersten Gebirgsnatur, den Sucher nach Notorietät und den Sucher nach Gefahren wegen ihrer selbst. Der erste unternimmt das Schwierigste, nicht das absolut Gefährliche; der zweite unternimmt alles, wenn es nur den Ruf großer Schwierigkeit besitzt, und läßt sich von der Gefährlichkeit nicht abhalten; der dritte unternimmt mit Vorliebe das Gefährliche. Vielleicht gibt es auch solche, die zweien oder gar allen dreien Kategorien angehören."

Ist Holzer ersteren beiden Kategorien zuordenbar? Repräsentiert er zudem nicht ebenso auch jenen Typ, der aus Partnermangel allein geht? Zwar ist Heini Holzer überzeugter Alleingänger, doch bei einigen seiner Bergfahrten fehlen ihm schlichtweg die geeigneten Partner. Etwa Ende der 60er Jahre, als bewährte Seilgefährten ihre eigenen Wege gehen; Alleingeher beziehungsweise Alleingänger ist Holzer da oft wider Willen.

In der Einsamkeit der Berge ist man nie allein

Er war es auch in jungen Jahren oft genug. Wie freut sich Heini als Jugendlicher, als er mit dem Buben Siegfried Stocker erstmals einen wirklichen Bergkameraden um sich weiß: *„Das Schönste, was ich hab auf Erden, ist der Kamerad und die kühnen Berge."*

Für den Alleingänger liegen höchstes Glück und tiefste Verzweiflung eng beisammen.

Als Alleingänger ist Holzer nur schwerlich vom gesellschaftlichen Einzelgänger zu trennen. Auf feste Freundschaften hatte Heini in seiner Jugendzeit verzichten müssen. Zu oft war die Familie immer wieder umgezogen. Der Einzelgänger bleibt auch im Gebirge allein. Holzer erkennt jedoch darin ebenso etliche Vorzüge:

„Das Alleingehen ist das schönste und echteste Bergsteigen. Man denkt viel und durchschaut das Leben der Menschen und sich selbst, und kommt drauf, daß man um zu leben, nicht den Mensch braucht, sondern die Natur."

Zunächst sind es für den jugendlichen Alleingänger leichte Hochtouren wie die nahen 3000er der Ötztaler Alpen, mit denen er das Hochgebirge erfährt. Alsbald findet er sich allein an richtigen Kletterwänden, beispielsweise an der Südwand der Tofana. Als hier eine ganze Ausflugsgesellschaft auf Heini wartet, wird ihm sein Alleingängertum förmlich an den Kopf geworfen. Doch da ist er sich seiner Sache bereits sicher: Alleinbegehungen, erstmalige zumal, haben in den 60er Jahren Hochkonjunktur. Heini Holzer weiß nur zu gut: Alpingeschichte schreiben

jetzt Männer, die allein gehen. Und die meisten Wände und Gipfel seiner näheren Umgebung warten nur auf ihre ersten Alleinbegeher. An der Nordkante des Schattenkofels, der Südwestwand des Margarethaturms (Rosengarten) und der Furchetta-Nordwand leitet er eine beeindruckende Serie von Erst-Alleinbegehungen ein. Immer wieder ist er auch in der Rotwand allein anzutreffen. Zum Beispiel auf der Route von Erich Abram und Sepp Schrott oder auf der von Otto Eisenstecken. In beiden Routen ist er der erste Alleingeher. Wie im Schmuckkamin im Wilden Kaiser.
„Erst wenn man allein an den Schwierigkeitsgrenzen klettert, weiß man, was man kann. Ich bin stolz, Alleingänger zu sein, denn alleine komme ich über die größten Alltagssorgen hinweg. Ich fühle mich oft einsamer unter Menschen als alleine in der Wand."

Beim Training in der Westwand des Falzarego-Turms: *„Würde mich aber jemand fragen, wann ich glücklicher war, könnte ich nur mit ‚allein' antworten. Oft schon wollte ich allein klettern, doch die Angst trieb mich fast jedesmal wieder zu einem Seilgefährten."*

Holzers Meisterleistung läßt aufhorchen. Und vereinzelt werden Stimmen laut, wonach diese Begehung über seinen physischen Verhältnissen gelegen hätte. Holzer sei „leichtsinnig" gewesen und habe „Glück" gehabt, vernimmt man aus Insiderkreisen. Stimmen von Neidern?
Kritik am Alleingängertum hagelt es Ende der 60er Jahre noch immer. Doch der Alleingänger kontert:
„Oft wurde ich gefragt, warum ich alleine klettere! Nie wurde ich gefragt, warum ich mit einem klettere, der die Schwierigkeiten nicht beherrscht." Auch Holzers Freund, Reinhold Messner, der das Alleingängertum am Berg wie kein anderer zu leben beginnt, holt die öffentliche Kritik aus der Reserve:
„Warum wirft man gerade extremen Alleingehern Verantwortungslosigkeit vor? Kann ein hervorragender Kletterer den Preußriß an der Kleinsten Zinne nicht hervorragend meistern, während ein wenig guter Geher auf der Normalführe der Großen Zinne sein Leben riskiert?"

Abseits des medialen Rampenlichts sucht Heini Holzer immer wieder einsame, unspektakuläre Berge auf. Etwa die nahen Sarner Berge oder die so gut wie unbekannte und selten begangene Moiazza-Gruppe in der Civetta. An der Cima dei Tré weiß Holzer noch eine unbestiegene Seite: die Nordwestwand, 400 Meter hoch, III – IV+. Leicht, aber unbezwungen. Sie entspricht ganz dem einsamen Sucher nach den großartigen Eindrücken.
„Unbekannte Sachen machen mich stark. Sei es eine alte unbekannte Tour oder eine neue." Läßt sich damit eine Erstbegehung verbinden, um so besser. Mit den Touren zu vergessenen Bergen entflieht Holzer bewußt den Trampelpfaden der Modebergsteiger, wie er jene Alpinisten nennt, die glauben, schon alles bestiegen zu haben:
„Einem solchen Menschen könnte ich einen guten Rat geben. Man nimmt einfach eine Karte zur Hand und man sieht Berge, von denen man nie etwas gehört hat und man müßte tagaus, tagein in die Berge gehen, um alle besteigen zu können. Ein bißchen Naturtalent braucht's, und man findet die schönsten Berge, fern vom Menschenrummel."

Vom Einzelgänger zum oftmaligen Alleingänger: Heini Holzer auf dem Hochwart in den Sarntaler Alpen.

Rotwand-Südwestwand
Alleingang in der Senkrechten

Allein stehe ich am Einstieg der Rotwand-Westverschneidung, die Abram und Schrott in dreitägiger Arbeit durchstiegen haben. Die Drittbegehung wartet auf mich. Der Überhang über mir soll 25 Meter von der Senkrechten hängen. Grausig. Am liebsten würde ich abziehen, aber wozu bin ich gekommen? Mein Wille ist doch größer, und ich entschließe mich, einzusteigen. Angsterfüllt seile ich mich an, als müßte ich in den Tod steigen.

Zaghaft steige ich ein. Der Fels ist brüchig. Jeder Griff und Tritt muß überlegt sein, belastet werden. Ich schaue nach unten, das Seil ist aus. Kein Partner hängt am anderen Ende. Ich fühle mich einsam. Das Klettern ist anders als gewohnt. Die Zeit vergeht, die Tiefe wächst. Mit drei Steigleitern steige ich höher, der Schweiß rinnt über die Stirn. Auf einer Leiste setze ich mich hin und raste ein bißchen. Ein Schluck aus der Flasche und ich steige weiter. Die Klette rei wird schwieriger und ich erreiche eine kleine Terrasse, wo sich das Wandbuch befindet. Ich schlage es auf und trage meinen Namen ein, aber freue mich nicht wie üblich auf den Gipfel. Die Hauptschwierigkeiten beginnen erst.

Keine Bewegung, denn ich habe Angst entdeckt zu werden. Warum? Ganz einfach: auch ich könnte keinen allein klettern sehen. Angst bekäme ich um den Einsamen, ob ich ihn kenne oder nicht.

Ich steige weiter. Der Weg wird schwieriger, er geht mehr nach außen als nach oben. Die Haken stecken gut, und doch habe ich Angst. Der Rückzug ist abgeschnitten, um mich alles nur Luft.

Ich fühle mich gar nicht mehr so allein: Alles, was ich denke, das spreche ich laut. Ich bemerke es erst später und lache darüber. Nur gut, daß mich keiner hört, denn der würde mich für verrückt erklären. Wie bei einer Maschine geht es – Leiterchen einhängen, aushängen, immer dasselbe. Ich schaue zwischen den Beinen durch – der 30-Meter-Strick hängt zirka 15 Meter vom Fels weg. Ich komme mir vor wie eine Fliege. Der Überhang scheint kein Ende zu nehmen. Ich erreiche eine schräge Verschneidung, die mich ins leichte Gelände bringt. Es wird dunkel. Nebelfetzen nehmen mir die Sicht. Drüben am Latemar donnert es. Das Wetter kommt näher. Ich bekomme Angst. Der Blitz ist nicht mein Freund, ich kenne ihn sehr gut, den unberechenbaren Gesellen. Nach 20 Metern hänge ich mich an zwei Haken, um das Gewitter abzuwarten.

Das Wetter ist jetzt über mir, vor mir ein grauer Vorhang von Wasser und Hagel. Es kracht, als ginge die Welt unter. Die Angst wird größer. Wenn mich der Blitz trifft? Niemand kann mir Antwort geben, ich kann niemanden fragen. Auf einmal ein Krach, ein Lichtstrahl, aus den Haken spuckt Feuer, ein Stromschlag – und schon hänge ich wie ein Sack. Doch ich lebe noch. Erst später höre ich Steine vorbeirauschen. Ich steige wieder in die Leitern. Schwefelgeruch, der Rücken schmerzt, ich bekomme fast keine Luft. Lieber Herrgott, ich danke dir, daß ich noch hier stehe, beschütze mich weiterhin...

Ich erinnere mich an die Menschen, die über den Nordgrat auf die Rotwand gehen, an meine Freunde am Buhl-Weg. Hat der Blitz jemanden getroffen?

Das Gewitter zieht ab, es wird heller und mir wird leichter. Ein Schluck aus meiner Flasche stärkt mich und ich richte mich zum Weitergehen. Einige Meter hinauf, wo mich ein Quergang nach links bringt. Nun bin ich wieder im bekannten Gelände der Eisenstecken-Route. Der weiße Felsausbruch ist erst neu. Einige Haken stecken in den weißen Felsen, aber ich klettere links frei darüber. Bald stehe ich am letzten Haken, der zirka fünf Zentimeter herausschaut. Ich kenne ihn gut, denn im Winter, da alles vereist war, prüfte ich ihn mit einem 12-Meter-Flug. Er hat gehalten.

Über leichtes Gelände erreiche ich den Gipfel. Kein Mensch, dem ich die Hand reichen könnte. Zwei Schneehühner nehmen schnarrend Abschied. Ich bin allein. Jetzt bin ich mir dessen bewußt, was hinter mir liegt. Ich bin glücklich, überglücklich zu leben, in die Berge zu steigen, um aus dem Spiel mit dem Berg Kraft zu holen für den Alltag. Ich habe mich selbst erobert.

Heini Holzer

Ach könnte ich erzählen

von Wald, Felsen, Schnee und Eis, von Tieren, Blumen und Vögeln, von Freundschaft und Einsamkeit, von Wind, Wolken und Sonne, vom Wetterbaum und Steinmann, von den Gedanken, die mich begleiten! Doch ich muß schweigen,weil wenige noch fühlen und hören, was ich erzählen möchte.

Weihnachtliches Bergkameradentreffen auf der Villnösser Gampenalm. Von links nacht rechts: Ulli Kössler, Günther Messner, Hans Authier, Heini Holzer, Vitty Steinkötter, Reinhold Messner.

Unter Freunden

Die Menschensehnsucht ist dem Einzelgänger Heini Holzer von Kindestagen an eingeschrieben. Als sich der Jugendliche anschickt, sich in seiner Einsamkeit einzurichten, entdeckt er ausgerechnet am Berg die Welt der Freundschaft. Das hat für ihn mehr als nur symbolischen Wert. Den Berg bestimmt der 22jährige nicht zufällig zum entscheidenden Ort für die Begegnung mit einer eventuellen Lebenspartnerin: *„Ich muß sie in den Bergen finden, nicht in der Stadt. Eine Frau hat es schwer, wenn sie nicht versteht, warum ihr Mann in die Berge geht.“*

Freundschaft und Berg, das sind für Heini untrennbare Begriffe. Der Freundschaft schreibt er jenen idealisierenden Stellenwert zu, wie dies nur Menschen vermögen, die allzu lange auf sich allein gestellt waren. Demnach hat eine Freundschaft unerschütterlich, bedingungslos und unaufkündbar zu sein. Heinis hohen Ansprüchen vermögen freilich nur wenige gerecht zu werden – auch er selbst nicht immer, wie er in einem Brief an Hermi Lottersberger bekennt: *„Oft glaubte ich einen Freund zu haben (...). Hatte ich für ihn wenig Zeit, oder er für mich, war aus.“*

Auch hierin ist Heini Holzer in Extremen zu Hause.
Leidige Erfahrungen und Enttäuschungen sind bei einer solchen Erwartungshaltung vorprogrammiert. Von einigen sich anbahnenden Bergfreundschaften verabschiedet sich Holzer nur allzu bald. Zum einen entwächst Heini den meisten Seilgefährten in Können und Durchhaltevermögen und fordert zu bedingungslos seine klettertechnische Autorität ein. Zum anderen hält auch so etwas wie alpiner Brotneid innerhalb der UKK – der Meraner Kletterelite – die Gefährten auf Distanz. Selbst als Holzer am Fuße der König-Nordwand zufällig seinen treuen Klettergefährten und Freund, den Meraner Bergsteiger Hans Authier, trifft, wird über die von beiden unabhängig geplante erste Alleinbesteigung der Wand kein Wort verloren. Lieber knüpfen sich beide zu einer Seilschaft zusammen und sinnen auf die nächste sich bietende Gelegenheit. Das Rennen wird kurz darauf mit Dieter Drescher überraschend ein anderer UKK-Mann machen.

Heini Holzers Freundschaften sind meist von intensiver, dafür aber kurzer Dauer. Seine Neigung zur Verdrängung von schwachen Gefühlen verhindert eine volle Öffnung im Umgang mit anderen. So etwas wie Sich-anvertrauen-Können hat der äußerst sensible Heini nicht gelernt – er hat es auch nicht erlebt. Mit seinen kompromißlosen Ansprüchen hat es Heini schwer, sich auf andere einzustellen. Es fehlt ihm, vor allem in jungen Jahren, ein wichtiger Baustein an sozialer Wahrnehmungsfähigkeit. Haben Freunde für ihn am Berg des öfteren keine Zeit, dann eben *„ist es aus.“*

Heini Holzer definiert sämtliche Freundschaften über den Berg. Ein Freund ist für ihn auch ein Seilgefährte und umgekehrt. Und extrem, also ernsthaft klettern kann er nur mit Freunden. In einem Brief an seine Freundin Hermi hält er fest:
„Du weißt, daß ich nur mit Freunden klettere. Vielleicht denkst du dir, es ist falsch. Aber eine Tour am Berg ist das schönste Geschenk, das ein Bergsteiger bekommen kann. Ja, das Geschenk hol' ich mir eben mit einem Freund, der sich des Weges freut, nicht des Weg-Nehmens."

Auf die Frage, wie sein idealer Seilgefährte – und damit wohl auch Freund – auszusehen hat, antwortet Holzer in der Zeitschrift „Der Bergsteiger" 1976:
„Mein Idealseilgefährte ist naturverbunden! Ihm liegt Fels, Eis, kann in allen Schneearten sicher Ski fahren, auch in jedem Gelände, er übernimmt im Notfall die Führung, ist ebenso imstande, Erste Hilfe zu leisten, hat hundertprozentiges Vertrauen zu mir, wie ich zu ihm. Er ist äußerst stark an Kondition. Zu allen diesen Voraussetzungen ist er bescheiden! Ich hatte einige Partner, wenige hatten all diese Begabungen."
Zu den wenigen Partnern mit *„all diesen Begabungen"*, zählt Holzer im Jahr 1976 – abgesehen von seiner nunmehrigen Lebensgefährtin Sieglinde Walzl – Renato Reali, Sepp Mayerl, Alberto Dorigatti und Reinhold Messner.
Idealseilgefährte – das ist für viele Kletterfreunde Holzer selbst. Und Holzer kann seine Freundschaft am besten unter Beweis stellen, *„wenn es nötig ist."* Wie bei Notfällen am Berg. So rettet er beispielsweise seinen oftmaligen Kletterpartner Hans Authier zweimal aus aussichtsloser Lage. Etwa in der Großen Zinne-Nordwand, als Authier beim Abseilen sich einen Arm einklemmt und bereits ohnmächtig am Wandfuß baumelt. Die Rettung bringt Heini sprichwörtlich verbrannte Hände ein, gleitet er doch in einem Satz knapp 40 Meter am Seil herab. Der BRD-Mann weiß, wie man wiederbelebt. Weniger einschneidend verläuft die Rettungsaktion im obersten Teil der Westwand des Torre Venezia, als Authier, gelähmt von einem eisigen Sturzbach, von Holzer und Reali per Flaschenzug zum Gipfel geholt wird.
Bergkameradschaft, das ist für Heini nichts anderes als gelebte Freundschaft.

Heini Holzer mit Freund Sepp Mayerl auf dem Gipfel der Lazerswand. Von dem Lienzer Kirchturmrestaurator und Spitzenbergsteiger lernt der Schennaer Kaminkehrer sauberes Klettern.

Eine kurze, aber gelebte Freundschaft der herausragenden Art ist für Heini Holzer jene mit Reinhold Messner. Mit ihm trifft Holzer Mitte der 60er Jahre mehr als auf einen Gleichgesinnten. In dem um ein Jahr Älteren erblickt Holzer jenen Bergfreund, den er sich über Jahre hinweg gewünscht hatte: klettersüchtig, phänomenal im Fels, verläßlich. Kurz: Messner ist *„wirklich der Partner, mit dem man einen Elefanten zerreißen könnte."*

Ich würde alles für ihn (Reinhold Messner, Anm.d.Hrsg.s) *tun, aber er ist nicht leicht. Ich kann erst helfen und meine Kameradschaft zeigen, wenn es nötig ist.*

Er (Heini Holzer, Anm.d.Hrsg.s) war ein schwieriger Freund. Klein, geschickt und eifersüchtig darauf bedacht, von allen geliebt zu werden. Ich mochte ihn nicht nur als Kletterer.
Reinhold Messner

Reinhold Messner in der Nordwestwand des Campanile Barbante. *„Der Reinhold ist – ich schrieb es ihm auch – ein zweiter Hermann Buhl. Die Civetta-Zeit werde ich nicht vergessen. Sie war zu schön."* (Holzer)

Heini war ein verläßlicher Kletterpartner und von jener oberflächlichen Fröhlichkeit, die verletzte Menschen häufig zur Schau tragen.
Reinhold Messner

Die Elefanten, die Ungetüme, das sind die Wände der Dolomiten. Und den beiden gelingen in den Jahren 1966 und 1967 die allerschwierigsten Führen in den Civetta- und Pelmowänden, im Rosengarten, in den Fanes-Dolomiten, an der Marmolata.

Heini Holzer erlebt mit Messner die Unbeschwertheit des Draufgängers. Immer wieder fiebert er spaßig den gemeinsamen Unternehmungen entgegen. Zum Beispiel der zünftigen Nordwand der Rochetta Alta di Bosconero:

„Wer weiß, ob wir das geschafft hätten (Durchstieg in 13 Stunden, Anm.d.Hrsg.s), *wenn uns Heini nicht mit Brennesseln um drei Uhr morgens aus der Biwakschachtel getrieben hätte. Beim großen Quergang unterm Dach stritten Heini und ich wie die Kinder, wer vorausklettern darf. Sepp* (Mayerl, Anm.d.Hrsg.s) *löste den Konflikt, indem er elegant an uns vorbeiturnte und die Führung übernahm." (Messner)*

Nach zwei intensiven gemeinsamen Kletterjahren schickt sich Messner mit dem Studium in Padua an, seinen Aktionsradius über Südtirol hinaus zu verlegen. Für Holzer Anlaß, über die eigene Situation nachzudenken:

„Und nun? Ich nahm Abschied für lange Zeit. Für mich war's hart, aber für Reinhold wird's noch härter. Es war wirklich ein harter Entschluß. Ich werde weiter in die Berge ziehen, die mir zum Fenster hereinschauen, ich werde weiter klettern. Mit wem, weiß ich nicht. Vielleicht viel allein."

An Hermi Lottersberger schreibt Holzer:

„Es ist besser, er haltet durch und ist dann ein gemachter Mensch. Wenn ich es hätte können, vielleicht wäre ich bei ihm. Aber nicht in Padua, eher in Innsbruck. Es ist auch schwer, sich etwas zum Lebensziel zu setzen und dann es umgehen zu müssen. Aber ich bin doch glücklich."

Neue Kletterziele in den Schweizer und den französischen Alpen, entfernen den Freund für Heini zusehends. *„Reinhold macht mit Günther und zwei Deutschen am Eiger eine Erstbegehung. Warum läßt er nichts hören?"*. Doch Holzer weiß auch die eigene Position zu hinterfragen: *„Im Grund sind wir Egoisten. Wir brauchen den Nächsten: was tun wir für ihn?"*

Messner unternimmt alsbald schon seine erste Expedition. Mit seinen Kartengrüßen von der Andenexpedition, unter anderem mit Peter Habeler und Sepp Mayerl, wird sich Holzer einer leidigen Tatsache schmerzlich bewußt: daß sich das Aktionsfeld des Freundes, aber auch das des Extrembergsteigens zu den hohen Bergen der Welt zu verschieben beginnt.

Mit dem Entschwinden Messners und Mayerls und dem Klettertod Realis sieht sich Holzer einmal mehr auf sich allein gestellt. Wehmütig schreibt er im Herbst 1969 an Hermi ins Zillertal:

„Um mich brauchst du keine Angst haben, wenn ich alleine gehe. Nun ist es ein Jahr vorüber, daß mein bester Freund sein Leben ließ. Oft denke ich an Renato.

Doch die Berge lernt Heini im Anschluß auch noch mit anderen zu genießen: mit Hans Pescoller, Heini Prenner, Martin Fliri, vor allem aber mit seinem Gefährten Helmut Vitroler.
Seine bergbegeisterte Partnerin Sieglinde Walzl nimmt in diesem Zusammenhang wohl die herausragendste Rolle ein: Sie ist Holzer in seinen letzten Lebensjahren nicht nur Lebensgefährtin, sondern eben auch Bergfreundin.
Seit der Freundschaft mit Renato Reali pflegt Heini zudem beste Kontakte zu italienischsprachigen Spitzenbergsteigern. Vor allem Alberto Dorigatti, Almo Giambisi und Alessandro Gogna sind ihm nicht nur zeitweilige Gefährten, sondern eben auch Freunde. Mit Gogna und Dorigatti eröffnet Holzer im Herbst 1970 eine Neutour in der Nordwestwand der Cima Terranova. Und Holzer hinterläßt bleibende Eindrücke. Für Dorigatti ist das erstmalige Zusammentreffen mit Heini Holzer ein Erlebnis: „beeindruckt von seinem Rhythmus und seiner Schnelligkeit", ist der Bozner Bergsteiger vor allem aber von der Offenheit Holzers angetan: „Wir schlossen sofort Freundschaft und ich war über seine Bereitschaft und Offenheit uns Italienern gegenüber überrascht. Obwohl er (Holzer, Anm.d.Hrsg.s) als Bergsteiger bereits einen Namen hatte, bestand er nicht darauf, als erster den Gipfel zu erklimmen und wir wechselten gegenseitig die Führung ab. Heini bemühte sich mit mir italienisch zu sprechen, weil ich fast kein Deutsch sprach. Er war diesbezüglich sehr mutig und von einer großen mentalen Offenheit."

In Sieglinde Walzl findet Holzer eine ideale Kletterpartnerin und – in den letzten Lebensjahren – auch Lebensgefährtin.

Mit Dorigatti klettert Holzer in der Folge Wände wie die Südwand der Tofana di Rozes oder fährt mit ihm Steilwandabfahrten.
Und so ist es auch kein Zufall, daß Heini Holzer im italienischen Alpenverein CAI mindestens ebenso zu Hause ist wie im AVS. Ähnlich wie in seinem deutschsprachigen Pendant bringt es der Extrembergsteiger im CAI zu „akademischen Ehren": Er wird als „Accademico" in den Kreisen der Besten aufgenommen. Für einen deutschsprachigen Südtiroler Bergsteiger in den frühen 70er Jahren ungewöhnlich genug.
Holzer bedankt sich bei seinen Freunden auf seine Weise: Er beginnt selbstgeangelte Forellen zu verschenken – die Ausbeute eines neuentdeckten Hobbys.

Im Herbst 1975 trifft Holzer unvermittelt auf einen seiner alten Freunde aus den 60er Jahren – Anlaß, sich die Vergänglichkeit der Freundschaft zu vergegenwärtigen. Einmal mehr schreibt er an Hermi, mit der er wohl seine beständigste und offenste Freundschaft pflegt:
„In Bozen trafen wir ganz zufällig den Sepp Mayerl. Ich freute mich sehr darüber. Er ist immer noch der alte. Er erzählte auch, daß er eigentlich nur mehr mit Dir freundschaftlich verbunden sei. So ist es oft!"

Nachruf 1
Wo ist mein Freund Renato Reali?

Es war am 28. Mai 1964. Allein stehe ich am Einstieg, allein wie oftmals schon. Irgendwie bin ich froh, allein zu sein – und doch fehlt mir etwas. Oft schon stand ich mit anderen Bergsteigern am Einstieg oder auf dem Gipfel. Bis heute fand ich keinen Partner, der mich verstand – oder den ich verstand. Der eine ging nur auf den Berg, um große bekannte Anstiege hinter sich zu bringen und einen klingenden Namen zu bekommen, der andere nur, weil sein Freund auch klettert. Keinen fand ich bis heute, der wegen der Schönheit der Natur ging. Aus diesem Grunde bleibe ich oft lieber allein.

Ich steige ein. Ein Blick nach unten – ein junger Bursch. Ich rufe hinab, ob er mitkommen will, und erwarte, daß er verzichtet. Doch er gibt keine Antwort, sondern steigt einfach ein. Wenn ich das nicht gesagt hätte, denke ich, aber nun kann ich ihn nicht fortjagen. Gleich steht er neben mir. Ein Junge mit schwarzem Haar, gleich groß wie ich, grüßt mich auf Italienisch. Ich frage ihn, ob er schon öfter geklettert sei. „Nein", sagt er, „ich ging immer nur leichte Touren, immer allein, denn mich nahm niemand mit, weil ich noch zu klein bin!". Die schwerste von seinen Touren war der Ifinger Südwestgrat (I). Ich band ihn an mein Seil und zeigte ihm, wie man Karabiner aushängt und das Leiterle benützt. Wenn er nicht hinaufkommt, denke ich, kann ich ihn ja hinunterlassen. Ich steige weiter. Eine überhängende Rißverschneidung bringt mich auf eine geneigte Platte. „Seil aus!" ertönt schwach der Ruf von unten. Ich mache Stand. Es fängt an zu regnen. Ich rufe hinunter, daß er nachkommen kann. Das Seil läßt sich zügig einziehen, obwohl die Schwierigkeiten zwischen V und VI liegen. Bald steht er bei mir, übergibt die Karabiner. Mir kommt es vor, als klettere ich mit einem Könner. Es beginnt zu hageln, doch ich klettere gleich weiter und erreiche nach schwieriger Felskletterei das Wandbuch und mache dort Stand. Mein Partner kommt nach, ohne daß ich ihm Zug geben muß. Ich schreibe meinen Namen ein und frage ihn um den seinen. Renato Reali, fünfzehn Jahre alt. Ich war stolz, einen Jungen auf seiner ersten Klettertour zu führen – noch dazu eine Ver bis VIer-Route.

Das Wetter hat sich gebessert. Wir steigen auf den Ifinger und gleich wieder ab. Wir erreichen die Ifingerhütte, gehen aber vorbei, weil Renato es so will. Er erzählt von seinen Bergfahrten. Er stellt mir Fragen, wie man sichert, wenn man allein klettert. Ich gebe ihm Ratschläge. In Schenna, meinem Heimatort, trennen wir uns.

Die Zeit vergeht, oft denke ich an Renato. Ich weiß aber nicht, wo er wohnt. Oft klettere ich allein, oft auch mit anderen, aber keinen konnte ich mit Renato vergleichen. Wo ist mein Freund, der Bub? Oft frage ich mich.
Nach einem Jahr stehe ich am Einstieg am Ifinger. Weiter unten kommt ein einsamer Bergsteiger dem Einstieg zu. Bald erkenne ich ihn – Renato. Freude. Auch er freut sich. Auch er wollte die 100-m-Platte allein gehen, aber wir verbinden uns wieder mit einem Seil. Schnell liegt die Platte hinter uns (VI-). Eine herrliche Gipfelstunde.
In Schenna mußten wir uns eilig trennen, weil er mit einem Auto nach Meran fahren kann. Wieder weiß ich seine Adresse nicht. Wieder steige ich sonntags auf die Berge, immer wieder sehe ich Renato in Gedanken vor mir, aber wo ist er?
Wieder ein Jahr später treffe ich ihn in Meran, endlich. Wir tauschen die Adressen aus. Tage später sind wir in den Piccoli Dolomiti. Am Baffelan und 1. Apostolo begehen wir die Nordkanten. Zwei schöne Fünfer-Touren. Später gelangen ihm zwei große Anstiege im Alleingang: Dülferriß an der Cisleser Odla und erste Alleinbegehung der Gritschplatte. Ab nun sind wir eine Seilschaft, Renato und ich. Er klettert sauber, ist unendlich bescheiden, was mir nicht weniger gefällt wie erstklassiges Können. Renato Realis Bergsteigerlaufbahn nimmt einen steilen Aufstieg.

Dann erleben wir die Nordwand des Torre Comici, diese herrliche Route. Keiner von uns ahnt, daß es unser letztes gemeinsames Erlebnis am Berg werden sollte. Wir blättern im Wandbuch und sehen neben vielen Namen Kreuzlein – Hermann Buhl, Toni Egger, Dieter Marchart, um nur einige zu nennen. Renato und ich waren tief ergriffen. Kurz danach kommt er nach Predazzo zum Militär, natürlich zur Scuola Alpina der Finanzpolizei.
Ich ging einige Touren allein, oft denke ich an Renato, doch ich muß nun warten, bis er seine Dienstzeit hinter sich hat. Am Heiligen Abend kommt Renato zu mir mit einem Körbchen Keks als Weihnachtsgeschenk. Ich freute mich über das Wiedersehen. Er erzählte mir, daß er wenig klettern darf, daß er mehr auf den Skiern steht, aber das gefällt ihm nicht schlecht. Unser Wiedersehen war kurz, aber schön. Erst später hörte ich, daß er die Italienerkante und die „Via Irma“ am Ciavazes bezwang, später die „Italia“ und die „Zeni“-Verschneidung im Alleingang. Im Sommer 1968 hörte ich nichts von ihm persönlich. Aber es sollen ihm zwei Erstbegehungen in der Palagruppe gelungen sein.

Dann der 2. September 1968. Ein Telefonanruf – Renato sei beim Alleinbegehungsversuch der Capucin-Ostwand tödlich abgestürzt. Ich konnte nichts sagen, zitterte am ganzen Körper, ging in mein Zimmer. Ich kann es nicht fassen. Renato, mit dem ich soviel beisammen war. Ich darf ihn nur noch einmal begleiten …
Alle waren wir hier, seine Freunde, viele von ihnen weinten. Jeder liebte Renato, jeder schwärmt von seiner Sicherheit …
Wieder weiß ich nicht, wo mein Freund zu treffen ist, aber nun sehe ich ihn nie wieder.

Heini Holzer

Nachruf 2
Und du, Claudio Barbier?

Den Namen Claudio Barbier hörte ich am Beginn meiner alpinen Laufbahn; später sagte er mir mehr als viele andere. Denn da ich gerne alleine kletterte, hatte ich eine Schwäche für Alleingänger. Hermann Buhl, Hias Rebitsch, Walter Bonatti, René Desmaison und Claudio Barbier – dies waren für mich die „Großen". Denn welche Art Alpinismus ist reiner als die eines extremen Alleingängers?

Claudio kam 1953 im Gebiet des Vanoise zum erstenmal ins Gebirge. Bald schenkte er sein Herz den Dolomiten und ab dieser Zeit war er dort jedes Jahr anzutreffen. Der größte Wurf gelang ihm im August 1961, wo er an einem Tag die Nordwand der Westlichen Zinne (Cassin), die Nordwand der Großen (Comici), den Preußriß an der Kleinsten, die Dülfer-Route an der Punta Frida und als Abschluß die Nordwand der Kleinen Zinne durchstieg.

Er wiederholte immer wieder große Wege, dazwischen wieder allein, wie an der Comici-Route an der Civetta-Nordwand, die Andrich-Fae an der Punta Civetta, die Carlesso an der Torre di Valgrande, die Ratti am Torre Venezia, die Via Italia bis zum Gipfel des Piz Ciavazes, die Agnèr-Nordkante, am Badile die Nordostwand – nur um einige zu nennen.

Claudios Laufbahn war ein Auf und Ab – einmal schwerste Alleinbegehungen, dann ein Normalweg, dann eine Erstbegehung oder eine schwere Wiederholung. Seine Erstbegehungen sind gefürchtet wegen der großen Freikletterei und der strengen Bewertung, wie zum Beispiel: die Südwand der Marmolata di Ombretta, die Ambiéz-Ostwand (Via Helmers) und Torre Alleghe-Nordwestwand, um nur einige zu nennen.

Als Bergsteiger hatte er seine Eigenarten wie als Mensch. Er sprach fünf Sprachen, davon vier perfekt; er las viel, hörte gerne Musik, ging gerne wandern.

Über seine Leistungen sprach er wenig, war aber ein harter Kritiker in Sachen Alpinismus, besonders bei Übertreibungen. Er fürchtete niemand. Wenn einer Unwahrheiten schrieb, schrieb er die Wahrheit. Aus diesem Grunde hatte er auch seine Gegner.

1970 lernte ich ihn kennen. Er besuchte mich mit Almo Giambisi. Meine Freude war groß, denn ich lernte einen Menschen kennen wie wenige. Wir wurden Freunde. Wir hatten viel Zeit zu sprechen und besuchten auch Schloß Schenna, wo ich feststellte, daß sein Wissen über Kunst und Geschichte nicht geringer war als das über den Alpinismus. Als ich in Belgien eine Vortragsreise hatte, war er mein

ständiger Begleiter in Klettergärten, in Museen, bei den Vorträgen
1976 lernte ich ein Mädchen kennen, das mit ihm in die Berge zog. Anna Lauwaert war ein Talent und so gelangen ihnen gleich zwei schwierige Wege.
Am 31. Mai bekam ich einen Telephonanruf: „Claudio Barbier ist tot, man fand ihn am Fuße eines Felsen in Belgien." Ich konnte es nicht fassen, aber am nächsten Tag kam der Brief von Anna. Claudio wollte am 27. Mai eine 40 Meter hohe Wand in den Rochers de Fidevoie bei Yvoir von Gras und Erde reinigen, um dort neue Klettermöglichkeiten zu finden. Wie immer bei diesen Arbeiten, befestigte er eine lange Strickleiter, um über die Wand abzusteigen.
Gegen Abend kam Claudio nicht; Anne fuhr mit ihrem Wagen hin, fand sein Auto, stieg ab zum Fuße der Wand, fand die Strickleiter am Boden, daran Claudio gesichert, tot!
Am 11. Juni kamen wir noch einmal zusammen in Brüssel; es waren viele Freunde, die Sonne schien, als nichts passiert.

Heini Holzer

Claudio Barbier gilt als dolomitischer Meisterkletterer. In dem belgischen Einzelgänger trifft Holzer auf einen in vielen Punkten Wesensverwandten.

Klettern an der Grenze

Nur der Mut sich selbst zu überwinden, bringt einen ans Ziel.

18jährig scheint Heini Holzers Kletterschonzeit dem Ende zuzugehen. Schwierigere Touren stehen an. Und Heini beginnt – noch unüberlegt – zu riskieren, zum Beispiel an der Westwand der Laurinswand am Schlern. Obwohl die Felswand naß und schlüpfrig ist, versucht er den Einstiegskamin ungesichert hinter sich zu bringen. Nach einem 13-Meter-Sturz findet er sich am Wandfuß wieder. Fünf Gefährten tragen den am Fuß verletzten Hitzkopf zu Tale. Heinis Sturz macht die Runde, und noch Jahre danach wird er daran erinnert werden. Lehrgeld muß er auch in einer anderen Tour, der Steger-Führe in der Rosengarten-Ostwand, zahlen. Ein 12-Meter-Sturz bringt eine erneute Fußverletzung, doch dank Sicherung hält sich die Verletzung in Grenzen. Gefährlicher jedoch ist der Umstand, daß Holzer, am Seil mit Walter Raffl verbunden, bei anbrechender Dunkelheit eine Passage vollkommen ungesichert klettert:
„Die Seile pendeln unruhig. Unter mir dunkler Abgrund. Keine Selbstsicherung, kein Haken zwischen mir und dem Freund. Wenn er stürzt, wird es mich in den Abgrund mitreißen.". Seinen Leichtsinn wird Holzer später einmal *„Lehrzeit"* nennen. Für die anstehende Meisterschaft braucht es andere Qualitäten.

Heinl Messner in der Via Ideale der Marmolata-Südwand. Mit diesem, Sepp Mayerl und Reinhold Messner gelingt Holzer in zweitägiger Kletterei die schwierige Zweitbegehung der Aste/Solina-Führe.

„VI +", das ist mehr als ein Kürzel. „Die Grenze des Möglichen", wie man den höchsten Schwierigkeitsgrad zu dieser Zeit umschreibt, ist für den jungen Draufgänger von magischer Anziehungskraft. Bedächtig hat er sich dieser Grenze schon angenähert.
Die Bewertung „VI +" schreibt Heini Holzer erstmals im Oktober 1963 in sein Tourenbuch. Mit fettem Strich. Den Eintritt in die erlauchte Runde der Extremen schafft er mit der UKK-Führe auf „seine" Scheibenspitze. Einem Ritual nicht unähnlich, hatte Heini mit Helmut Larcher hierfür eine Vollmondnacht abgewartet und war mit dem ersten nächtlichen Licht in die Südwand eingestiegen.
Doch als wäre die geglückte Extremkletterei ein nächtlicher Traum gewesen, steht er mit seinem Gefährten nur zwei Wochen später – und bei Tag! – wieder am selben Einstieg. Und scheitert prompt, aus „Haken- und Zeitmangel", wie Holzer beinahe entschuldigend anführt. Auch der Aufstieg über die gleichnamige Führe an der nahen Gamsplatte ist ihm nicht vergönnt. Die Grenze des Möglichen will erst einmal erreicht sein. Doch Holzer ist ehrgeizig genug, sich von Fehlversuchen im obersten Schwierigkeitsgrad nicht einschüchtern zu lassen. Scheitert ein Besteigungsversuch, folgt der zweite auf den Fuß. Wie bei der bis zu 70° steilen Nordwand der Vertainspitze im Spätherbst '63: Schon eine Woche nach einem ersten Versuch probiert es Holzer mit seinem Gefährten Larcher erneut. Diesmal mit Erfolg. Und alsbald ist Holzer auch wieder am Fuße der Gamsplatte anzutreffen. Die Tour gelingt, gemeinsam mit dem 16jährigen Renato Reali, der seinen ersten VIer klettert.

Einer Nestroy-Figur nicht unähnlich, die da wissen will, wer nun stärker ist: „ich oder ich“, wiederholt Holzer beide Touren jeweils wenige Tage später – als erste Winterbegehung bzw. erste Alleinbegehung. Doch die Winterbegehung an der Vertainspitze bringt ihm eine Erfrierung am rechten Fuß ein: *„Heilungsdauer zwei Monate.“*
Nach drei Wochen erklärt der Extreme die Heilungsdauer für beendet. Er kuriert sich auf seine Weise und steigt in die Ortler-Nordwand ein. Der unfreiwillig schnelle Abgang mit einer Lawine durch die Schückrinne ist freilich nicht geplant. Heilungsdauer für die Verstauchungen, Abschürfungen und Beulen ist keine eingeplant: Extreme beflügeln, so scheint es.

Die gespürte Todesnähe besitzt für Extrembergsteiger noch in einer weiteren Hinsicht einen hohen Wert: Sie trägt dazu bei, das eigene Ich als ungeheuer mächtig zu erleben.
Mit jedem gelungenen Kletterzug verschafft sich ein Extremalpinist das erhebende Gefühl, dem Tod überlegen zu sein. Das ist für Extrembergsteiger eine Erfahrung, nach der sie zutiefst bedürftig sind.
Ulrich Aufmuth

Als Auftakt der Klettersaison ’64 geht er gemeinsam mit Larcher den Südpfeiler des Ersten Sellaturms und alsbald jenen der Tofana di Rozes an. Alpine Klassiker folgen. Im Wilden Kaiser macht er unter anderem die Dülfer-Führe der Fleischbank-Ostwand und die Aschenbrenner-Führe in der Südostkante des Christaturms. In der Palagruppe klettert er mit Hans Authier den Buhl-Riß auf die Cima Canale. Von dem kerzengeraden, von Überhängen und Dächern durchsetzten Riß war bereits Hermann Buhl so angetan, daß ihm „das Herz im Taumel der Klettergenüsse jauchzte“ (Buhl). Jauchzen mag auch Holzer. Mittlerweile folgt eine schwierige Kletterfahrt auf die andere. Am Vormittag des 13. September klettert er bereits zwei Stunden in der Comici der Großen Zinne-Nordwand, als ihn andauernder Steinschlag wieder aus der Wand scheucht. Holzer hat für eine Alternativroute die Qual der Wahl und entscheidet sich für die verbleibenden Nachmittagsstunden für das Anspruchsvolle: die Cassin-Route in der Südostwand der Kleinsten Zinne.
Eine Woche später ist er am Wandfuß der Furchetta-Nordwand. Allein. Der legendäre Hans Dülfer war mit dem Grödner Führeranwärter Luis Trenker hier hinaufgeklettert. Allerdings nur bis zu einer schmalen Rampe, der Dülfer-Kanzel. Dieser Absatz ist Holzers Biwakziel, als er am späteren Nachmittag einzusteigen beginnt. Tags darauf folgt er relativ gelassen jenem Ausstieg, welchen Emil Solleder und Fritz Wiessner entdeckt hatten. Holzer arbeitet sich einen Rißkamin höher, überwindet Platten und ein Schlußdach, *„das sich wie ein Kirchenschiff über mir ins Leere wölbt“*, und schafft damit nichts weniger als die erste Alleinbegehung. An Selbstvertrauen mangelt es ihm nicht mehr.

Der wahre Feind ist meine Ichheit selbst. So ist das Ringen des Bergsteigers nichts als Symbol seiner Sehnsucht nach dem reinen, dem einen.
Eugen Guido Lammer, Alpinpionier

1965 setzt er mit der Mayerl-Verschneidung auf die Punta Pilatus, der Westwand des Campanile Basso und der Carlesso-Führe auf den Torre di Valgrande nach. Das Extreme scheint gerade gut genug zu sein. Auf dem Torre Trieste jedoch muß Holzer mit seinem Gefährten Walter Raffl ein Gipfelbiwak einlegen. Die Carlesso-Führe in der Südwand hat ihnen mit 14 Stunden schwierigster Kletterei alles abverlangt. An diesem überwältigenden Civetta-Turm verzeichnet

Heini Holzer seine bislang *„schönste Bergfahrt"*. Nachtrag: *„Aber schwierig"*. Einen Steinwurf entfernt klettert er ein Jahr später Cassins Südostkante hinauf – mit seinem Lehrmeister, Sepp Mayerl: *„Sehr, sehr schöne Tour"* (Holzer).

Holzer bei der Erstbegehung der Burgstall-Ostwandrisse am Schlern; im Bildhintergrund die Seiser Alm.

Superlative erlebt Holzer im Jahr 1966 mehrere. So meistert er zwei schwierige Anstiege auf den Trienter Sperone Vettorato, klettert unter den Argusaugen seilbahnfahrender Paganella-Ausflügler die Ostwand hinauf und bringt bei Sommerbeginn die Nordwestkante und die Nordwand der Rochetta Alta hinter sich. Vom Olymp der Extremen scheint Heini Holzer nicht mehr weit entfernt zu sein; nicht zuletzt, weil er nach der Nordwandtour auf die Cima Margherita in den Brentabergen Buhls Kletterpartner, Kuno Rainer, persönlich kennenlernt. Wo hatte Holzer die beiden legendären Männer in Gedanken nicht schon überall hinbegleitet? In die Dolomiten, die Westalpen, auf die Felsnadeln von Chamonix…
Alpingeschichte ist lebendig.

Als Holzer im Hochsommer wieder in die Civetta kommt, um zwei Wochen lang mit Reinhold Messner zu klettern, ist er bestens vorbereitet. Beide sind kurz zuvor mit Sepp Mayerl und Karl Glatz die Nordwand des Delagoturms geklettert.
Für das Klettern an der Grenze des Möglichen sind die Civetta- und Pelmowände gerade richtig. Und hier vollbringen die beiden auch ein Meisterstück nach dem anderen. Etwa die Philipp/Flamm-Führe, welche Extremkletterer aus ganz Europa anzieht, oder die Ostwand der Cima Bancon.

Holzer im berüchtigten Gelben Dach der Philipp/Flamm-Route der Punta Tissi (Civetta).

Zu einer *„richtigen Nervensache"* gerät Holzer und Messner die Zweitbegehung der Nordwestkante am Torre Alleghe: Die glatte Plattenwand ist mit VI+ A^4 bewertet.
Eine Nervensache in anderer Hinsicht erleben die beiden auch in der Westwand des Peitlerkofels. Mitten im Hochsommer geraten sie in einen Wetter- und Temperatursturz. Hagel und Schnee ausgesetzt, glauben beide, in der „eiskalten, patschnassen Wand erfrieren zu müssen. Wir kletterten um unser Leben" (Messner). Nach zehneinhalb Stunden und 9 Seillängen (VI A) ist der Alptraum beendet.

Eine interessante Zweitbegehung gelingt Holzer mit Renato Reali im Mai 1967. An der direkten Buhlverschneidung in der Südwand des Piz Ciavazes haben sich schon etliche Seilschaften versucht. Vergebens, denn die Erstbegeher, Hermann Buhl und Erich Streng, hatten für die 350 m lange Kletterei keine Anstiegsbeschreibung hinterlassen. Holzer und Reali lassen sich Zeit und werden fündig. Buhls Weg führt in einer Links-rechts-Schleife an den sperrenden Überhängen in der Wandmitte vorbei. Die wirklichen Schwierigkeiten der Tour liegen zwar erst in den beiden oberen Seillängen der Schleife, doch die bewährte Zweierseilschaft hat den VI. Schwierigkeitsgrad schon in schlechterem Fels geklettert.

Ebenfalls mit Reali klettert Holzer seinen bis dato *„schwersten Weg"*: die Südwestwand der Cima Scotoni, der westlichen Fanisspitze. Mit dabei sind Holzers andere beiden Lieblingspartner, Reinhold Messner und Sepp Mayerl. Als sie am 4. Juni 1967 in die Wand einsteigen, ist dies bereits ihr dritter Versuch. Zeitmangel und Angst hatten die Extremkletterer schon aus der Wand getrieben.

Es gibt nur einen Rivalen beim Bergsteigen oder beim Klettern: Man nimmt es mit sich selbst auf. Viktor E. Frankl

„Heini war es, der damals so schaurig über die Erstbegehung dieser Wand erzählte. Er hatte kurz zuvor einen Bericht darüber gelesen und drei Nächte nicht schlafen können. Da sollte es Wandstellen geben, wo man sich nur noch mit Fingernägeln halten kann; ein Pendelquergang, hatte er gelesen, sei unerläßlich, noch dazu an einem einzigen wackeligen Haken; ein dreifacher menschlicher Steigbaum bilde die Schlüsselstelle der Wand" (R. Messner).
Seit ihrer Erstbegehung im Jahre 1953 durch die spätere italienische K2-Mannschaft um Lino Lacedelli und Luigi Ghedina hatte sich niemand mehr ernstlich an die Wand herangemacht.
Ghedina hatte in einem Vergleich der damals schwierigsten Alpenwände die Südwestwand der Cima Scotoni sogar als die „Wand mit den schwierigsten Kletterstellen" bezeichnet. Tatsächlich müssen die vier Freunde bereits in der ersten Seillänge eine regelrechte Hakenleiter anlegen. Von den 140 Normalhaken haben die Erstbegeher nämlich nur zwei stecken lassen. Unter Aufgebot aller Ideen entgehen die vier schließlich dem dreifachen Steigbaum. Nach 12 Stunden extremer Kletterei in Quergängen, Pendelquergängen, Rissen und einer abschließenden Dachverschneidung mit exponiertester Freikletterei beenden die Freunde ihr *„Fest in der Vertikalen"* (Mayerl). Für Heini Holzer ist es ein weiterer Meilenstein in einem ungemein erfolgreichen Kletterjahr.

Langsam schiebe ich mich über die glattgeschliffene linke Verschneidungswand. Immer wieder glaube ich am Ende zu sein, und immer wieder finde ich einen Griff, eine fingerbreite Leiste. Heini führt den nächsten überhängenden Riß im Verschneidungsgrund. Das ist seine Sache. Im Nu steht er 40 m über mir, wie eine Fliege an der Mauer. Reinhold Messner.

Ein Fest sind Heini auch die Drei Zinnen, wo er mit Mayerl, R. Messner und Peter Habeler die Nordwestkante der Westlichen Zinne erklettert; oder die mit VI A^3 bewertete Route von Abram/Schrott an der Nordverschneidung der Großen Zinne.
Als absolute Höhepunkte erweisen sich für Holzer im Sommer '67 zwei Erstbegehungen. Es sind zwei seiner interessantesten: der „Weg der Freunde" in der Nordwestwand der Civetta und die erste direkte Route durch die größte klassische Wand der Dolomiten: die Nordostwand des Monte Agnèr in der Pala.
Letztere schafft er mit Reinhold und Günther Messner. Wie schon in der Civetta kommen Holzer und R. Messner auch am Agnèr anderen Extremkletterern zuvor. In der Wand stoßen sie auf zurückgelassene Gegenstände wie Biwakzeug, Kocher und Proviant – Spuren eines nur kurzfristigen Rückzugs. Und erneut erleben Holzer und Gefähr-

Oft komme ich mir als Hascher vor. Oft getraue ich mich nicht entschlossen die schwierigsten Stellen anzugehen. Obwohl es dann leichter wäre.

Heinl Messner (mit Günther und Reinhold Messner sowie Heini Holzer) während der Kletterei an der Südkante des Spiz delle Roé di Ciampedié …

ten einen schlimmen Wettersturz, der neben Hagel auch Steinschlag bringt:
„Wir verließen fluchtartig unser mit Mühe geschaffenes Plätzchen. In der Dunkelheit tasteten wir uns den Kamin abwärts. Unter einem Klemmblock blieben wir stehen – zusammengekauert, zitternd, ängstlich. Woran wir dachten? An den Rückzug.“ (R. Messner)
Doch der Rückzug bleibt ihnen in der Dunkelheit verwehrt. Die drei müssen ausharren und erreichen am nächsten Tag, nach 13 Seillängen und schwieriger Freikletterei, den heißersehnten Gipfel. Stolz blickt Heini Holzer auf die aufsehenerregende Erstbegehung zurück. Für ihn sprechen bereits die technischen Fakten Bände:
„Wandhöhe 1400 m, davon 1000 m III – IV, Rest V – VI, eine Seillänge A^2. Reinhold war narrisch in Form und machte Freikletterstellen, die kaum wiederholt werden (dürften, Anm. d. Hrsg.s). *Die A-Seillänge führt durch einen Wasserfall und die Führung traf mich. 2 ½ Stunden Arbeit mit schlechten Haken im Wasser. Nichts war mehr trocken. (…) Von 21 Zwischenhaken und 4 Keilen auf 1400 m stecken noch 5 Haken und 3 Keile. 14 Stunden Kletterzeit. Die nächsten werden sich freuen.“*
Freude empfinden die Gipfelstürmer auch als sie erfahren, daß kein Geringerer als Armando Aste es war, der sich an der Erstbegehung versucht hatte. Ihm war man bereits in der Civetta zuvorgekommen. An der Südwand der Marmolata d’Ombretta jedoch war es noch Aste gewesen, dem mit Franco Solina die Eröffnung einer „Via Ideale“ gelungen war. Als Holzer mit Mayerl, Reinhold und Heindl Messner die Zweitbegehung angeht, dürfen auch sie sich auf wenige Haken „freuen“. In der 900 Meter hohen, mit VI+ bewerteten Route haben ihnen die Erstbegeher ganze 14 Haken hinterlassen …

An seine physische und psychische Grenze stößt Heini Holzer bei der ersten Alleinbegehung des Schmuck-Kamins im Wilden Kaiser im Juli ’68. Eine Steigerung im Sinne einer Erst- oder Alleinbegehung ist nur mehr schwerlich zu haben. Nichtsdestotrotz spekuliert Holzer mit Schwierigstem. An Hermi schreibt er:
„Den Eiger werde ich machen. Wann? Vielleicht allein im Winter. Das war schon lange mein Vorhaben. Nicht aus Sensationslust, nein, um mich zu finden.“
Der Wunsch bleibt unerfüllt. Doch Holzer findet sich auf Einladung Reinhold Messners an anderer, ungeahnter Stelle wieder – am Peutereygrat in den Westalpen.
Die Winterüberschreitung dieses haarigen Grates auf den Montblanc ist Ende der ’60er Jahre das schwierigste, offen gebliebene Problem des europäischen Winterbergsteigens. Mit sieben Kilometern Länge und gut 2800 m Höhendifferenz im Aufstieg wollen die beiden die längste Route zum höchsten Gipfel der Alpen klettern.
Doch das hochgesteckte Ziel kann nicht erreicht werden. Zweifelhaftes Wetter, Konditionsmängel Heinis und bereits eingestiegene

Italiener und Franzosen vereiteln das Projekt. Die Grenzen scheinen erreicht. Dabei hatte sich Holzer bereits mit Ausnahmekönner Alessandro Gogna an einer Überschreitung versucht. Die Winterüberschreitung gelingt 1972 anderen: dem französichen Extrembergsteiger Yannick Seigneur und Gefährten. Seigneurs Erlebnisbericht in den großen Fachzeitschriften trägt den vielsagenden Titel: „Sieben Tage in der Hölle".
Der Grat jedoch läßt Heini Holzer nicht los. Im November '73 ist er wieder vor Ort. Diesmal mit Sieglinde Walzl. Gemeinsam klettern sie über den mit V+ bewerteten Südgrat auf die Aiguille Noir de Peuterey. Doch andere, langsamere Seilschaften machen ein zügiges Vorankommen am Grat unmöglich. Der Peuterey-Grat bleibt ein Traum.

... und nach der erfolgreichen Drittbesteigung der Südkante.

Gefährliche Lehrzeit
Rosengarten Ostwand

„Gehst du mit, die Steger im Rosengarten?“
„Ja, wär schon was – einen VIer machen. Aber was habe ich schon gemacht? Nichts riecht nach VI.“
„Bei mir auch nicht!“
Samstag, es regnet. Wie einen Verrückten sehen mich die Leute an, wie ich da sitze und auf Walter warte.
Walter kommt. Er ist in seinem schönsten Anzug.
„Was, bei dem Wetter?“
„Ja, es wird schon werden! Morgen ist es bestimmt schön und wir sind in der Ost!“
Nach einer Viertelstunde ist Walter wieder da, diesmal als Alpinist. Wir flitzen mit dem Roller durchs Eggental, Karerpaß, Vigo di Fassa, Gardeccia im Vajolettal. Für uns Neuland. Wir schultern die Rucksäcke und sind in einer halben Stunde auf der Vajolethütte. Drei Bergsteiger kommen auf Walter zu, sie kennen ihn von damals, als er die Ortler-Nord machte. Er kommt mir wie mein Führer vor. Walter ist erst 17.
In der Nacht kann ich nicht schlafen, ich sehe Sonnenschein, schaue hinaus – draußen rauscht der Regen.
Sonntag 6 Uhr. Ich werfe Walter aus dem Bett. Es regnet.
Neun Uhr. Es regnet noch immer. Wir gehen zum Einstieg. Regen – dann Schnee. Um 12 Uhr wird es hell. Hell vom Schnee, der überall liegt. Wir seilen an, Walter geht die erste Seillänge, ich komme nach und führe die nächste. Seltsam, ich empfinde es hier nicht als VI. Grad. Der VI. Grad ist doch das Letzte – aber das ist es für mich nicht.
Walter quert, er entschwindet meinen Blicken, das Seil geht nun nicht mehr weiter. Ich höre Walter schwer atmen. Nun wird es VI. Grad, denke ich mir. Walter meint, ich solle probieren.
Ein Rißüberhang. Über den sind andere auch schon gekommen. Wir sichern sehr gut, ich spreize weit – der Überhang ist unter mir. Es war gar nicth so schwierig. Ich freue mich.
Seillänge um Seillänge geht es höher, bis unter einen Kamin. Ich verschwinde in den Kamingrund, hier ist es nur ein IIIer. Ich gehe nach außen, da ist es recht schön luftig. Meine Beine reichen jetzt nicht mehr, ich geh an die rechte Kaminwand. Nun riecht es nach mehr als bisher. Meine Finger biegen sich. Ein Rutsch – ich bin 12 Meter tiefer als zuvor. Ich hänge am Seil, der Klemmblock, hinter dem ich durch bin, hat gehalten. Mit großer Anstrengung richte ich mich auf, der Rücken schmerzt, auch das rechte Bein.
Walter geht im Kamingrund weiter, aber den Rucksack muß ich nehmen.

Es wird dunkel. Walter meint, wir müßten uns beeilen.
Ich beziehe Stand. Ein Bein über die Wand, das andere hinter einer Felsschuppe, kein Standhaken. Es ist finster.
„Paß auf!"
Die Seile pendeln unruhig. Unter mir dunkler Abgrund. Keine Selbstsicherung, kein Haken zwischen mir und dem Freund. Wenn er stürzt, wird es mich in den Abgrund reißen.

Doch jetzt geht es wieder weiter, die Seile laufen flink durch meine Hände. Noch einige Seillängen, dann stehen wir auf dem Gipfel der Rosengartenspitze.
Erst jetzt weiß ich: Nicht die Wand war gefährlich – wir sind leichtsinnig gewesen. Heute nach vielen Jahren, kann ich sagen, was Leichtsinn ist. Leichtsinn ist, wenn man die Schwierigkeit mit der Geahr verwechselt...

Heini Holzer

Mein Alltag zwischen den Bergen

Der Weg zum V. Grad Oder: Auch Steinmetze klettern nicht mit Sicherheit

Es ist noch gar nicht lange her, da hat man vom VI. Schwierigkeitsgrad nichts gehört, denn es gab nur fünf. Jeder hat vielleicht einmal die Möglichkeit, Berichte von den zwanziger Jahren zu lesen. Waren das nicht Heldentaten? Oder wurde alles übertrieben? Einiges vielleicht ja, aber etwas muß doch wahr sein. Man muß sich einmal alles vorstellen und ehrlich sein mit sich selber.

Meiner Ansicht nach gab es früher mehr Idealisten als heute. Warum? Früher gab es kaum Bergstraßen, wenig Hütten in den Bergen, kaum Presse oder Rundfunk, die Anstiegswege waren lang, die Ausrüstung wog viel und war mangelhaft. Die da in die Berge gingen, gingen aus Freude zur Natur. Sie hatten Freude daran, Gefahren zu überlisten, Schwierigkeiten zu überwinden mit eigener Kraft. Sie wurden nicht angefeuert von der Außenwelt, nein, sie waren eher abgeschnitten davon. Man sah das Bergsteigen nicht als Sport an, der eine Höchstgrenze erreichen soll, sondern diese wurden von allein erreicht, ohne es zu wollen.

Es gab viele Möglichkeiten, Neufahrten zu machen. Kam einer nicht durch, kehrte er um, nicht aber um Mittel zu holen, das Hindernis zu überwinden, sondern um sich zu stärken. Mancher wird sagen: Das war purer Ehrgeiz und reine Angeberei! Nun, Ehrgeiz war es vielleicht schon, da es der Geschlagene nicht glauben konnte, daß diese oder jene Wand nicht möglich wäre. So kam es zur Steigerung von Leistungen, weil wirklich das Letzte herausgeholt wurde.

Zum Beispiel: Die Furchetta-Nordwand in der Geislergruppe wurde viel versucht, aber umsonst. Dülfer kam 500 Meter, mußte aber zurück. Er, der Große, der schon vieles bewältigt hatte, was andere nicht konnten. Er war stark – und doch mußte er zurück. Wer glaubt, daß er gerne die Wand ohne den Sieg verlassen hat? Jeder, der sie kennt, wird zugeben, daß es eine schöne Wand ist, auf die man nicht verzichten kann, wenn man unter ihr steht. Am 1. August 1925 kamen Emil Solleder und sein Freund Fritz Wießner. Emil war jung, aber durchtrainiert. Sie stiegen ein – und siegten. Die Wand verlangte, was noch keine von ihnen verlangt hatte, obwohl sie schon Schwierigeres hinter sich hatten. Trotz Wettersturz erreichten sie am selben Tag den Gipfel. Die Schwelle zum sechsten Grad wurde somit betreten, aber es geht weiter. Es wurden Wände durchstiegen, wo andere sagten: „Unmöglich! Da gab es Stellen zu überwinden, die nur durch stundenlanges Probieren gelangen. Andere kehrten dort um. Man sieht: die Probleme wurden nur

durch Zähigkeit und starken Willen, nicht mit künstlichen Mitteln gelöst.
Gehen wir zur Großen-Zinne-Nordwand. Wie viele haben da versucht? Solleder sagte, als er unter der großen Wand stand: „Vielleicht kommt in ein paar Jahren jener Felsgeher, der verrückter ist als die anderen und bezwingt auch die!" 1930 versuchten Hans Steger und Paula Wiesinger das Unmögliche zu überwinden, aber es gelang ihnen nur für 80 Meter. Attilio Tissi versuchte auch vergebens. Raffaele Carlesso kam 1932 auch nur bis zu Stegers Umkehrstelle. Dann kommt Emilio Comici mit Renato Zanutti, aber sie kommen nur 25 Meter höher. Im August 1933 ist Comici wieder da, mit seinen Freunden Angelo und Giuseppe Dimai. Den schwierigsten Teil führte Emilio. Er mußte Nerven haben, aber auch Kraft. Brachte er keinen Haken unter, ging er frei, kam er vor eine Stelle, die unmöglich schien, probierte er es doch. Das eine Mal konnte er keine Haken schlagen, weil er sich mit beiden Händen halten mußte, das andere Mal weil keine Ritze vorhanden waren – und doch wurde das Unmögliche überwunden. Viele solche Neufahrten wurden nur auf diese Weise gemeistert.
Ein Beispiel: Vinatzer sagte einmal auf die Frage, wieso er so schwierige Passagen frei bewältigte, sehr deutlich: „Wir hatten wenig Haken und konnten sie nicht immer verwenden, weil sie zu groß waren; man probierte frei, stand dann vielleicht zehn oder noch mehr Meter über den Sicherungshaken, da gab es nur einen Ausweg – weiter, denn wer springt denn freiwillig in den Abgrund? So ging es vielen, zum Beispiel Hias Rebitsch, Hias Auckenthaler, Luigi Micheluzzi,

An der Nordwestkante der Westlichen Zinne: Holzer klettert die erste schwierige Seillänge der Scoiattoli-Führe.

Ricardo Cassin, Giusto Gervasutti, Walter Stößer, Hermann Buhl – nur um einige zu nennen. Die obere Grenze des sechsten Grades ist somit erreicht, und dies Erreichte wurde bis heute noch nicht überschritten. Oder glaubt vielleicht einer, die Kletterer von den neuen Dolomiten-, Kaiser-, Wetterstein-, Karwendel- und Westalpentouren hätten diese Grenze überschritten? In vielen Zeitschriften und Büchern steht: ja. Auch viele Bergsteiger sind dieser Meinung. Dank des Materials haben sie wirklich die obere Grenze erreicht, doch was die Leistung betrifft ich sage: nein!
Wieso stecken heute in den alten Touren mehr Haken, als die Erstbegeher benötigten? Warum klettern heute manche mit einer Menge an Ausrüstung, die an ein ganzes Sportgeschäft erinnert? Warum verwenden heute so viele den Bohrhaken? Warum schießen die Jäger das Wild nicht mit dem Maschinengewehr? Warum wehrt sich der schwache Ringer beim Ringkampf nicht mit dem Messer? Es gibt Maschinengewehre und Messer, aber sie werden nicht verwendet, weil es hier eben eine Grenze gibt.

Ich bin sicher, daß 95 Prozent der heutigen großen Wege ohne Bohrhaken machbar wären. Dann würden tatsächlich Probleme gelöst und nicht ausgeschaltet. Bestimmt wären noch nicht alle großen Wände durchstiegen, aber das Klettern würde erst so richtig Freude machen.
Hat sich überhaupt jemand gefragt, wieso es zu dieser Übernagelung und Bohrerei gekommen ist? Ich habe mich oft gefragt und fand auch eine Antwort: Viele der jungen Bergsteiger werden überhaupt nicht zum wahren Berg-Steigen verleitet. Sie fangen gleich zu klettern an; nur Modetouren, versteht sich, denn wer nicht in die Geheimnisse der Natur eingeführt wird, findet auch nicht das Unbekannte und Schöne darin.
Er hört von diesen und jenen Touren, hört von Neutouren in Rundfunk und Presse. Je mehr Zeit, je mehr Material – desto größer die „Tat", und das verlockt den Jungen zur Sensation. Die meisten Modetouren sind übernagelt; dort wird einer das Freiklettern nie lernen. Hat er einmal die wichtigsten Modetouren hinter sich, dann werden Erstbegehungen gemacht. Aber dort werden meist mehr Haken geschlagen, als in den anderen steckten. Jedenfalls sind die meisten neuen Routen übernagelt oder überbewertet. Manche bewerten eine Neutour, die den fünften Grad nicht überschreitet, einfach als Sechs, da sie Angst haben, die Tour könnte nicht wiederholt werden. Sie wissen nicht, daß der sechste Schwierigkeitsgrad das Letzte für den besten Kletterer in Bestform bei besten Verhältnissen ist!
Bis heute schlug ich keinen Bohrhaken, werde auch nie einen schlagen. Oft mußte ich mir nachsagen lassen, daß ich an die Sicherheit nicht denke. Was ist aber Sicherheit? Sicherheit ist Überlegensein gegenüber den Schwierigkeiten! Aber auch die „Steinmetze", die Bohrer klettern nicht mit Sicherheit, sondern mit schwacher Kondition und wenig Erfahrung. Trotzdem wollen sie stark sein und den Zuschauer erschüttern. Zeit spielt bei ihnen keine Rolle, das Geld wird durch übertriebene Presseberichte hereingebracht. Dort liest man nur mehr von „VIer" und Todesgrenzen. Nach einer von uns gemachten Erstbegehung hat uns einer vorgeworfen: „Ihr habt mir das Brot vom Munde weggenommen" – da er mit einer Zeitschrift einen Vertrag abgeschlossen hatte. Also ging es ihm nicht um die Tour, sondern um den Namen und das Geld. Das ist kein Bergsteiger, sondern bestenfalls ein Maurer. Solche Kletterer gibt es viele, sie klettern nicht, sondern arbeiten im Expeditionsstil; von dieser Arbeit wollen sie dann leben. Betrachten wir die Erstbegehung des Sachsenweges an der Großen Zinne-Nordwand, die Eiger-Direttissima, die Badile-Nordostwand im Winter, die Preuss-Schlucht am Mitterkaiser und noch einige. Und doch mußten diese Leute samt diesem Stil in mancher Wand umdrehen. Warum? Weil die Leistungen nur vermindert, nicht gesteigert werden! Durch diese Mittel kommt keiner in eine Situation, wo er das Letzte herausholen muß, sondern er kommt immer schneller in Verlegenheit. So wurde nun die Grenze der Schwierigkeiten dorthin zurückgesetzt, wo sie vielleicht vor 60 Jahren war, mit dem einen Unterschied: Anstatt V bewertet man VI+!
Den Alpinismus vergleiche ich mit einem Apfel, der von der Blüte an wächst, reift, eine Zeitlang unverändert bleibt, bis er gepflückt und verspeist wird. Aber der Alpinismus ist heute der Apfel, der nicht gepflückt wurde, sondern der vom Baum fiel und fault.

Heini Holzer

Sieg über sich selbst
Die Jungschlern-Nordkante

Es ist Abend, ein Tag erfolgreich verbracht – und doch liegt ein langer Weg vor uns. Im Sommer ein Wanderweg, im Winter voller Gefahren. Wir müssen ihn überwinden, heute noch, den Abstieg ins Tal. Nur noch zwei Stunden ist es Tag, doch es wird gehen.
Diese Gedanken begleiten mich die letzten Meter und dann stehen wir auf dem höchsten Punkt. Die Abstiegssorgen verschwinden, die Freude steigt auf. Wir reichen uns die Hände. Sie schmerzen und bluten. Eisig peitscht uns der Wind Schneekörner ins Gesicht; das schmerzt bei jeder Bewegung. Der Dank tönt unklar von den starren Lippen. Das ist das Ende eines Weges, der Anfang eines anderen. Meine Gedanken gehen sechs Stunden zurück, zurück zum Einstieg, und da stellt sich wieder die Frage: Warum gerade dieser Weg? Von wenigen geklettert, ein alter, unbekannter Weg, im Winter ein großes Problem. Mit weniger Schwierigkeiten könnte man die Zinnen-Nordwände im Winter durchsteigen als diese unbekannte Kante, die im Sommer nur die Hälfte von deren Schwierigkeiten aufweist. Doch gerade dies reizt mich. Wie ich aber auf die Idee komme, solche Wege zu gehen, weiß ich nicht. Ich wundere mich darüber, komme aber nicht darauf.

Wahnsinnig kalt ist's am Fuße der Kante. In jeder Ritze, auf jeder Leiste liegt Schnee. Nach obenhin scheint es schneefrei zu sein, doch der Schein trügt, ich kenne dies aus Erfahrung. Angsterfüllt seile ich mich an, mit Angst vor dem Schnee; ein Rückzug ist fraglich, der Weg lang, 600 Höhenmeter, der Tag kurz.
Auch Sieglinde seilt sich an. Sie wirkt nachdenklich, vielleicht hat sie dieselbe Angst, vielleicht auch Angst vor der Kälte, die der Wind noch mehr fühlbar macht. Ein Händedruck, dann steige ich ein. Links der Kante klettere ich einen versteckten Kamin hoch. Die Finger kleben am Fels, im Nu sind sie starr, gefühllos, kraftlos. Nur wenige Meter konnte ich klettern, dann massiere ich die Hände und steige wieder weiter. Doch es geht immer nur wenige Meter, dann folgt die Handwärmerei. Überall liegt dieser verflixte Triebschnee. Ich erreiche ein abschüssiges Band, wo ich Stand baue. Sieglinde steigt nach, auch sie leidet unter der Kälte. Sie klettert zügig, sie wärmt sich, steigt wieder weiter, erreicht meinen Standplatz. Sie klagt über kalte Füße, da sie keine Winterschuhe trägt. Sie übernimmt die Sicherung. Die Querung zur Kante sieht leicht aus, ist aber gefährlich. Es gibt kaum eine Möglichkeit, eine Zwischensicherung unterzubringen.

Wir erreichen die Kante in gewagter Kletterei. Eine weitere Querung folgt in die Westwand, auf abschüssigen Grasleisten, die hart gefroren und mit Wassereis überzogen sind, darüber noch ein paar Zentimeter Triebschnee. Die Füße scheinen keinen Halt zu finden, die Finger versagen wegen der Kälte. Stehenbleiben ist unmöglich. Beim Halten eines Griffes drohen sich die Finger zu öffnen. Als Zwischensicherung dienen zwei Latschen, andere Möglichkeiten gibt es keine. Ich verlasse mich wenig darauf, doch besser als nichts sind sie trotzdem. Sieglinde kommt nach. Wir überlegen: Sollen wir weiter oder nicht? Die Verhältnisse sind grausig. Wir gehen weiter. Der Rückzug wäre schwierig. Direkt hinunter durch die Latschenwand, durch die eigentlich die Originalroute herauf führt, frei zu klettern, wäre zu riskant, abseilen unmöglich, da sich die Seile an den vielen Latschen verhängen würden. Die Querung zurück wäre die einzige Möglichkeit, doch ich habe davor mehr Angst als vor dem Weiterweg, obwohl ich den nicht kenne.

Die nächste Seillänge ist reine Latschenkletterei. Immer wieder brechen Äste ab. Man muß vorsichtig damit umgehen, denn sie sind durch die Kälte besonders brüchig. Zur Sicherung lege ich alle fünf bis zehn Meter Schlingen, die an den dicksten Latschenstämmen befestigt werden.

Die nächste Seillänge führt Sieglinde. Wie sie klettert, scheint es leicht zu sein, denn sie klettert zügig nach oben. Sie legt eine Sicherung, wärmt sich, klettert wieder weiter, bis das Seil aus ist, macht Stand. Ich bin fast starr vor Kälte, klettere nach. Es ist bedeutend schwieriger, als es aussah. Die Kletterei verlangt fast alles von uns. Die nächste Seillänge führe ich. Ein paarmal werfe ich einen Blick zur Partnerin; sie scheint sehr kalt zu haben und ich versuche schneller zu klettern. Die Kletterei wird schwieriger, doch dafür sicherer. Die nächste Seillänge führt wiederum Sieglinde und erreicht direkt die Kante. Die Hälfte liegt noch vor uns. Es ist schon 13 Uhr und der Weiterweg sieht nicht leicht aus. Der Wind hat noch mehr Gewalt, die Kälte wird noch mehr fühlbar. Wir müssen eine andere Lösung finden, um nicht vor Kälte zu erstarren. Mit dem Seilsichern kommen wir zu langsam weiter, das Klettern ist unsicher, da mit den starren Gliedern keine Bewegung mehr beherrscht ausgeführt werden kann. Und sonst müßten wir biwakieren, was bei diesen Temperaturen unmöglich wäre. Mit dem Daunenzeug im Rucksack wären wir im unteren Teil nicht durchgekommen. Wir müssen weiter, ohne Seilsicherung, nur auf uns selbst vertrauen. Es ist ein harter Entschluß. Erfrieren ist auch ein Tod, und da würde es beide treffen. Sieglinde trägt den Rucksack, ich die Seile. Hintereinander klettern wir vorsichtig die luftige Kante höher, am Anfang etwas starr und langsam. Durch das flotte Klettern bekommen wir wärmer. Zu beiden Seiten brechen die Wände fast senkrecht ab. Überall liegt Triebschnee, darunter Schmelzwassereis, das wahrscheinlich noch vom Herbst stammt. Immer wieder müssen wir uns die Hände massieren, einige Meter klettern, wieder massieren. Die Tiefe nimmt zu, die Höhe ab. Wir klettern rechts der Kante. Das gegenseitige Vertrauen gibt uns Sicherheit. Man mag an Leichtsinn denken, doch wer das meint, ist solchen Situationen gar nicht gewachsen. Er weiß nur, daß er stürzen kann, weiß aber nicht, daß man sich auch festhalten kann, wenn man genügend trainiert ist.

Noch ein senkrecher Riß direkt an der Kante, einige Schroffen, und nun sehe ich uns den letzten Gratrücken heraufsteigend, während der Steinschlaghelm im Rucksack verschwindet. Das ist Bergsteigen, wo Strapazen zur Freude, die eisigen Griffe zu Schätzen, der Gipfel zum Königreich, wir unzufriedenen Menschen zu den glücklichsten der Welt werden. Das ist Reichtum für mich, für alle, die es erleben, empfinden.

Ich sehe auf die Uhr, es ist 16 Uhr. Zeit zum Abschiednehmen vom Jungschlern mit seiner Nordkante.

Heini Holzer

Mein Weg ans Licht
Allein durch den Schmuck-Kamin der Fleischbank-Ostwand

Wilder Kaiser. Allein stehe ich am Kamin-Einstieg der Fleischbank-Ostwand. Weiter drüben sitzen Menschen, die mir zusehen, wie ich mich anseile. Was sie wohl denken mögen? Vielleicht, daß ich verrückt bin oder ruhmsüchtig? Ich bin beides nicht.
Ich sehne mich nach Einsamkeit, die mich ans Licht bringt; ein Licht, das viele suchen, aber nicht finden. Am liebsten würde ich mich verkriechen, um nicht gesehen zu werden. Sind nicht jene Menschen ruhmsüchtig, unecht, die anderen das Licht nehmen?

Ich steige los und stehe bald unter einem überhängenden Wandteil. Will ich hier weiterkommen, brauche ich Trittleitern. Ich sichere gut, denn ich habe kein großes Vertrauen zu den Haken. Nach zwanzig Metern steige ich wieder ab, um alles auszuhängen. Wieder stehe ich unter dem hinausdrängenden Überhang. Ich raste ein wenig, denn das Aushängen war mehr als anstrengend. Ich befestige beide Seilenden am Klettergürtel und hantle mich hoch. Schon hänge ich zirka 2 Meter vom Fels weg. Ich muß mich beeilen, die Kräfte könnten mich verlassen. Erschöpft stehe ich alsbald am Haken, wo das Seil befestigt ist und verschaufe. Diese 20 Meter haben mich viel Zeit gekostet. Die Leute sitzen immer noch drunten. Jetzt aber kann ich mich verkriechen und steige den engen Riß hoch, bis er sich zum Kamin erweitert. Ich freue mich auf das Kommende, obgleich die Schwierigkeiten erst beginnen. Leichte Kaminkletterei bringt mich höher, bis ein Überhang gleichsam den Weg versperrt. Doch auch hier geht's weiter, und schon stehe ich unter einem breiten Abschnitt des Kamins.
Noch nie habe ich so einen Kamin gesehen. U-förmig und glatt wie eine Hausmauer zieht er sich 80 Meter zum Ausstiegsriß hoch. Der Kamin ist in seinem Grund gleich breit wie an der Außenseite. Ich fühle Angst in mir, und doch bin ich glücklich, denn ich fühle mich nicht allein wie unter Menschen.
Ich steige hoch, waagrecht, die Beine verspreizt. Nur mit jeweils einer Hand abstützend, setzte ich Tritt um Tritt höher. Ziemlich entkräftet erreiche ich einen kleinen Standplatz. Hier sichere ich mich an einem kleinen Haken, raste aus, sammle neue Kräfte.
Bald spreize ich wieder hoch. Nach 20 Metern muß ich die Selbstsicherung aushängen, da kein Haken unterzubringen ist. Es ist ein grausames Gefühl zu spüren, daß die Beine fast nicht mehr reichen, zu fühlen, daß die Wände auseinan-

derzubrechen scheinen. Ich sehe nach unten, das Seil hängt vom Fels weg. An seinem Ende ist jetzt kein Partner, der sichert und vertrauensvoll heraufblickt. Statt dessen ein gähnender Abgrund, der mich verschlucken will. Schnell spreize ich höher, denn ich fühle, wie die Kräfte nachlassen. An der Grenze zwischen Stürzen und Noch-Halten komme ich höher. Ich zittere am ganzen Körper, doch ich muß mich beherrschen, ich darf nicht stürzen. Ich denke an mein Mädchen: Ich darf nicht stürzen …

Schließlich erreiche ich eine kleine Terrasse, wo ich mich total erschöpft hinwerfe. Wie ich da heraufgekommen bin, ist mir fast ein Rätsel. Ziemlich ausgepumpt bereite ich mich auf das Weitere vor. Anstrengende Rißkletterei bringt mich höher, der Fels drückt nach außen. Immer wieder muß ich nach einigen Metern rasten. Dann endlich nur mehr zehn – fünf – zwei – ein Meter: Endlich stehe ich da, wo ich wollte.

Ein Blick hinunter zur Steinernen Rinne und weiter hinaus ins Tal, wo die Menschen einer jeden Minute hinterherjagen und doch soviel Zeit vergeuden. Sie blenden mit Schätzen und sind doch arm.

Zwei Dohlen kreisen, lassen sich fallen, fliegen wieder in die Höhe. Sie spielen, sie leben, was sie sind. Lange sehe ich ihnen zu, denke nach. Ich liebe diese Vögel und komme mir selbst wie eine Dohle vor, die nur über dem Abgrund leben kann.

Ich wickle das Seil auf und gehe über den Nordgrat dem Gipfel zu. Langsam komme ich höher und stehe bald auf dem höchsten Punkt. Ich bin allein – und doch nicht, denn in der Einsamkeit der Berge ist man nie allein: Man findet das Licht und sich selbst.

Heini Holzer

Mit der ersten Alleinbegehung des Schmuck-Kamins in der Fleischbank-Ostwand sichert sich Holzer den Respekt der internationalen Kletterelite. Der Höhepunkt seines Kletterdaseins ist erreicht.

Der Geschwindigkeitsalpinist

Die Bergnatur duldet kein gerechtes Kräftemessen, weil dort nie und nimmer auch nur für zwei Menschen wahrhaft gleiche Bedingungen zu schaffen sind.
Eugen Guido Lammer

Der Wettlauf gegen die Uhr ist eine wichtige Konstante im Alpinleben des Heini Holzer. Der indirekte Wettkampf am Berg ist dem Extremen ein probates Mittel, den eigenen konditionellen Standort zu bestimmen. Heinis überdurchschnittlich starker Ehrgeiz hatte ihn schon in Dorfläufen und Bergrennen alles geben lassen. Akribisch genau notiert Holzer seine Begehungszeiten, um sie mit den Angaben in den Alpinführern und den Zeiten seiner Vorgänger am Berg zu vergleichen. Die kindliche Freude des Alpinisten, die vorgesehene Begehungszeit zu unterbieten, ist bei Heini mit großer persönlicher Genugtuung verbunden. Wie sollte es auch anders sein? Ihn, den Schmächtigen, hatte man anfänglich nicht einmal größere Kamine zum Fegen anvertrauen wollen.
Heini Holzers Wille, sich zu behaupten, ist von existentieller Wichtigkeit – auch und gerade am Berg, seinem wirklichen Lebensort. Und das Erproben der körperlichen Tüchtigkeit erfolgt für ihn am eindrücklichsten im meßbaren Vergleich mit anderen.
In seinen Vorträgen, welche er auf Einladung von deutschen und italienischen Alpenvereinssektionen in und außerhalb Südtirols hält, verblüfft Holzer sein Publikum immer wieder mit detaillierten Hinweisen auf seine Begehungszeiten – und denen seiner Vorgänger. Zuweilen kommt bei seinen Zuhörern Befremden auf.
Doch Holzer weiß sich mit seiner Sichtweise eines wettkämpferischen Bergsteigens in guter Gesellschaft. Stellen nicht auch ehemalige Seilgefährten am Eiger, am Matterhorn, an den Grand Jorasses, einen Rekord nach dem anderen auf?

Der Anspruch, in möglichst kurzer Zeit einen Gipfel oder eine Wand zu ersteigen, hat Tradition. Um des Vergleiches willen beschleunigte man schon vor Beginn des 20. Jahrhunderts so manchen Gipfelsturm. Ein hoher Geldpreis war sogar demjenigen reserviert, der in weniger als 13 Stunden von Chamonix zum Montblanc-Gipfel und zurück gelangen sollte. „Tempo im Gebirge“ – Notwendigkeit oder Rekordhascherei? Im Jahr 1911 stellt kein Geringerer als der Alpinpionier Eugen Guido Lammer provozierend fest: „Nur Dummköpfe betrachten das alpine Renntier als den besseren Hochtouristen.“
War es ehemals darum gegangen, die Gipfel überhaupt zu erreichen, so hatte man in der Folge nach schwierigeren Anstiegen Ausschau gehalten. Schließlich der Trend hin zur Erledigung von Modetouren in möglichst kurzer Zeit. Etwa am Ortler, wo Holzer wiederholt rekordverdächtige Begehungszeiten verzeichnet. Hier hatte zu Pionierzeiten, im Jahre 1895, ein Ernst Schultheiß dem Geschwindigkeitsalpinismus alle Ehre gemacht. Laut Dorfchronik war er als Alleingeher um 8 Uhr von Prad aufgebrochen, hatte um 15.30 Uhr den Ortlergipfel erreicht und traf vier Stunden später in Trafoi ein, um noch am selben Abend auf das Stilfser Joch zu marschieren…

Über ein halbes Jahrundert später hat sich am Impetus der Geschwindigkeitsalpinisten nichts verändert. Im Gegenteil: Schnelle Begehungszeiten sind begehrt wie nie zuvor. So klettert Günther Nothdurft 1959 in dreieinhalb Stunden durch die Piz Badile-Nordostwand, Cesare Maestri bewältigt ein Jahr später die Südwestwand des Croz dell'Altissimo in zwei Stunden, und Holzers Freund, Claudio Barbier, schafft 1961 die Nordwände aller Zinnen – einschließlich des Preußturms und der Punta Frida – an einem einzigen Tag.
Die Leistungen an seinen Hausbergen lassen Heini nicht unbeeinflußt. Mit eigenen Rekordzeiten macht auch er von sich reden – wenngleich in bescheidenerem Ausmaße. Dem Tempobergsteiger ist die schnelle Begehungszeit eine unerschütterliche Größe, der Zeitvergleich eine Notwendigkeit, obschon mitunter auch Ungleiches verglichen wird. So schreibt Holzer in seinem zur Veröffentlichung gedachten Text „Die 100. Steilabfahrt" (1977): *„Mir selbst gelang eine Eiswand in vier Stunden, wo eine Seilschaft im Winter drei Tage brauchte. Mitglieder dieser Seilschaft werden heute ‚Weltbergsteiger' genannt – weil sie in der Bergen der Welt unterwegs sind?"*
Rekorde aber sind im alpinen Kontext relativ. Während bei den meisten Sportarten sich die Entwicklung in der Rekordleistung zeigt, sind für Vergleiche im Alpinbereich gleich mehrere Faktoren zu berücksichtigen; etwa die Ausrüstung, die Absicherung der Route, die Jahreszeit und die Witterungsverhältnisse. Sich an den Größeren zu messen, ist Heini aber seit jeher ein Anliegen.

Meßlatte Geschwindigkeit: Die Schnelligkeit am Berg ist Holzer mehr als nur ein Anliegen.

Zur Frage „Tempo im Gebirge?" äußert sich Holzer Mitte der 70er Jahre betont moderat:
„Mein Tempo ist ein nicht schnelles, doch dafür bleibt es immer dasselbe ohne Rastpausen. Sollte ich wegen einer Gefahr (z.B. Steinschlag oder Lawinenzone) schneller gehen müssen, so gehe ich auch dort so, daß ich immer noch Kraftreserven besitze für eine eventuelle Flucht. Auf Skitouren, Normalbergfahrten und in den Eiswänden lege ich schon am Anfang mein Tempo fest, das ich bis ins Ziel behalte. Gehe ich mit mehreren Bergsteigern los, dann stelle ich fest, daß ich zunächst langsam gehe, doch nach Stunden liegen sie weit zurück. Beispiele: Skitour von Kurzras über den Steinschlagferner zur Weißkugel (Ötztaler): 4 Std.; Piz Palü von der Diavolezza: 2 ½ Std.; Rifugio Vittorio Emanuele – Gran Paradiso: 2 ½ Std.; Presanella-Nordwand bei total blankem Eis (550 m Höhe): 50 Minuten.
Diese Zeiten sind für mich bei guten Verhältnissen normale Zeiten, wo ich nicht laufe, auch nicht raste, sondern ganz einfach gehe!
Ich kenne einige, die berühmte Touren (auch extreme) in Rekordzeiten gemacht haben, z.B. Reinhold Messner, Franz Rasp, Peter Habeler – auch ich hatte viele Rekordzeiten. Jedoch all diese Geher wollten nicht Rekorde brechen, sondern sie testeten ihre Kondition oder sie gingen schnell aus Sicherheitsgründen. Leider behaupten Neider das Gegenteil!"

Fühlt ihr nicht, ihr lieben jungen Bergsteiger, die ihr immer starr auf die Mitstrebenden blickt und nur sie überbieten möchtet, daß euch nun einfach der Boden unter den Füßen weggezogen wird? Wenn nicht einmal die Leistung derer, die durch ein Seil verbunden klettern, gerecht abwägbar ist, um wie viel weniger, wenn ihr viel später die Tour wiederholt als eure „Gegner" oder gar eine andere unternehmt!
Eugen Guido Lammer

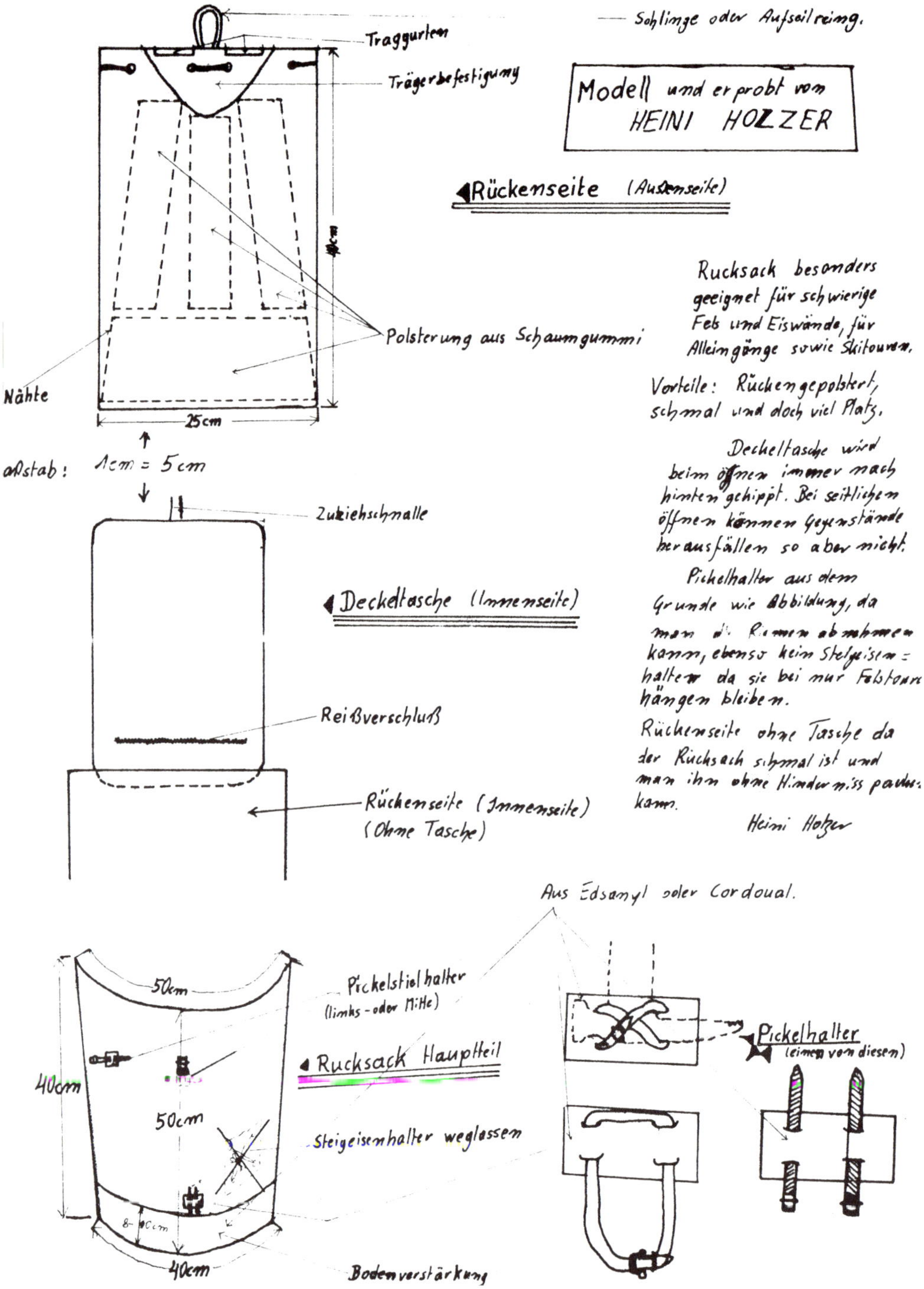

Entwurf zu einem Rucksackmodell. Detaillierte Verbesserungsvorschläge präsentiert der Tüftler Holzer auch seinem letzten Skibindungsausrüster.

Holzer (rechts) bei der Drittbegehung der Direkten Nordwand der Sattelspitze (gemeinsam mit Hans Authier)

Winterüberschreitung auf den Hausbergen. Im Schneebiwak zwischen Ifinger und Hirzer beschließt der junge Holzer, Extrembergsteiger zu werden.

Im Aufstieg zur Punta San Matteo. In dem CAI-Skitourenführer Helmut Vitroler (links) findet Holzer (rechts) einen idealen Partner für seine Steilwandabfahrten.

(o. links): Heini Holzer. Nach der Aufkündigung der Zusammenarbeit durch den Skibindungsausrüster wechselt der Steilwandfahrer auf ein unsicheres Modell.

(o. rechts): Für den Extremkletterer Holzer hinkt die Schwierigkeitsbewertung in den beiden obersten Schwierigkeitsgraden: „Was ist ein VIer?"

(m. links): Die Schlüsselstelle an der Gamsplatte in der Südwand des Ifinger. Gemeinsam mit Gregor Augsten und Hans Pescoller gelingt Holzer (Bild) die langgeplante Erstbegehung.

(m. rechts): Holzer in der Nordrinne der Punta Anna

(u. links): Königsspitze-Nordwand. Zwar verpaßt Holzer die Wintererstbegehung 1964 nur knapp, dafür gelingt ihm etliche Jahre später die Erstbefahrung der Nordostwand (links der Bildmitte).

(u. rechts): In jugendlichen Jahren vergeht für Holzer kaum eine Biwakschachtel-Übernachtung ohne seine vielgeschätzte Pasta.

Holzer in der Nordwand d
Lenzspitze: Rekordaufsti
und Abfahrtspremie

In der Östlichen Nordwand des Piz Palü: Während der *„wilden, aber schönen Steilabfahrt"* (Holzer) in der zerklüfteten Wand macht Heini Holzer die Orientierung zu schaffen.

(oben): Holzer in der Nordwand des Großen Aletschhorns. Trotz wiederholter Einladung setzt der Extremalpinist keinen Schritt in den Helikopter der ihn begleitenden Journalisten.

(von links nach rechts): „Himmelsleiter" Biancograt: Ein summender Pickel und Elmsfeuer an den Skikanten lassen Holzer bereits beim Aufstieg im sommerlichen Gewitter und noch vor der Befahrung des Grates Todesängste ausstehen.

Sieglinde Walzl (Bildvordergrund) und Heini Holzer (Bildhintergrund) studieren die Abfahrtsroute in der Nordwestwand des Gran Paradiso.

Erst nach etlichen vergeblichen Anläufen gelingt Holzer die Abfahrt in der Nordwestwand des Gran Paradiso.

Piz Roseg-Nordostwand: Sturz nach wenigen Schwüngen.

Schicksalsberg Piz Roseg: Am Vortag des tödlichen Absturzes studieren Holzer (links) und seine Gefährtin Sieglinde Walzl die Nordostwand.

Heini Holzers fatale Steilabfahrt am Piz Roseg: Wenige Sekunden vor dem Todessturz am 4. Juli 1977 schießt ein aus der Wand steigender Bergführeranwärter dieses Foto.

Heini Holzer: ▸
Kaminkehrer-Pause

Sérac Z
Lyskamm-Nordwand

Alleine sitze ich vor der Monte-Rosa-Hütte. Meine Gedanken, mein Blick können sich vom Antlitz der 1200 Meter hohen N-Wand des Lyskamm-Westgipfels nicht trennen. Einige Routen führen durch diese Wand. Sie schwanken zwischen 13 und 28 Stunden reiner Kletterzeit und 900 bis 1200 Metern Höhe. Die Schwierigkeiten werden bei der leichtesten Route mit 55 Grad Durchschnittsneigung angegeben.
Ich las einige Artikel und Erlebnisberichte von Begehern und sprach auch mit einigen von ihnen. Doch das eindrucksvollste Problem hat man nicht gesehen. Es ist das riesige Sérac „Z", der längste und zugleich von der Natur am klarsten vorgegebene Weg. Fand man den Aufstieg zu unlogisch, weil er zu lange ist?
Der Schwierigkeitsgrad dieses „Z" entspricht in etwa dem der anderen Routen, doch auf 1200 Metern Wandhöhe kommt eine Streckenlänge von 2500 Metern. Die Route durch das „Z" ist damit doppelt so lang wie die bisher begangenen.
„Wie viele Tage werden Sie für diese Wand brauchen?" fragt mich ein Hüttengehilfe, der bei einigen Begehungen anderer Routen zusah. Ich will keinen Rekord brechen, doch denke ich in spätestens 4 Stunden am Gipfel zu sein. Wer einmal eine Eislawine diese Wand herunterfegen sah, wird mich begreifen. Da ist es am besten, wenn man gar nicht da ist. Für jeden, der diese Wand durchsteigt, liegt die Sicherheit in der Schnelligkeit.
Ich bin froh, alleine dazusein, denn wenige Partner wären mit meiner sparsamen Kletterausrüstung zufrieden: ein 50 Meter-Seil, zwei Eisschrauben, drei Karabiner, ein Eishammer und die Zwölfzacker. Ich frage mich nicht, ob ich genug dabei habe – ich möchte die Wand nicht durch Waffen schwächen, bis sie und ich erschöpft sind.

In wenigen Stunden also will ich durchkommen. Als ich am Einstieg meine Steigeisen anschnalle, geht die Sonne auf. Die Séracs ober mir leuchten wie glühendes Eisen. Am Anfang steige ich sehr schnell, um nicht von einstürzenden Eistürmen begraben zu werden. Nach einer Stunde liegt bereits die Wandhälfte hinter mir, und ich lasse mir nun mehr Zeit. Es ist ein Genuß und sehr abwechslungsreich, diese Wand hochzusteigen. Es gibt alle Arten von Hindernissen. Riesige Querungen, Eisrampen, einsturzbereite Brücken und Spalten.
Genau nach vier Stunden liegt diese große Wand hinter mir. Glücklich und alleine stehe ich auf dem Lyskamm-W-Gipfel. Kein Kampf, keine Todesangst

liegt hinter mir, nur eine der größten Eiswände der Alpen. Allein bin ich inmitten der schönsten Walliser Viertausender. Im Südosten die Gipfel des Montblanc-Massivs mit ihren Eiswänden, darunter auch die Aig. d'Argentière, wo mir vor wenigen Tagen die N-Wand als Skiabfahrt gelang.

Nun kommt mein großer Augenblick: Ich vertausche die Steigeisen mit den Skiern und fahre los. Am Beginn ein harschiger, dann schön griffiger Schnee. Ohne Rast durchfahre ich die eben erst überwundenen Hindernisse. Die Steilrampe – ein Slalom zwischen den Séracs. Ich springe über Spalten, quere Blankeisrinnen, herrliche, freie Steilflanken. Dann die untere Riesenrampe, die ich in schneller Querfahrt überwinde, das Couloir hinunter zum Grenzgletscher, die Randkluft.

Danach halte ich zum ersten Mal an; stark schmerzen die Schenkel, der Atem geht schnell. Ich werfe mich in den Schnee und schaue zurück in die Wand. Vor Freude würde ich am liebsten die Ski umarmen, denn sie kommen mir vor, als wären sie etwas Lebendes. Doch ich bin zu müde.

Nur sie steht wuchtig da, die Lyskamm-Wand.

Heini Holzer

(Unveröffentlichter Text)

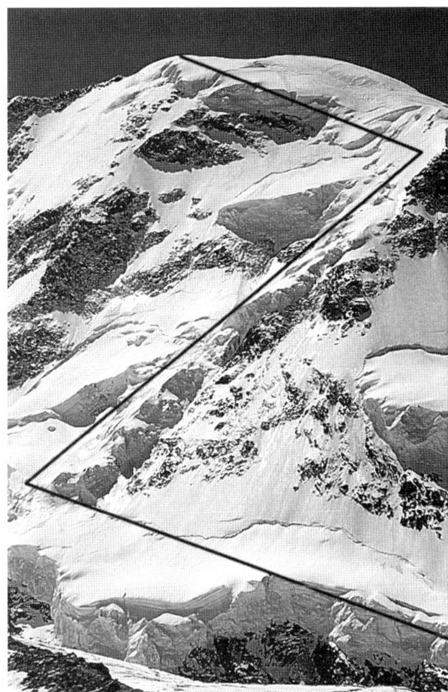

Die Nordwand des Lyskammes: „Mein Z" notiert Holzer in seinem Tourenbuch.

Krach um eine Erstbegehung

Es wird ja immer heiterer – auch sie wollen an diesem Tag in die Wand.
Sepp Mayerl

Selten finden sich schwierigste Dolomitenrouten so geballt an einem Gebirge wie der Civetta. Seit Jahrzehnten ziehen ihre sechs Kilometer langen, bis zu 1200 Meter hohe Nordwestfluchten die Kletterelite magisch in ihren Bann. Schon 1925 wurde hier mit Emil Solleder und Gustav Lettenbauer Alpingeschichte geschrieben, als sie mit ihrer Führe im VI. Schwierigkeitsgrad eine neue Epoche der Felskletterei einleiteten. Kletterer wie Philipp, Flamm, Buhl, Aste, Mazeaud, Maestri, Comici, Cassin, Egger haben sich in der Folge durch eigene Routen oder schnelle Begehungszeiten an der „Wand der Wände" förmlich eingeschrieben. Mit sieben bestehenden Führen zum Civetta-Hauptgipfel sind Mitte der 60er Jahre aber noch nicht alle Anstiegmöglichkeiten ausgeschöpft. Ein Problem scheint noch offen zu sein: eine Direttissima auf den Hauptgipfel, angesiedelt zwischen Philipp/Flamm- und Sollederweg.

Als im Juli '67 Heini Holzer mit Sepp Mayerl, Reinhold Messner und Renato Reali auf die Coldaihütte aufsteigt, stehen vorerst kleinere Führen auf ihrem Programm. Dementsprechend knapp und leicht bemessen ist die mitgeführte Ausrüstung. Sehr zum Leidwesen der jungen Bergsteiger, wie sich schnell zeigen sollte.
„Ich bin ein wenig voraus, und als ich die Hüttentüre öffne, treffe ich mit Heinz Steinkötter zusammen – einem deutschen Extrembergsteiger, der seine Zelte in Italien aufgeschlagen hat. Wir kennen uns. Mein freundlicher Gruß trifft auf ein finsteres Gesicht, und als meine drei Begleiter auftauchen, wirkt er wie gelähmt, er verstummt, ist wortlos. Irgendetwas Heikles muß in der Luft liegen", berichtet Sepp Mayerl.
In Steinkötters Begleitung finden sich weitere bekannte Extrembergsteiger: Dietrich Hasse, Jörg Lehne, Hans Heinrich. Hasse und Lehne hatten knapp zehn Jahre zuvor die direkte Nordwand der großen Zinne und die SW-Wand der Rotwand erstbegangen. Eine geballte Mannschaft an Extremkletterern, deren Präsenz nur im ersten Moment Rätsel aufgibt.
Die Neuankömmlinge „riechen den Braten" (Mayerl) schon bald, obschon sich Steinkötter über mögliche Ziele hartnäckig ausschweigt. Der Braten riecht nach Erstbegehung. Umgehend und im geheimen ändern Holzer und Gefährten ihre Pläne. Die mittlerweile spärlich gewordene Möglichkeit einer Erstbegehung will man sich nicht leichtfertig entgehen lassen. Schließlich, zum Entsetzen der anderen, offenbaren die vier, daß man sich selbst an der Direttissima versuchen werde.
„Im Stiegenhaus der Hütte folgt eine harte Verhandlung. Sie sind die ersten, wir die zweiten. Sie versuchten die Wand bereits vor zwei Wochen, wir haben uns mit ihr nur in Gedanken befaßt", erinnert sich Mayerl an das denkwürdige Aufeinandertreffen. Steinkötter will den

potentiellen Mitkonkurrenten andere Ziele schmackhaft machen, Hasse möchte sogar losen.
„Vom moralischen Standpunkt her waren wir unterlegen. Jedes Argument hat in sich aber auch Raum für ein Gegenargument" (Mayerl). Das stärkste Gegenargument der Holzer-Truppe: die freiwillige technische Beschränkung. „Wir wollen ab dem Pfeilerkopf links die große Verschneidung nicht mit einer Hakenleiter versehen, sondern parallel zu dieser Route den mächtigen Überhang in freier Kletterei umgehen. Damit fühlen wir uns überlegen und wissen das bergsteigerische Argument auf unserer Seite: Unsere Führe ist die sportlichere, die wertvollere. Auch die anderen spüren das, aber sie können das nicht anerkennen, da wir ihnen einen Traum zerschlagen, ein Ziel rauben wollen. Mittlerweile rücken wir auch heraus, weshalb unsere Rucksäcke so ‚klein' sind – das gibt weiteren Ärger. Aber die Würfel sind gefallen, wir werden morgen um fünf Uhr einsteigen. Die anderen können das ebenfalls tun." (Mayerl)
Mayerl und Reali eilen noch am selben Abend wieder ins Tal, um Lebensmittel und aus dem Auto weitere Ausrüstung zu holen. Doch für die schwierige Erstbegehung mangelt es den vier Freunden noch an zusätzlichen Ausrüstungsgegenständen: Seile, Haken, Karabiner, Biwakausrüstung. Im Wettstreit um die Neuroute erhalten die Herausforderer Hilfe von unerwarteter Seite: von der Hüttenwirtin Anna Da Piac. Sie kennt die Freunde von früheren Unternehmungen her. Das Jahr zuvor hatten Holzer und Messner ihre Erstbegehung der nahen Nordkante der Cima Ziolere ihr zu Ehren „Spigolo Anna" getauft. Und die Hüttenwirtin weiß sich zu revanchieren. Bereitwillig opfert sie ihre historische Dekoration und schneidet ihre musealen Haken und Hanfseile von der Stubenwand. Letztere will man zum Nachziehen des Rucksacks verwenden. Ein üppiges Frühstück für ihre Kinder, wie Anna, die Mutter von der Civetta, die vier nennt, bringt ein übriges an Stärkung.
„Dann ein herzlicher Abschied – nur wir dürfen die neue Route machen! Wenn da noch das Gewissen drücken soll! In finsterer Nacht ziehen wir schwerbepackt zum Einstieg. Ob unsere Konkurrenten nachfolgen werden? Wir sind energiegeladen und fühlen uns stark – Argumente, die aber mit den ungeschriebenen Gesetzen der Bergsteiger natürlich nichts zu tun haben. In der ersten Dämmerung seilen wir an. Dunkel steht die riesenhafte Mauer über uns – was werden die nächsten Tage bringen?" (Mayerl).
Der Überraschungseffekt des frühen Aufbruchs zeigt Wirkung: Von Hasse, Lehne & Co ist auch beim ersten Dämmerlicht nichts zu sehen. An diesem ersten Tag führen Holzer und Reali als erste Seilschaft, während Mayerl und Messner für den Nachschub und das Herausschlagen der Haken zuständig sind.
Man weiß von den soeben gescheiterten Versuchen an dieser Neuroute. Eine deutsche Seilschaft hatte sich zurückgezogen, weil sie sich zerstritten hatte, eine italienische Seilschaft wurde vom Blitz-

Die Nordwestwand der Civetta mit eingezeichnetem „Weg der Freunde". Nächtens preschen Holzer und Gefährten zum Einstieg voraus – den Mitbewerbern zuvorkommend.

schlag aus der Wand gedrängt. Nun finden sich unerwartet in einem Kamin noch Seile. Sie gehören einer Triestiner Mannschaft, die am Vortag wegen Schlechtwetters die Erstbegehung abgebrochen hatte und nunmehr am Wandfuß zum zweiten Versuch rüstet.

„Es wird ja immer heiterer – auch sie wollen an diesem Tag in die Wand, auch ihnen sind wir zuvorgekommen. Sie geben auf mit enttäuschten Gesichtern. Allerdings überlassen sie uns großzügig eines ihrer Seile, sammeln ihre Ausrüstung ein und kehren zur Hütte zurück. Nun sind wir allein an dieser Mauer." (Mayerl)

Die zwei Seilschaften kommen gut voran. Reinhold Messner hatte eine Woche zuvor lange und akribisch die neue Route studiert und einen Weg über die Verschneidung rechts der geschlossenen Wand ausgemacht.

„Feine kleingriffige Rinnen, vertikale Rippen mit kleinsplittrigem Gestein verlangen Balanceakte. Renato, die schwarze Katze, ist in großer Form, er schleicht geradezu höher. Auch für Heini, unser Leichtgewicht, ist dieses Gelände wie geschaffen." (Mayerl) Am frühen Nachmittag schließlich ist man an einem Quergang angelangt. Holzer und Reali schlagen nur einen Haken. Messner als Seilletzter hat an einem senkrechten Felspfeiler einen Schlingenstand errichtet und beobachtet den vorausquerenden Mayerl: „Kurz bevor der diesen (Haken, Anm.d.Hrsg.s) erreichte, brach plötzlich eine große Schuppe aus, an der er sich mit beiden Händen festgehalten hatte. Er verlor das Gleichgewicht, hob die Schuppe, die vielleicht einen halben Quadratmeter groß war, über den Kopf hinter sich, stieß sich mit den Füßen von der Wand ab, stürzte. Der Ruck kam, bevor ich ihn erwartet hatte. Er riß mir einige Meter Seil durch die Hände, dann konnte ich ihn halten. Die Steinplatte, die Sepp geistesgegenwärtig hinter sich warf, hätte die Seile wohl abgeschlagen." (Messner)

Aus dem Abgrund kann man nur kommen, wenn man nach oben steigt.

Der Sturz geht glimpflich aus und bleibt die einzig ernsthafte Gefährdung an diesem Tag. Schon am späten Nachmittag hat man den angepeilten Biwakplatz auf einem Pfeilerkopf erreicht. 21 Seillängen sind geschafft. Während Mayerl und Reali sich auf einer schmalen Leiste für die lange Nacht vorbereiten und Messner auf einem Felskopf darüber hockt, flicht sich Holzer aus Seilen eine vielbeneidete Matte und beginnt darin auf seiner Mundharmonika zu spielen. Während im Tal die ersten Lichter von Alleghe aufblitzen, hört man aus der Nordwestwand der Civetta schnulzige Melodien.

Am nächsten Tag schließlich Führungswechsel: Mayerl und Messner klettern voraus. Über brüchige Risse und glatte Platten erreicht man einen Pfeilerkopf, den der führende Mayerl, der „Vater unserer Mannschaft" (Messner), zum Teil technisch nehmen muß (A^2). Tausend Meter Wand sind absolviert. Schließlich, 200 Meter unterm Gipfel, die Kreuzung mit der Solleder-Route. In freier Kletterei geht's zum Gipfel, den die vier am späten Nachmittag, nach insgesamt 23stündiger Kletterzeit und 33 Seillängen, erreichen. Holzer zählt 40 geschlagene und 20 entfernte Haken.

Nach dem gescheiterten Versuch von drei Seilschaften und dem Austricksen der vierten, erscheint diese Erstbegehung förmlich erkämpft. Holzer, Mayerl, Messner und Reali taufen ihre Führe (Schwierigkeitsgrad V+ A^2) auf den Namen „Weg der Freunde".
Der Wandsieg hat ein unerwartetes Nachspiel. Zurück in der Hütte, gibt es erneut Krach. Die Ausgetricksten werfen den Zurückgekommenen Leichtsinn und Draufgängertum vor, Steinkötter tauft die neueröffnete Route verärgert auf den Namen „Solleder-Geländerweg".

Eine zusätzliche Facette dieser ereignisreichen Kletterfahrt ist im Novemberheft der Zeitschrift „Alpinismus" desselben Jahres nachzulesen: „Während Sepp Mayerl in der Civetta-Nordwestwand als Neulanderschließer auf dem ‚Weg der Freunde' wandelte, wurde sein bei der Alp Forc. Coldai abgestellter VW Variant von Kühen total verkratzt."
Hermi Lottersberger drängt es in einem Leserbrief an dieselbe Zeitschrift aufzuklären: „Sepp ist auf einem ansehnlichen Bauernhof beheimatet, daher kennt er sich bei Rindern und deren Eigenheiten gut aus. Die symmetrischen Kratzer an seinem VW stammen nicht von Kühen, sondern von Ochsen!"

Zwölf lange Stunden
1. Winterbegehung des Rizzi-Kamins

Schon seit vielen Jahren war es mein Traum, den Rizzi-Kamin im Winter zu durchsteigen. Wer je die Südwand des Innerkoflerturms gesehen hat, wird mich verstehen. Und so ging es vielen. Manche hatten ihn vor, das wußte ich, sie sprachen auch darüber, doch ich schwieg. Die einen dachten nur an Biwaks, unnötige Ausrüstung und Zeit, und wurde es dann Ernst, so hatten sie Angst vor Schnee und Eis. Angst hatte auch ich (vielleicht noch mehr), denn ich sah nur eine Lösung: ohne Rucksack und nur mit sehr wenig Ausrüstung einzusteigen. Dazu fand ich auch keinen Partner. Also allein!

Um mich in Form zu bringen, war ich sehr viel auf Skitour; da wurde aber nicht spaziert, sondern ziemlich schnell gegangen. Auf der Cima della Bocchè schweift mein Blick gleich zum Innerkoflerturm. Wuchtig sieht er aus. Ich erklärte Sieglinde mein Vorhaben, von dem nur sie wußte und meine Frau.

Am 22. Dezember ist es soweit. Um 5 Uhr verlasse ich Schenna. Der Himmel ist bewölkt, das Wetter verspricht nur wenig. Die Straße durchs Grödental ist gut und so erreiche ich rasch das Sellajoch, wo schon die ersten Schneeflocken gegen die Scheiben wirbeln. Ich überlege und finde nur einen Ausweg: so schnell wie möglich zum Einstieg, durch den Kamin und wieder zurück.

Mit leichtem Rucksack stürme ich die Skipiste hoch bis unter die Grohmann S-Wand und weiter zum Einstieg. Viel Zeit habe ich gewonnen, denn jeder Zentimeter Neuschnee bringt größere Schwierigkeiten. Meine Ausrüstung ist begrenzt: ein 30 m Seil, 40 m einer 6mm-Reepschnur, zwei Seilschlingen, 3 m Reepschnurstück, 5 Haken, 2 Karabiner, Helm, Eishammer, 2 Paar Handschuhe und als Proviant eine Rolle Traubenzucker. Vorsichtig und doch rasch steige ich über den verschneiten Vorbau. Die Hände am Fels kleben und oft muß ich sie warmreiben. Schon stehe ich im Kamin; auch da haftet überall Neuschnee. Weiter oben wird es besser, nur ein kalter Luftzug von unten wirbelt mir die Flocken ins Gesicht.

Obwohl ich im Sommer 1969 durch diesen Weg zum Gipfel geklettert bin, kommt mir alles neu vor, doch fühle ich mich in bester Form. Schneebalkone und vereiste Stellen verändern das Bild am meisten. Herrlich ist das Klettern allein, man braucht auf niemanden zu warten, aber dafür ist die Spannung größer. Der Kamin wird eng, wird weit, einmal geht's im Grund, einmal über Überhänge und so erreiche ich den oberen Teil, der jedoch total mit Schnee gefüllt ist.

Der Durchstieg ist blockiert. Außen ist der Kamin einige Meter breit, die Wände sind vereist. Zehn Meter unter dem Schneebalkon bleibe ich stehen und suche nach einem Ausweg. Schon hier ist der Fels mit einer 20 cm dicken Eisschicht gepanzert, aber die Stemmweite ist nicht zu groß. Ich entschließe mich dennoch zur Umkehr. Traurig blicke ich hinauf – da sehe ich ein kleines Loch in der harten kalten Masse. Mit dem Eishammer schlage ich kleine Kerben ins Eis, um für die Füße Halt zu finden. Nach einiger Zeit sehe ich durch das Loch, das nach zwei Metern bis zu eineinhalb Meter breit wird. Noch zögere ich, denn es gibt keine Möglichkeit zur Sicherung. Ich versuche zurückzusteigen, was mir nicht gelingt – abspringen würde sich jeder überlegen – und so schlüpfe ich in das Loch. Der Schnee ist schmutzig und hart, so daß ich auch hier kleine Ritze für die Füße schlagen muß. Noch nie war ich in so einem solchen runden Schneekamin gesteckt. Ich muß mich beeilen, denn die Wadenmuskeln schmerzen. Doch bald liegt auch dieses Hindernis hinter mir. Ein Blick nach unten: grausig sieht dieser 20-Meter-Durchschlupf aus. Über mir riesige Eiskerzen und vereister Fels. Ich wärme mir die Hände durch Massieren und überwinde, durch innere Freude gestärkt, die gefährlichen Stellen zur verschneiten Ausstiegsrinne, zum Gipfelgrat.

Es schneit immer noch, doch es beginnt aufzuhellen. Allein stehe ich am Steinmann, aber von Steinen ist nichts zu sehen. Ich bin sehr glücklich und denke an meine Frau. Ihr habe ich das zu verdanken, dennn sie begreift mein Tun.
Ich grabe nach dem Gipfelbuch, schreibe meinen Namen ein und steige ab. Aber jeder Abstieg ist unmöglich wegen des Neuschnees. Mein Entschluß fällt auf den Rizzi-Kamin, obwohl er am schwierigsten ist, aber in ihm fühle ich mich am sichersten, weil ich ihn kenne. Die Ausstiegsrinne liegt hinter mir. Den vereisten Kamin, das Schneeloch und die nächsten 30 Meter seile ich ab. Die nächsten 400 Meter klettere ich frei. Vereiste Stellen wechseln mit Staub ab. So erreiche ich den unteren Teil, wo die Spuren verschneit sind. Die Griffe und Tritte müssen vom Schnee gesäubert werden. Die letzten 20 Meter seile ich zum Einstieg ab.

Ein Blick nach oben: Ich kann, es nicht glauben, was hinter mir liegt. Es schneit nicht mehr, die Sonne scheint, als wolle sie an meinem Glück teilnehmen. Rasch ist der Rucksack gepackt, ich steige an zum Sellajoch und fahre heimwärts. Um 17 Uhr betrete ich meine Wohnung. Mir ist die erste Winterbegehung des Rizzi-Kamins im Auf- und Abstieg ein Erlebnis und ein Stück Leben.

Heini Holzer

Alpinistische Grabenkämpfe und eine Nordwand

> Wenn ich von einem Kampf mit ungleichen Waffen spreche, so meine ich, daß wir Menschen mit den Gefahren der Berge, also auch mit Steinschlag, Brüchigkeit etc. von vornherein rechnen müssen, während – bildlich gesprochen – der Berg nicht damit rechnen kann, daß die Menschen mit eisernen Haken, Hammer, Meißel, Steinbohrer und vielleicht gar Zement ihm zu Leibe rücken.
> Paul Preuß, Alpinpionier

Seit der Ausnahmekletterer Emilio Comici mit Angelo und Giuseppe Dimai 1933 erstmals die 500 Meter hohe und teils überhängende Nordwand der Großen Zinne bewältigte, war es um die Ruhe derselben geschehen. Nachfolgende Eröffnungen weiterer spektakulärer Führen sorgten für eine andauernde Aufmerksamkeit der Öffentlichkeit. Selbst Nicht-Alpinisten wurde die Zinnen-Nordwand zum Inbegriff für Extremkletterei. Wie sonst nur bei Eiger-Dramen schossen sich Zeitungen vom Schlage einer „Bild" auf das Klettergeschehen vor Ort ein. Doch abseits der medialen Hitzigkeit der 60er Jahre sollte sich am Fallbeispiel der Nordwand-Erschließung der Großen Zinne eine inneralpinistische Grundsatzdiskussion entzünden, wie es sie an Schärfe noch nicht gegeben hatte. An dieser beteiligt sich mit verschiedenen Stellungnahmen auch Heini Holzer.

Die Alpinszene, seit jeher ein wuselndes Biotop von Abenteurern, Pragmatikern, Modernisierern und Schöngeistern, rieb sich im konkreten Fall am Für und Wider der neuen „Direttissima" der Deutschen Lothar Brandler, Dietrich Hasse, Siegfried Löw und Jörg Lehne. Diese hatten 1958, unter Zuhilfenahme des neuesten technischen Hilfsmittels – des Bohrhakens – das „Unmögliche" möglich gemacht. Mit 14 Bohr- und 180 konventionellen Haken und Materialnachschub von unten hatten sie die Wand in viereinhalb Tagen entzaubert. Und während Hasse in der Folge schon die Einführung des VII. Schwierigkeitsgrades forderte, ließ das Kreuzfeuer der kritischen Bergsteigerschaft nicht auf sich warten.
In einem offenen Brief an Hasse auf der Bergsteigerseite der „Dolomiten" gipfelte das Unverständnis über die Bohrhakenmänner in der Frage: „Aber wenn ihr es könnt (Freiklettern, Anm. des Hrsg.s), warum arbeitet ihr dann wie die Tragtiere? Warum zieht ihr kiloweise Haken und sonstiges Zeug mit einer Reepschnur nach?" Die Antwort Hasses: Weil „die noch überwältigendere Wildheit der Wände, in die sich der moderne extreme Alpinist mit seinen Hilfsmitteln wagt, das Erlebnis des modernen Bergsteigens gegenüber dem klassischen noch steigert".
Die Szene ergießt sich im alpin-ideologischen Grabenkampf: „Hakenturner" gegen Freikletterer, „Steinmetze" und „Nagler" gegen „Klassiker" und „Reinheitsapostel".
Unbestreitbar jedoch setzt mit der Erfindung und reichlichen Verwendung des Bohrhakens die Ära des hakentechnischen Kletterns ein, deren Idealbild die „Superdirettissima" ist – Symbol des Machbarkeitsglaubens in Zeiten von Wirtschaftswunder und rasantem technischem Fortschritt.
Tatsächlich eröffnet eine weitere deutsche Seilschaft im Winter 1963 nach 17tägiger Kletterei durch die Nordwand der Großen Zinne eben eine solche „Superdirettissima". Die auch als „Sachsenweg" berühmt

gewordene Route bringt den Freikletteranhängern eine neue Katerstimmung. Diese verschlimmert sich, als im Sommer 1967 eine italienische Seilschaft im linken Wandteil 340 Bohr und 50 Normalhaken für eine Höhendifferenz von 480 Metern verwendet. Zehn Tage brauchen die Breuiler Bergführer, um sich zur Dibona-Kante hochzumeißeln; den Nachschub organisieren sie über ein in der Wand umgelenktes Stahlseil. Die Italiener gehen mit ihrer „Via Camillotto Pellisier“ als „weltbeste Bohrer in die Geschichte des Alpinismus ein, denn ihre Muskelkraft war gigantisch, braucht doch ein Bohrhakenloch, zwei bis drei Zentimeter tief, fünfzehn bis zwanzig Minuten anstrengende Meißelarbeit.“ („Alpinismus“) Kletterkunst und Gefährlichkeitsgrad streben gen Null.
Ihr Bedauern über die Entwicklung der „zunehmenden Verwendung von Bohrhaken in völlig unsportlicher und wenig bergsteigerischer Weise“ bekunden nunmehr selbst Nordwand-Bohrer vom Schlage eines Jörg Lehne. Fast wehmütig erinnert man sich an den Disput vergangener Tage, als noch leichtere Hilfsmittel zu verhandeln waren.

Die Große Zinne-Nordwand ist von vielen Routen durchzogen: Einige der klassischen Führen sind jene von Hasse/Brandler (ganz links) und jene von Abram/Schrott (ganz rechts).

Die Grundsatzdiskussion rund um künstliche Hilfsmittel hatte sich kurioserweise an Comici, drei Jahrzehnte vorher, entzündet – an der Großen Zinne-Nordwand. Nur unter Zuhilfenahme von Standhaken und Seilzug war es Comici gelungen, seine gleichnamige Führe zu eröffnen. Für seine Kritiker waren es jedoch der Haken zuviel, hatte Comici doch rund 90 Haken verwendet. Schon wurde der Niedergang des klassischen Alpinismus diagnostiziert. Bergsteigervater Julius Kugy meinte gar: „Nun ist bewiesen, daß die Nordwand der Großen Zinne unbesteigbar ist.“
Nichtsdestotrotz sollte die Alpingeschichte anders über den Meisterkletterer urteilen: Seine Hilfsmittel wurden für legitim und fair befunden, zumal sein Mut zum Gang an der Sturzgrenze ihn zum Klettermythos erhoben hatte.

Wer dieses Leben voll ausschöpfen will, muß etwas wagen
Emilio Comici, Alpinpionier

Und der Bohrhaken? Lehnes Aufforderung an die jungen Kletterer, diesen nicht als Nonplusultra mißzuverstehen und nur als letzten Ausweg zu verwenden, verhallt zwischen den Fronten. Herausragende Vertreter der jungen Südtiroler Klettergeneration, die sich in den 60er Jahren anschickt, ihre eigenen Grenzen auszuloten, haben ihre Position bereits bezogen. Die jungen Extremen wie Reinhold Messner und Heini Holzer sind sich ihrer Sache bereits sicher: Modernes Bergsteigen kann nur in der freiwilligen Einhaltung sportlicher Regeln bestehen und der Weiterentwicklung der psychischen und athletischen Fähigkeiten des einzelnen. Die Verringerung der überhandnehmenden Technik gilt den Jungen als Gebot der Stunde.

Verringern lassen sich – bei vorhandenem Willen – auch simple Haken. Abseits der Diskussion um die Zulässigkeit des Bohrhakens wettert Holzer leidenschaftlich gegen die überhandnehmende Übernagelung

Mit künstlichen Steighilfen habt ihr die Berge in ein mechanisches Spielzeug umgewandelt. Schließlich werden sie kaputtgehen oder sich abnutzen, und euch bleibt dann nichts anderes übrig, als sie wegzuwerfen.
Paul Preuß

extremer Touren. In einer öffentlichen Diskussionsrunde beim Trienter Bergfilmfestival beschwert sich der 22jährige, daß zu viele geschlagene Haken den Schwierigkeitsgrad erheblich beeinträchtigen würden. Holzer stuft die von ihm erstmals im Alleingang gekletterte Abram/ Schrott-Führe in der Südwestwand der Rotwand mit IV+ ein. Von den Erstbegehern war sie noch mit VI und A^3 bewertet worden. *„Die Erstbegeher entfernten von ihren geschlagenen Haken 50 Stück, aber es stecken noch immer zu viele!“* (Holzer)

Der Affront gegen die (Südtiroler) Kletterinstitutionen sitzt. Messner geht in seiner Artikelserie „Die Entwertung des VI. Grades“ in der Bergsteigerseite der „Dolomiten“ im Jahr 1967 noch einen Schritt weiter:

„Daß es heute nur mehr wenige neue Erstbegehungen gibt, die den Schwierigkeitsgrad sechs aufweisen, begründe ich damit, daß die Alpinisten von heute weder den Mut noch die Nerven zu einem Gang an der Sturzgrenze haben; sie sind verwöhnt, feige.“ Und Holzer sekundiert: *„Wir aber suchen das Schwierige.“*

Der Südtiroler Extremkletterer Sepp Schrott kann ob der Heftigkeit der verbalen Hakenschläge nur mehr resigniert feststellen: *„Ich finde es unfair, Bergkameraden öffentlich als ‚feige‘ zu bezeichnen.“*

Die jungen Stürmer und Dränger geben sich kompromißlos: Ihnen geht es um die grundsätzliche Rückkehr zur klassischen Freikletterei. Sie erkennen im hakentechnischen Klettern den alpinistischen Absturz.

Die „Hakenmänner“ sind für Andrea Oggioni (ital. Spitzenkletterer der Nachkriegszeit, Anm.d.Hrsg.s) *Menschen, die nur in den Käfig gehen, solange der Löwe gefesselt ist und sich dabei groß machen.*

„Bei mancher schwierigen Freikletterei, die vorher nur den Besten vorbehalten war, wurde bei Wiederholungen dazu genagelt und heute kann sie jeder gehen. Manche Route ging dabei bis zu zwei Schwierigkeitsgrade zurück, z.B. die Mauck-Westwand im Wilden Kaiser. Das Gegenteil bleibt der Rebitsch-Riß am Fleischbank-Nordturm. Solche Wege findet man nur wenige. Nicht weil ihn Rebitsch durchstieg, ist er schwierig, er wäre genauso schwierig, wenn ihn ein anderer Kletterer bewältigt hätte! Dazu hatte aber keiner Lust – außer ihm.“ (Holzer)

Doch Holzer ist kein Dogmatiker. Im Bedarfsfall nagelt selbstverständlich auch er – mit dem Unterschied, daß er die geschlagenen Haken großteils wieder entfernt. Im Gegensatz zu Messner, der sich ganz vom technischen Klettern zu lösen beginnt, bleiben für Holzer technische Fortbewegungsmittel wie Trittleitern durchaus legitim – Nuancen in einem alten alpinistischen Streit.

Für Feinheiten hat ein anderer indessen nichts übrig: 1970 bohrt Altmeister Cesare Maestri – entgegen aller Entrüstung über das schwere Hakengeschütz – eine regelrechte Bohrhakenleiter bis kurz unterhalb des Cerro-Torre-Gipfels in Patagonien. Dort läßt er provokant den Bohrer in der Wand hängen und kehrt um. Die Aktion ist als Denkzettel für seine Kritiker gedacht, die seinen vorherigen Gipfel-

sieg anzweifelten. Gleichzeitig aber ist der Bohrhaken wieder im Mittelpunkt des Interesses. Die nächste Runde im alpinistischen Grabenkampf scheint eingeleitet ...
Das Vorurteil, wonach Bergsteiger große Schweiger sind, dürfte spätestens mit den 60er Jahren endgültig vom Tisch zu sein.

„Und wie geht es weiter?" fragt sich 1970 der Alpinjournalist und Extreme Hubert Dumler. „Kommt es doch zur Einführung des VII. Schwierigkeitsgrades im Alpenraum? (...) Vielleicht wird es sogar ein Alleingänger sein, der die Skala nach oben hin erweitert und Passagen in freier Kletterei bewältigt, für die bisher das Unmögliche galt. Mit diesem Wort muß man nämlich vorsichtig sein, wie die Geschichte des Bergsteigens immer wieder bewiesen hat."

Im Juni 1977 bewerten Helmut Keine und Reinhard Karl ihre Erstbegehung der „Pumprisse", am Fleischbankpfeiler im Wilden Kaiser mit dem Schwierigkeitsgrad VII- bis VII. Die Felsrisse meistern beide frei kletternd, indem sie, ohne Spuren zu hinterlassen, sich nur mit Klemmkeilen sichern. Ein Jahr später wird die vielgeforderte Aufstockung der sechsstufigen Schwierigkeitsskala Realität. Der VII. Grad wird offiziell eingeführt. Gut 20 Jahre später wird die Bewertungsskala sogar einen XI. Schwierigkeitsgrad anführen.

Einige Meter höher steckt ein Haken, aber ich klettere links über eine Rampe und erreiche die Kante wieder dort, wo es ein gutes Stück über sie zu klettern geht.

Das Schwerste im Fels

Wie viele Bergsteiger gibt es heute, die Sechsertouren gehen? Wie viel von diesen beherrschen den vierten Schwierigkeitsgrad? – Wenige! Sehr viele turnen an überhängenden Wänden hinauf (an Haken wie Klettermaschinen); wenige von diesen können einwandfrei einen klassischen Vierer führen. Schade um so manche klassische Erstbegehung, die zu einer „via ferrata" für Extreme geworden ist.

So geht's: Eine Sechsertour wird angepackt; viele Haken werden dazugeschlagen (zu den überflüssig steckenden). Man siegt (mit guten Waffen allerdings) und antwortet auf die Frage, wie war's, mit „leicht! … ganz leicht". Das ist IV+. Ein Vierer ist sehr schwierig (noch dazu für die besten Kletterer überhaupt). Ein VI+ ist ganz leicht (für weniger gute Geher sogar). Da hinkt etwas im Reich der Kanten, Pfeiler und Wände. Hinken etwa die jungen Kletterer selbst… sind sie in einer Freikletterstelle geflogen und hinken nun? Vor allem hinkt die Schwierigkeitsbewertung in den beiden obersten Schwierigkeitsgraden. A-Stellen (d.h.: technische Stellen) werden allgemein mit VI+ angegeben, und das ist ein großer Fehler. Technische Stellen haben nichts mit Sechs zu tun. Was ist ein Sechser? Meine Antwort: Das Letzte im Freiklettern. Bedenken das die Hakenturner, wenn sie überheblich über die klassischen Erstbegeher lächeln? Einige Beispiele: Attilio Tissi meisterte den Einstiegsüberhang am Campanile Brabante mit einem Haken – eine Leistung. Heute stecken vier Stifte an dieser „äußerst schwierigen" Freikletterstelle und zeugen von Feigheit. Oder: Vinatzer bewertete die Südostverschneidung an der Mugoni-Spitze mit V+; den Vinatzer-Riß an der Stevia mit VI- und noch heute bedeuten diese beiden Touren für viele Wiederholer das Letzte. Was ist dann VI+? Der Buhl-Gedächtnisweg an der Rotwand vielleicht? Nein, so wie er jetzt ist, ist er ein Vierer mit Fünfer-Stellen; alles übrige sind Feuerwehrübungsstellen. In der Maestri-Führe gehen sogar die Fünfer-Stellen technisch; trotzdem spricht jeder Wiederholer von VI+ und bildet sich ein, ein „Äußerst" geleistet zu haben – Selbstbetrug!

Gibt es überhaupt Kletterer, die das Letzte wagen? Ja es gibt sie – auch heute noch. Unter den Scoiattoli (Cortina) sind wirklich große Könner. Das haben sie am Spigolo Strobel an der Rochetta Alta und am Pelmo-Südostpfeiler bewiesen. Obwohl sie allgemein als reine Hakenkletterer verrufen sind, können sie frei klettern – sehr gut frei klettern.

Dann zur Micheluzzi-Führe am Ciavazes: sie war eine Sechser-Tour, als sie Miche-

Holzer in der Busazza-Westwand. Die Schwierigkeitsbewertung hinkt für den Extrembergsteiger im obersten Bereich.

luzzi und Castiglioni mit nur einem Zwischenhaken hinter sich brachten. Heute, mit einigen Dutzend Haken, ist sie noch eine schöne Fünfer-Tour. Viele steigen übers Band hinaus und sprechen dann von fünf und sechs Stunden Kletterzeit. Alle diese haben die „Micheluzzi" nicht gemacht. Sie sind geklettert, haben aber die Führe nicht vollendet. Genau dasselbe ist ein Auto ohne Karosserie. Man hat ein Gestell, mit dem man fahren kann – von einem Auto keine Rede.

Und Bohrhaken? Sie sind nicht zu verwerfen, wo es gilt, eine grifflose Stelle ohne Ritzen und Löcher zu überwinden. Das heißt aber noch lange nicht, daß an einer schon frei überkletterten Stelle gebohrt werden darf, wie es am Rossi-Überhang (Fleischbank-SO) und an der Marmolata di Rocca (Vinatzer) geschehen ist. Sind solche „Bohrer" Sechs-Gradler? Nein, für so einen ist besser, er geht auf Vierer-Touren oder gibt es auf.

Viele Wände wären leichter und sicherer, wenn an Stelle von 2 cm-Haken Bohrhaken stecken würden. Wo aber wäre das Abenteuer am Berg, wenn jedes Risiko fehlte? Mit Bohrhaken könnten sowohl die Cima-Brancon-Ostwand als auch die Torre-d'Alleghe-Nordwand ohne jedes Risiko durchstiegen werden. Beide Führen könnten mit wenigen Löchern von einem „Schwierigst" zu einem „Leicht" degradiert werden.

Wir aber suchen das Schwierige.

Heini Holzer

Abfahrt ins Leben

Berge, Ski und harte Burschen

Im August 1967 sorgt in Alpinkreisen ein Walliser Skilehrer für Aufsehen: Sylvain Saudan fährt in den französischen Westalpen das steilen Spencer-Couloir an der Aiguille de Blaitière mit Skiern ab. Das vorerst letzte und kühnste Kapitel einer knapp 100jährigen Geschichte des Skialpinismus ist aufgeschlagen. Nicht mehr der Gipfel ist das erklärte skialpinistische Ziel, sondern ausschließlich die Steilabfahrt von diesem hinunter. Der Ausgangspunkt für das eigentliche Unternehmen hat sich verschoben. Eine Entwicklung mit Vorgeschichte.

Ein Blick zurück:
Den skialpinistischen Pionieren des ausgehenden 19. Jahrhunderts war der Berggipfel noch das vorrangigste Ziel gewesen – die Skier bzw. Holzbretter waren hierfür lediglich das geeignete Fortbewegungsmittel gewesen. Ihre Feuertaufe hatten die Skier im Jahr 1888 bestanden, als Polarforscher Fridjof Nansen damit erfolgreich das grönländische Inlandeis durchquerte. Mit der wenige Jahre später erfolgten Skidurchquerung der Berner Alpen durch den Schneeforscher Wilhelm Paucke fiel der entscheidende skialpinistische Startschuß.
Bereits 1901 betrat der erste Skibergsteiger das Gipfelplateau des Cevedale in der Ortlergruppe. Ein Jahr später war der Adamello an der Reihe. Eine rasante skialpinistische Erschließung der Alpen nahm ihren Lauf. Wich man Steilflanken zunächst noch aus, so erklärte der Schweizer Marcel Kurz mit der Skibesteigung des Walliser Grand Combin und des Rimpfischhorns im Jahre 1907 nachdrücklich auch die steilen Hänge für befahrbar. Im selben Jahr durchquerte k.u.k.-Oberleutnant Richard Löschner die winterlichen Dolomiten. Und schon kurz darauf stand der Skipionier auf dem Gipfel des Heiligkreuzkofel und dem höchsten Punkt der Marmolata. Im Frühjahr 1914 kam er beim Versuch, den Ortler mit Skiern zu bezwingen, mit seiner 14köpfigen Militärpatrouille unter eine Lawine.
Während die kriegführenden Alpenländer den Militärskilauf vorantrieben, erkundete man in der Schweiz die Bedingungen des Extremskilaufs. Hatte man sich bisher im allgemeinen damit zufriedengegeben, die Gipfel mit Skiern zu erreichen, ohne bewußt die steilsten Hänge für die Abfahrt zu suchen, sollte sich dies mit den Schweizern Arnold Lunn und Joseph Knubel im Jahr 1917 ändern. Mit ihrer Befahrung der Nordflanke des Dom (Wallis) leiteten sie eine neue Phase im Skialpinismus ein: die Abfahrt über den steilstmöglichen Hang.

Der Weg

Jeder Mensch geht einen Weg,
die Wege sind verschieden,
das Ende jedes Weges ist der
Abgrund!
Auch ich gehe einen der vielen,
er führt ans Licht, auch an den
Abgrund, oft stand ich vor dem
Ende, doch ich schritt immer
wieder zurück, nun gehe ich ihn
zurück bis zur der Mitte, übersehe
den Anfang und das Ende.

Holzer in der Nordwand des Aletschhorns. Mit Sprungtechnik arbeitet sich der Steilwandfahrer über die steilsten Stellen tiefer

Heute kenne ich ihre Gefühle, weiß Bescheid über ihre wahren Leistungen. Manches wurde übertrieben. Laien sollen aber nicht mit Schauermärchen betrogen werden.

Das Beispiel macht Schule. Etwa im Österreich der Zwischenkriegszeit. Mit der Befahrung der Nordflanken des Zuckerhütls, des Hochtenns oder des Fuscherkarkopfs finden immer mehr „harte Burschen" (Holzer) Gefallen an dieser Art des Skiabenteuers. Alpinisten wie Emile Allais und Armand Charlet befahren in den 40er Jahren verschiedene Steilhänge in der Dauphiné und die Gletscherflanken an der Aiguille d'Argentière. Es folgen Befahrungen der Nordwände von Grand Muveran und Dent d'Hérens; im Österreich der frühen 50er Jahre schließlich jene von Schrankogel und Hohem First.
Ende des Jahrzehnts dann ein weiterer – diesmal medialer – Meilenstein der Steilwandfahrt: Lionel Terray, Alpinlegende aus Chamonix und Makalu-Bezwinger, befährt mit Bill Dunaway die Nordflanke des Montblanc. Die Befahrung erringt weniger wegen der Schwierigkeit Aufmerksamkeit als vielmehr wegen ihrer kinematographischen Verwertung. Mit dem Film „Sterne über dem Montblanc" wird das Steilwandfahren erstmals einem großen Publikum nähergebracht. Ein knappes Jahrzehnt später, im August 1967, sieht den Kinofilm auch Heini Holzer. Er wartet in Chamonix auf besseres Wetter, um – noch ganz Extrembergsteiger – die Erstbesteigung der Nordostwand der Aiguille d'Argentière anzugehen.
Die Nordflanke des Montblanc indessen findet seit Mitte der 60er Jahre immer mehr Befahrer, darunter auch zwei französische Minister. Einer von ihnen, Valéry Giscard d'Estaing, sollte etliche Jahre später Staatspräsident von Frankreich werden. Den Montblanc hatte der Politiker vorab bereits ganz staatsmännisch betreten – per Helikopter.

Schließlich der Auftritt Saudans im Spencer-Couloir. Eine Hangneigung von bis zu 55° sorgt für einen neuen Qualitätssprung in der Steilwandabfahrt. Mit der Befahrung des Whymper-Couloirs an der Aiguille Verte, des Gervasutti-Couloirs am Montblanc du Tacul, wo Saudan sich die ersten 200 Meter sichert, und der Abfahrt durch das endlose Lawinenrohr des Marinelli-Couloirs in der Monte-Rosa-Ostwand prägt Saudan die Steilwandabfahrt als Randdisziplin. Und krönt sich Ende der 60er Jahre selbst zu deren Meister.

Mich grauste es damals, als ich mit dem Gedanken hinunterblickte: Hier sind sie hinunter, mit so rutschigen Dingern an den Füßen! Für mich war es Wahnsinn.

1970 betritt ein neuer Mann die ausgesetzte Bühne – Heini Holzer. Wie kein anderer beginnt er die Geschichte der Steilwandabfahrt mitzuschreiben. Bis 1977 führt er über 100 Abfahrten durch und schwingt sich damit zum erfolgreichsten Steilwandfahrer auf.
Mit Holzer kehrt ein verlorenes alpinistisches Ethos zurück: die Steilwandbefahrung mit fairen Mitteln. Über Anzahl und Qualität seiner Abfahrten hinaus ist dies Holzers entscheidendster Beitrag in der Geschichte des Extremskifahrens. Indem er auf Helikopterunterstützung und längere Absicherungsabschnitte während seiner Abfahrten verzichtet, legt er entscheidende Bewertungskriterien für die Abfahrt „by fear means", sprich fairen Mitteln, fest. Damit wiederholt sich auf anderer Ebene eine Grundsatzdiskussion, in welcher Holzer

bereits als Kletterer klar Position bezogen hatte: nämlich zur Fortbewegung auf Bohrhaken zu verzichten.

„Vielleicht habe ich strenge Maßstäbe, doch Leistung soll wahre Leistung sein, darf auch hervorgehoben werden; nicht aber sollen Laien durch Schauermärchen betrogen werden. Leider ist es am Berg in jeder Hinsicht so. Bergsteiger mit Unmengen von Material klettern im Film oder Fernsehen über unglaubliche Überhänge, ebenso werde Achttausender mit Sauerstoff bestiegen, daß dann die Laien glauben, hierin liege das Problem. Doch ein Problem ist ein Problem – wenn man klettert ohne Bohrhaken und Verbindung zum Wandfuß, auf Achttausender ohne Sauerstoff geht und Skiabfahrten nur mit Fahrtechnik, ohne weiteren Materialaufwand bewältigt."

Treffen mit Sylvain Saudan : *„Ich bewundere ihn, ich fürchte ihn."* (Holzer).

Als Heini Holzer in seiner neuen Disziplin antritt, scheinen Helikopterflüge zu den Ausgangspunkten gerade zur Norm zu werden. Doch es wird auch schon Kritik laut.

„Saudan ist auf dem Eigergipfel – er soll dort bleiben!" (Alpinismus) So lautet am 9. März 1970 der Grundtenor der Beobachter, als sich Saudan im Gipfelbereich des Eigers vom Helikopter absetzen läßt und die über die 1700 Meter und 45° hohe Westflanke abzufahren beginnt (die ersten 300 Höhenmeter seitlich abrutschend).
Die von Holzer – mit Ausnahme des Helikopterflugs – bewunderte Steilwandabfahrt Saudans erregt in alpinistischen Fachzeitschriften vorerst harsche Kritik. Noch kann man mit Steilwandfahrten nicht viel anfangen.Von „lebensgefährlichem Teufelskreis" und „Ehrgeiz und Gedankenlosigkeit" ist die Rede:
„Die Befahrung war ganz auf Sensation abgestellt, schließlich wurden nicht nur Fernsehen und Presse mobilisiert, sondern die Aktion diente auch manchen Herstellern zu Reklamezwecken. In unserer übersättigten Zeit aber läßt sich Sensation bei einem so kurzen alpinen Unternehmen nur dann erringen, wenn das Publikum die Lebensgefahr wittert. Es wird in den Alpen immer schwieriger, Ideen für neue Sensationen zu haben" (Der Bergsteiger). Steilwand-„Sensationen" gibt es mit Beginn der 70er Jahre mehrere – auch Akteure, die wirklich darauf abzielen, billigst Aufmerksamkeit zu erheischen.
1969 schätzt der Internationale Skiverband FIS die Zahl der Skifahrer auf weltweit 45 Millionen: An potentiell interessiertem Publikum dürfte es nicht mangeln. Doch Fachpublikum ist damit keines garantiert. So dürfen sich Japaner gar als „erste Everest-Abfahrer" feiern lassen, obwohl sie in Wirklichkeit weit unterhalb des Gipfels starten, oder Wände von 55° Steigung sind plötzlich 70° steil! Das Jägerlatein kennt Holzer bereits aus der Kletterszene.
Mit seinem reinen Stil und seiner realitätsbezogenen Bewertung hinsichtlich der Hangneigung scheint Holzer als Steilwandfahrer gerade rechtzeitig auf den Plan zu treten.

Die Käfiglöwen (Auszug)

Wieviel Haken? Wieviel Biwaks? Das sind die Fragen nach einer Erstbesteigung. Braucht man nur Haken und Stunden, dann ist das Fragen vorbei. Für die meisten heißt klettern, wenn sie von Haken zu Haken turnen, und Fortschritt, wenn kletterbare Stelle oder Seillängen durchnagelt und durchgebohrt werden. Oder sie wollen Eisgeher sein, wenn sie Blankeisstellen von 50 Grad Neigung mit Stufenschlagen überwinden.

Schon immer schmunzelte ich darüber. Für mich ist diese Art des Bergsteigens ein feiger Kampf – ein Krampf! Zuerst lockt diese Leute das Ungewisse; sie planen, sehen ein, daß ihre Kräfte zu schwach sind, doch dafür gibt's Mittel; die verwenden sie, und auf geht's in den Kampf. Verbindung zum Wandfuß, damit sie flüchten können – wie einer, der in den Käfig eines Löwen steigt, um zu protzen; wird's ihm zu gefährlich, springt er heraus, schließt das Gitter. Er steht draußen, der Löwe drinnen, der „Kampf" ist vorbei.

Steilwandabfahrten – Erniedrigung vieler Eiswände für die einen, Wahnsinn für die anderen. Ich hingegen möchte sagen, daß dies, außer den Alleinbegehungen, noch reiner Alpinismus ist. Er ist nicht neu, denn schon 1935 wurde die Hochtenn-Nordwand und die Fuscherkarkopf-Nordwand mit Skiern durch Peter Schindemeister und Fritz Krugler abgefahren, die Zuckerhütl-Nordwand 1938, die Ruderhof-Flanke 1941, Schrankogel-Nordwand 1951, die Hohe-First-Nordwand 1952, die Hochferner-Nordwand 1964 durch Helmut Wagner und Ander Hörtnagel, die Tuckett-WNW-Wand 1965 durch Dieter Drescher (mit Kurzski). Ebenso wurden auch die Sonnblick-Nordrinne und die Hohe-Göll-Ostwand abgefahren.

Man sieht, es wurde schon lange steil abgefahren. Man darf diese Eiswände nicht unterschätzen, denn mit Skiern wurde auch dort abgefahren, wo andere nicht hinaufkommen. (...) Die N-Wand der Bionnassay (1969) und die Eiger-Westflanke (1970) wurden ebenfalls durch Saudan befahren. Die Grieserferner-Nordwand wurde viel abgeseilt, kann also nicht als Abfahrt gelten.

Für manche Abfahrt wurden die Fahrer schon am Gipfel vom Hubschrauber abgesetzt, was das Problem stark verringert. Ich persönlich halte dies für unfair, Saudan behauptet zwar, daß dadurch alles schwieriger wird, da man die Verhältnisse nicht kennt. Laien mögen dies glauben, ich nicht. Saudan hat viel Zeit, um die Verhältnisse zu erkunden, und so existiert dieses Problem nicht für ihn.

Ich steige fast jede Wand zuerst hoch, aber da kann ich die Verhältnisse auch nicht genau beurteilen; die Verhältnisse sind nach Sonnenaufgang wieder ganz andere.
Viele Steilwände liegen schon als Skiabfahrt hinter mir. Eine solche Abfahrt hat einen besonderen Reiz. Es ist beim Einfahren die Angst, während der Abfahrt der volle körperliche und geistige Einsatz, unten beim Einstieg der Blick nach oben, wo man die unglaubliche Wahrheit sieht, das Vollbrachte. Die Freude ist unbeschreiblich.
So erlebt man in ganz kurzer Zeit, was man bei großen Erstbegehungen inerhalb eines oder mehrerer Tage erlebt. Sicher ist dies die gefährlichste Form des Alpinismus, aber ebenso ein Gegenbeweis für jene, die glauben, nur mit Hilfsmitteln und Zeit am Berg fertigzuwerden.
(...) Nachdem, was vorher notwendig ist, fragt niemand, denn von hartem Training und guter moralischer Vorbereitung wollen wenige was wissen. Leicht ist kein Problem zu lösen, doch Probleme sollen Probleme sein. Auf diesem Standpunkt war ich immer, und ich bleibe dabei.

Heini Holzer

Die Eroberung der Leere

Mit einem Traum, der ohne reale Umsetzung bleibt, kann ein Grenzgänger auf Dauer nicht leben.
Reinhold Messner

Seit Heini Holzer als 18jähriger Bursch seine erste Skitour auf den Kuhleitensattel unweit seines Heimatdorfes unternommen hat, sind die Bretter unter seinen Füßen für ihn nicht mehr wegzudenken. Sein Abfahrtsglück hält sich zunächst jedoch in Grenzen. Für das Erlernen des Skischwungs, zumal im Neuschnee, braucht der Autodidakt seine Zeit. Auf den von Menschen wimmelnden Pisten will Holzer erst gar nicht recht probieren. Daß sich Skialpinismus aber nicht nur auf Skitouren beschränkt, erfährt Holzer spätestens, als er in einschlägigen Zeitungen von gewagten Steilwandfahrten erfährt:
„In ‚Alpinismus' las ich von der zweiten Firngleiter-Befahrung der Pallavicini-Rinne durch die Grazer Gerhard Winter und Franz Berghold. Ich wußte, daß sie von Gerhard Winter und Herbert Zakarias schon 1961 mit ‚Figl' (Firngleiter, Anm.d. Hrsg.) abgefahren worden war. Mich grauste es damals, als ich mit dem Gedanken hinunterblickte: Hier sind sie hinunter, mit so rutschigen Dingern an den Füßen! Für mich war es Wahnsinn. Ich las den Artikel von Berghold. Er schrieb gut, nicht übertrieben (...). Ich las auch von der ersten Skiabfahrt über die Wiesbachhorn-NW-Wand , in ‚Alpinismus', ‚Bergkamerad' und ‚Jugend am Berg'. Überall waren Bilder. Harte Burschen, dachte ich mir, dieser Kurt Lapuch und Manfred Oberegger. Von Sylvain Saudan las ich und seinen ersten Skiabfahrten (...), vom Marinelli-Couloir am Monte Rosa, das er nicht vollständig durchfahren hatte. Kurz später fuhren es dann Lapuch und Oberegger vollständig ab. Eine großartige Leistung! Viele Ski- und Eistouren lagen hinter mir, aber für so etwas hatte ich damals keine Lust."

Die Lust jedoch überkommt Holzer schon alsbald. Am 10. Oktober '69 ist er in der Ortlergruppe unterwegs. Allein steigt er durch die Nordwestrinne des Hohen Angelus. Wetter und Fernsicht sind ausgezeichnet. Die unschwierige Rinne ermöglicht es, sich in Gedanken zu verlieren. Und der Alleingänger ist während seines Aufstieges bei Saudan, Lapuch und Oberegger:
„Mir lief es kalt über den Rücken beim Gedanken, hier mit Ski abzufahren, obwohl die Wand nur 40° steil ist. Die Felsen am Rande, die gleitende Tiefe und die Spalten unten wirkten grausig."
Und doch zwingt sich Holzer den Gedanken weiterzuspinnen. Auch beim Abstieg über die NO-Wand des Hohen Angelus übt er sich ganz bewußt in der Vorstellung, hier und jetzt mit Skiern abzufahren. Hatte sich der Allround-Alpinist bei den Skitouren der abgelaufenen Wintersaison nicht schon tatsächlich in besonders steile Hänge hineingewagt?

„Ich gewöhnte mich moralisch an die Steilheit. Viel, sehr viel trainierte ich. Im geheimen hatte ich manche Abfahrt vor, darunter auch

die direkte Marmolata-N-Wand. Ich hörte ein Gespräch in einer Tischrunde; es wurde auch von der Marmolata-N-Wand gesprochen, von der Möglichkeit sie mit Skiern abzufahren. An mich dachte niemand. Für alle war ich nur ein Tourenfahrer und für solche Sachen untauglich.
Ich dachte zurück, nur einige Jahre; damals warf man mir vor – da ich nie auf Pisten fuhr – daß ich das Skifahren auf Touren nie lernen würde. Niemand weiß, daß über 200 Touren (bis 1970, Anm.d.Hsgb.) hinter mir liegen, denn kein Mensch sieht einen im winterlichen Hochgebirge. Aber so war es mir recht – niemand würde an mich denken."

Im Juni 1970 schließlich ist es soweit. Angetrieben von der drohenden Erstbefahrung der Marmolata-N-Wand durch Leo Breitenberger, wagt Holzer den entscheidenden Schritt. Mit Hermi Lottersberger und Siegfried Messner lädt sich der Unermüdliche zwei Freunde und Mitstreiter ein. Auch Hans Pescoller ist mit von der Partie, der ohne Ski die Wagemutigen die ersten Nordwand-Meter hinab sichert.

„Ich war nervös. (…) Wir schnallen die Skier und Siegfried seine Firngleiter an. (…) Am Ende des Seiles löste ich den Knoten, hielt es noch mit einer Hand fest und überlegte, soll ich oder soll ich nicht. Der Abgrund war nicht einladend. Das Blankeis allerdings griffig. Ich atmete ein, ließ das Seil aus, fuhr los. (…) Beim Umspringen griffen die Kanten zu wenig, so daß ich umsteigen mußte, was schwieriger, aber sicherer war. Nach der Querspalte wurde es ein Schwingen bis unten. Die Freude war groß."

Die Hemmschwelle ist überwunden, und die Berge erscheinen plötzlich in völlig neuem Licht. Mit einem Mal laden Wände, die als abgehakt galten, zur neuen (Ski-)Eroberung ein. Holzer wird von einer regelrechten Goldgräberstimmung erfaßt. Wie einstmals Piaz, Comici oder Cassin in den vielen unberührten Dolomitenwänden ein Kletter-Eldorado vorfanden, so sieht Holzer nun der Skierschließung ganz „neuer" Wände und Rinnen entgegen.
Doch noch ist er mit seiner Technik nicht soweit. Das hat die Abfahrt von der Marmolata klar gezeigt. Hatte er sich nicht sogar vorwerfen lassen müssen, nicht einmal richtig Ski fahren zu können? Einerlei. Die Zeit drängt: Die Eroberung der Leere, des Abgrunds, erscheint Heini wie eine neue alpinistische Alternative; die nicht wiederkehrende Chance, einen ganz neuen Weg zu beschreiten. Und die Euphorie nach vollbrachter Abfahrt, dieses lebensverstärkende Elixier, verlangt nach mehr.

Doch Holzer ist Alpinist genug, um nicht leichtsinnig zu riskieren.Die praktischen Schwierigkeiten und die Sicherheitsprobleme geben ihm zu denken:

In der Nordrinne der Punta Anna hat Holzer Glück im Unglück: seine neue Skibindung öffnet sich in voller Fahrt. Der Steilwandfahrer ist vorgewarnt.

Wahnsinn, wenn man am Gelingen zweifelt und doch fährt. Ich habe wohl Angst, weiß aber, daß ich durchhalte.

„So ging ich in viele Sportgeschäfte; fast überall wurde ich schlecht beraten. Die Verkäufer wußten, was Ski und Bindungen kosten, mehr nicht. Einer sagte mir sogar, solche Sachen fahre man nicht mit Skiern, und dazu sei ich sowieso zu schwach. Ich machte technische Versuche, montierte mir eigene Kanten auf die Skier.“

Die normalen Alpinski erweisen sich jedoch immer noch als die beste Variante. Schließlich macht er sich an die Gegenmaßnahmen für das größte anzunehmende Mißgeschick, welches bei einer Wandabfahrt passieren kann: den Sturz.

Auf den Ifingerwiesen findet er ein ideales Testgelände: einen Hang ohne Steine und Unebenheiten mit einer Neigung von 45 Grad, einer Länge von 150 Metern und einem ebenen Auslauf. Hier absolviert er bei hartem Schnee sein Sturztraining.

„Ich habe mich auf die Seite gelegt und in den Hang 50 Meter hineinrutschen lassen. Mit zunehmender Geschwindigkeit habe ich krampfhaft versucht, nur mit dem Kopf oben zu bleiben. Als ich dann nach 50 Metern an meinem mit Zweigen abgesteckten Stoppschild vorbeirauschte, bemühte ich mich, auf die Skier zu kommen. Ich bin elfmal heruntergerauscht. Das erstemal bin ich runtergeflogen.“

Heinis unermüdliches Training macht sich bezahlt. Wenig später, bei seiner dritten Steilwandfahrt in der Nordrinne der Cima Tosa gemeinsam mit Ander Tscholl. Die ersten Fahrtmeter absolvieren die beiden auf hartem Firn und vereinzelten Blankeisstellen. Die ersten Umsprünge. Plötzlich verliert Heini das Gleichgewicht. Er stürzt: Meter für Meter rutscht er dem Eisabbruch in der Mitte der Rinne entgegen. Nach rund 25 Metern verbissenen Entgegenstemmens hat er die Lage unter Kontrolle.

„Ach ja, die Tosa-Rinne – war eine wilde Sache in der 900 Meter hohen und 40 bis 50° geneigten Nordrinne. Der Sturz hatte zunächst übel ausgesehen. Geschwindigkeit, die immer größer wurde, und Abgrund, der immer bedrohlicher auf mich zukam, waren meine Feinde. Ein Glück, daß mich keine Panik erfaßt hatte. Langsam drückte ich den Oberkörper vom vorbeirasenden Hang weg nach außen, zog den Bergski hoch, verlagerte das Körpergewicht vorsichtig auf beide Ski, die fürchterlich flatterten und scharrten und kratzten, aber das Tempo verringerte sich, bald war die Situation gerettet.“

Einen der ganz wenigen Stürze erlebt Holzer auch in der Nordflanke der Payerspitze in der Ortlergruppe. Auf letzterer stürzt er an einer Stelle mit 50 Grad Neigung:

„Die Skier sind mir mit den Kanten ausgebrochen. In einer Reaktion von Sekundenbruchteilen habe ich mich auf die Skier gestellt. (...) Da muß man eben schneller sein als die Schockeinwirkung. Sie kommt erst nachher, aber dann ist alles vorbei.“

Doch der Umstand, daß es überhaupt zu einem Sturz hat kommen können, gibt Heini Holzer zu denken:

„Glücklicher Zufall?", fragt sich der Unerschrockene selbst: *„Glaub' ich nicht. Höchstes Reaktionvermögen ist zu guter Letzt ein Produkt gewissenhaften und harten Trainings. Freilich, in der Nordwestwand des Monte Pasquale hätte das nicht passieren dürfen. Schon beim Aufstieg drangen die Frontalzacken der Steigeisen nur wenige Millimeter ins Eis, die Gipfelwand war vollkommen blank. Aber zu lange darf man sich solchen Gedanken nicht hingeben, sonst ist das Selbstvertrauen dahin."*

Doch das Selbstvertrauen wächst mit jeder Steilwandfahrt. Holzers Eroberungszug scheint selbst der Sturz nichts anhaben zu können. Noch nicht. Gefährliche Situationen, in welche sich Holzer durch Eigenverschulden hineinmanövriert, bleiben die absolute Ausnahme. So geschehen in der Presanella-Nordwand:
„Auf der Normalroute hatte ich den Gipfel erreicht. Eine schöne Skitour war das. Aber die Nordwand-Abfahrt war weniger schön: Blankeis mit dünner Schneeauflage. Ein grausiger Tanz auf Eiern. Ein Stück weiter unten war Firnschnee mit einer Eiskruste, auf der die Ski zu wenig Halt hatten. Nach hundertfünfzig Metern verlor ich einen Skistock – eine üble Sache, denn ich konnte nicht mehr anhalten, mußte weiter. Dann folgte Lawinenschnee, der sehr schwierig zu befahren war, ganz unten schließlich Blankeis, das mir den Rest gab. Alles war an diesem Tag gegen mich, aber die Freude trotz allem das Abenteuer überstanden zu haben, war grenzenlos."

Das unkontrollierbare Restrisiko liegt für den Steilwandfahrer bei *„fünf Prozent"*.
Wie süchtig balanciert Holzer an der Grenze zwischen größter Lebensintensität und sprichwörtlichem Absturz.

Ich vergleiche Steilabfahrten mit dem extremen Wildwasserfahren auf Gebirgsflussen. Da gibt es kein Aufgeben, nur ein Durchkommen, sonst ist es aus mit dir.

Der Schmetterling

Die Brenva-Flanke und der Gipfel des Montblanc liegen bereits hinter mir, eine Bergfahrt, bei der mancher erst am Abend den Gipfel erreicht. Es ist erst 8.30 Uhr. Nun muß ich warten, bis es wärmer wird. Ich fühle keine Müdigkeit, bin aber unruhig. Mich graut vor dem Gedanken, da hinunterzufahren. Viel Blankeis und einsturzbereite Séracs sind in der Wand. Ich habe Angst: Niemand zwingt mich. Warum tue ich es trotzdem?

Ist es ein unbewußter Protest, da mit Skiern abzufahren? Ist es die Eleganz der Abfahrtsroute, die mich dazu reizt? Warum suche ich gerade solche Eiswände zur Abfahrt aus, nicht leichtere?

Vielleicht suche ich einen Ausgleich, da ich aus beruflichen Gründen Expeditionsangebote ablehnen muß? Warum frage ich mich hier und jetzt nach dem Warum? Ich finde keine Antwort!

Auf einmal … ja da kommt was durch die Luft! Vielleicht ein Laub oder ein Stück Papier, das die Aufwinde herauftragen. Nein. Es flattert, ja es ist … es ist ein Schmetterling. Er kommt näher und setzt sich auf meinen Rucksack. Ich freue mich, als würde mich ein Freund besuchen und mir Mut zusprechen.

Ein Schmetterling. Er zuckt mit den Flügeln, rollt den Rüssel auf, tastet, rollt ihn wieder zusammen, flattert auf, setzt sich auf meine blauen Gamaschen.

Ich habe Angst um den Schmetterling. Was treibt ihn bis auf fast 5000 Meter herauf? Warum bleibt er nicht im Tal, wo es warm ist, wo er mehr findet als hier? Seine Fühler zucken, er dreht sich um. Seine großen Augen schauen mich an, als wollte er fragen: Und du?

Wieder dreht er sich, fliegt auf und hinaus. Ich sehe ihm nach, bis ich ihn nicht mehr erkennen kann. Ich bin allein!

Heini Holzer

Tollkopf oder Tatmensch?

Holzers Abfahrten sorgen schon bald für internationale Aufmerksamkeit. „Tollkopf oder Tatmensch?“ lautet eine der vielen Fragen, welche man sich in Alpinkreisen zu stellen beginnt (Der Bergsteiger). „Wer ist dieser Mann? Ein Mensch besessen von seiner Leidenschaft und ausweglos in ihr verstrickt? Weder Heißsporn noch Hasardspieler. Seiner Mittel und Möglichkeiten wohl bewußt. Sich seiner selbst sicher. Ein Don Quichote auf Skiern? Weder Gernegroß noch Großmaul. Weder Draufgänger noch Desperado. Eher bescheiden, zurückhaltend, besonnen abwägend und abwartend. Mehr Eremit und Alleingänger. Vielleicht mehr Abenteurer mit eingebauten Kautelen.“ (Der Bergsteiger)
Der Steilwandfahrer als Phänomen und alpinistisches Kuriosum. Den Einordnungsversuchen jedoch ist Holzer drauf und dran davonzufahren. Seinen Plänen steht nur mehr ein Hindernis im Wege: die Angst.

Wie gut, daß nie ein
Psychoanalytiker es vermögen
wird, uns vom Affekt der Angst zu
„heilen“. Wir Künstler des Lebens
hegen die Furcht in unserem
Inneren als unsere geliebte, unentbehrliche Feindin, mit der wir stets
von neuem ringen wollen
um sie lustvoll zu überwinden.
Eugen Guido Lammer

Die Angst vor dem Abgrund, der der Steilwandfahrer wie haltlos ausgeliefert ist, unterscheidet sich jedoch wesentlich von der Angst des Kletterers. Die Überwindung, sich auf Skiern buchstäblich in die Tiefe zu stürzen, verlangt Heinis ganze psychische Kraft – für die angepeilte Skieroberung der Alpenwände, zuviel Kraft. Und obschon die freimütig eingestandenen Angstzustände beim Einfahren in Steilwände für Holzer auch einen lustbetonten Beigeschmack haben, bedürfen sie der Kontrollierbarkeit. Holzer sinnt auf Abhilfe, auf ein Hilfsmittel der anderen Art.

Hinter vorgehaltener Hand greift man im Kreise der Extremalpinisten und Expeditionsbergsteiger bei Höchstleistungen schon seit längerem nach pharmazeutischen „Hilfen“ – nicht erst seit den 70er Jahren, wie Peter Baumgartner in einer Doping-Reportage in „Alpinismus“ klarstellt. Selbst Holzers großes Vorbild, Hermann Buhl, machte am Nanga Parbat von Aufputschmitteln Gebrauch. Von Doping am Berg jedoch spricht niemand: Die sprichwörtlich übermenschlichen Leistungen überstrahlen alles.

Das Fahren in den Steilwänden ist mir zum Genuß geworden. Aber anfangs hatte ich riesige Angst.

Holzer aber erklimmt keine 8000er und bedarf keiner Aufputschmittel. Im Gegensatz zum Problem der Höhenbergsteiger – nämlich aus einem ausgelaugten Körper ein Noch-Mehr an Leistung herauszuholen – stellt sich für den Steilwandfahrer das Problem gegenteilig dar. Für ihn gilt es Angst- und Spannungszustände zu unterdrücken, Ruhe zu finden. Holzer zögert nicht, seiner Angst und Unruhe mit Pharmazeutika entgegenzuwirken – und nimmt leichte Antidepressiva zu Hilfe. Zu groß ist der Wunsch des Tatmenschen, in den Wänden seine Spur zu sehen.
Einem Freund und Seilgefährten gesteht er Jahre später, „Pillen, gegen die Angst“ genommen zu haben, jedoch nur für den kurzen Zeitrahmen der ersten Steilwandfahrten. Tatsächlich wird sich Holzer

Nur durch körperliches und autogenes Training erreicht man diese Ruhe. Am Anfang war das Wegfahren ein harter, unnötiger, innerlicher Kampf. Heute, wenn ich weiß, es geht, dann ist für mich alles klar. Bin ich unsicher, verzichte ich, bevor ich die Skier an den Füßen habe.

ab 1972 einer natürlichen Abhilfe seiner Überwindungsängste besinnen: des autogenen Trainings. Als konzentrative Selbstentspannung entspricht diese Hilfe dem Selbstverständnis des Extremalpinisten ungleich mehr. Schwierige Situationen will er ausschließlich aus eigener Kraft meistern.
Immerhin zeugt die kurzzeitige Inanspruchnahme pharmazeutischer Mittel von der Entschlossenheit und vom überaus starken Ehrgeiz Holzers, der Steilwandfahrt seinen Stempel aufzudrücken.

Als er mit den Steilwandfahrten beginnt, sind seine technischen Vorarbeiten längst abgeschlossen. Von der Bremsvorrichtung aus Steigeisen an den Beinen oder den kufigen Skikanten für glatteisige Hänge hat sich jedoch nichts bewährt. Lediglich der selbstkonstruierte Neigungsmesser ist Heini von großem Nutzen. Mit ihm läßt sich das neuentdeckte Traumland neu vermessen und abklären, wie steil die Wände wirklich sind.
Sammelwütig reiht Heini Holzer eine Steilwandfahrt an die andere. Er ist in Eile, denn die neue alpinistische Randdisziplin kommt dank der eigenen und Saudans Unternehmungen allmählich in Mode.

Mit seinem „Gamsl", dem Fiat 500, und den Skiern am Dach, wird Holzer vielerorts schnell erkannt.

Im Juni '71 wird bereits die sechste Befahrung der Nordflanke des Montblanc gezählt: Unter Saudans Führerschaft verzeichnet man mit Thérèse Dupont die erste Damenabfahrt. Zwar zählt Heini Holzer die Nordflanke zu den leichten Steilabfahrten, doch ist ihre mehrfache Befahrung bezeichnend für eine lebendiger werdende Steilwandfahrer-Szene.
Neue Extremskifahrer machen von sich reden.
Alain Charbonnier aus Grenoble befährt kurz darauf das 900 Meter hohe Nordcouloir an der Grand Aiguille de la Bérarde (Dauphiné), eine Steilrinne mit bis zu 50° Neigung. Im selben Sommer wird die 400 Meter hohe Tour-Ronde-Nordwand (Montblanc-Gruppe) von dem französischen Führeraspiranten Patrick Vallencant aus Chambéry erstmals mit Ski befahren; eine Nordwand, die bezüglich ihrer Schwierigkeit mit einem kleinen Teilstück von bis zu 60° mit der Wiesbachhorn-Nordwestwand vergleichbar ist.

Es liegt eine tiefe Tragik darin, wenn man zu einem vollen Empfinden von Lebendigkeit ein so brachiales Mittel wie die aktuelle Todesnähe braucht.
Ulrich Aufmuth

Um mögliche andere Steilwandfahrer nicht auf den Plan zu rufen, trachtet Holzer bei der Durchführung seiner Unternehmungen ungestört, ja unerkannt zu bleiben.
So versteckt er bei Hüttenübernachtungen seine Ski beinahe regelmäßig weitab vor neugierigen Blicken. Und sieht sich der skitragende Holzer im Hochsommer dennoch einmal mit Fragen zur jahreszeitlich unpassenden Last konfrontiert, so geht er offiziell ein bißchen *„probieren"* oder die *„Ski für den Winter deponieren"*. Nur keine Aufmerksamkeit erregen, ist die Devise. Wie bei der Befahrung der sogenannten „Himmelsleiter", des Bianco-Grats. Als Holzer nach erfolgreicher Abfahrt wieder die Tschierva-Hütte betritt, muß er sich

Abfahrt in der Nordrinne der Punta Anna.
„Wer erlebte meine Angst vor der Abfahrt? Wer die wirkliche Freude nach der Abfahrt"? (Holzer).

vom Wirt Geheimniskrämerei vorwerfen lassen. Beinahe nebensächlich schon sind da das elektrische Summen während des Wettersturzes beim Aufstieg, das Elmsfeuer an Heinis Stahlkanten oder die abgegangene Lawine am Bianco-Grat.

Unerkannt zu bleiben, wird für den Steilwandfahrer jedoch einigermaßen schwierig. Der kleine Mann mit seinem Fiat 500 und den Skiern auf dem Dach lacht bald aus jeder Alpinzeitschrift. In manchen Ortschaften ist Holzer mit seinem „Gamsl" bereits bekannt. Ist die Motorhaube am Heck zur Kühlung noch mit einem Eispickel aufgespannt, dann sind die Zeichen untrüglich: „Das muß der Holzer sein!" (Martin Fliri Dane)

Als Tatmensch bleibt Holzer flexibel. Läßt sich ein Projekt nicht realisieren, folgt die Improvisation auf den Fuß. Als er in Chamonix Ende Juni '73 zufällig von den Vorbereitungen für die Erstbefahrung der

In den Walliser Alpen. „Man wird sich fragen: Warum? Wieso? Ich habe Freude an der Gefahr. Doch man muß wissen, wo die Grenzen verlaufen. Sie zu kennen, ist etwas Schönes, denn man erkennt sich selbst“ (Holzer).

Montblanc-Ostwand, des Brenvasporns, erfährt, verzichtet er kurzfristig auf die geplante Nordflanke. Schon Stunden später ist er auf der Ghiglioni-Biwakschachtel, die eindrucksvolle Flanke vor sich: ein Hängegletscher mit einer Neigung von bis zu 50 Grad, über 1000 Meter hoch, gespickt mit Eisabbrüchen. Die hintere Westseite des Montblanc hatte erst zwei Wochen zuvor Sylvain Saudan abgefahren. Tags darauf, nach nur 4 Stunden Aufstieg – in Führern liest Holzer von 8 bis 10 Stunden – steht der Unermüdliche vor seinem bislang größten Abenteuer. Es dauert eine gute Dreiviertelstunde. Für Heini eine Ewigkeit, hatte er doch im „Gußfeldt“-Hängegletscher eine halbe Stunde auf das Aufweiches des Firns warten müssen:
„Es war meine größte Abfahrt“, läßt Holzer an diesem 30. Juni 1973 in Courmayeur wissen. Ein eigens für ihn arrangierter Empfang im Rathaus und entsprechende Meldungen der Presseagenturen tragen seine Unternehmung in die Redaktionsstuben der Welt. Die Ski werden Holzer noch vor Ort abgebettelt und kommen als skialpinistisches Exponat in die Ausstellungsräume des lokalen Alpinmuseums.

Die Abfahrt hat Heini alles abverlangt. Und obwohl er mit dem autogenen Training über ein wertvolles Hilfsinstrument verfügt, bleibt die psychische Kraftanstrengung für das Überleben an der Grenze zum Tod enorm: *„Die letzten beiden Abfahrten (Biancograt und Brenvasporn, Anm. d. Hrsg.) haben soviel Nerven gekostet, daß ich jetzt eine längere Ruhepause brauche“*, läßt er beim Rathausempfang wissen. Zwar emotional ausgezehrt, erfährt Heini Holzer aber einmal mehr einen unbeschreiblichen Glückszustand. Erneut hat er erfolgreich der Lebensgefahr getrotzt. Der Triumph erfüllt ihn mit tiefster Dankbarkeit.

Waren wir früher vielfältigen ‚inneren‘ Toden macht- und hilflos ausgeliefert, können wir uns angesichts der äußeren Vernichtungsbedrohungen der schweren Berge als todes-überlegen empfinden. Die Akrobatik der äußeren Todesbeherrschung schenkt uns einen Ausgleich gegen die tiefe Todes-Hilflosigkeit, die von früh an in uns steckt und die noch nicht verschwunden ist.“
Ulrich Aufmuth

Doch die Dankbarkeit, letztlich am Leben zu sein, ist nicht von Dauer. Bereits eine gute Woche später steht Heini Holzer in der Nordrinne des Monte Stella in den Seealpen. Für die angekündigte *„längere Ruhepause“* ist keine Zeit: Das kostbare Lebensgefühl, will, ja muß aufgefrischt werden. Das Steilwandfahren ist Heini zur Sucht geworden.

Kritik, sich mit seinen Aktionen zu sehr der Gefahr auszusetzen, prallen an dem Steilwandfahrer aus verständlichen Gründen ab. Gegen Gefahren aber fühlt er sich gewappnet:
„Ebenso schreibt man uns Leichtsinn zu, da wir etwas machen, was andere nicht machen könnten. Nach unserem Training fragt niemand. Heute, nach all meinen Erfahrungen, kann ich sagen, daß die meisten Menschen die Gefahr von der Schwierigkeit nicht unterscheiden können. Deshalb riskieren sie mehr als ein Steilwandfahrer! Steilheit und Schwierigkeit ist noch lange keine Gefahr. Gefahr ist für mich, wenn man Steilheit und Schwierigkeit nicht mit der eigenen Leistungsgrenze beherrscht, wenn man objektive Gefahren falsch einschätzt.“

Mein Training*

Holzers Konditionstraining nach Feierabend: u. a. wöchentlich 80 bis 120 km laufen

Bei mir hört der Bergsommer kaum auf und ebenso das Training. Normal gehe ich im Winter auf Skitouren, jeden freien halben Tag, jeden Samstag und Sonntag, so daß ich auf 30-70 Skihochtouren komme. Im letzten Winter waren es bis April 62 vollständige Skitouren (1974, Anm. d. Hrsg.).
Dann kommt die Zeit der Steilwandabfahrten, wo ich zum Gipfel steige – meistens durch die Wand – und dann abfahre; dies sind zwischen 10 und 20 Steilwandabfahrten. Ist diese Zeit um, so geht es zum Klettern, wo ich im Schnitt zwischen 20 und 50 Klettertouren zwischen dem III. und VI. Grad mache. Inzwischen mache ich im Winter zwischen 1 und 10 schwierige Winterbegehungen, im Sommer oft noch Normaltouren. Das ist meine Aktivität.
Das Training ist aber fast noch schwieriger. Ich trainiere im Jahr 8-9 Monate, jede Woche 2-4mal. Mein Konditionstraining ist ein 10-60 km langer Streckenlauf ohne Steigungen. Ich laufe dabei abwechselnd zuerst locker etwa 5 Minuten, dann einen Sprint von 50 m, dann wieder locker usw. Der Pulsschlag ist dabei zu beachten, er darf nie unter 120 und nie über 150 in der Minute sein. Nachher 5 Minuten allgemeine Gymnastik. Dann habe ich Teststrecken: Mutspitze, 1500 Höhenmeter hinauf und hinunter (im Schnitt 2 Stunden hin und zurück), Ortler (zweimal) von Sulden aus, hin und zurück 4 1/2 Stunden. Von Ende November bis Ende Februar setze ich mit dem Training aus und beginne im März wieder – am Anfang langsam, dann steigernd. Freizeit bleibt mir also wenig.
Nebenbei mache ich seit 1 1/2 Jahren (also seit 1972, Anm. d. Hrsg.) auch autogenes Training, täglich ein- bis dreimal etwa 5 Minuten. Das ist sehr gut, denn oft kommt es am Berg auch auf die Nerven an, die man nicht verlieren soll.
Doch mache ich das Training nicht nur wegen des Bergsteigens, sondern aus gesundheitlichen Gründen, denn ich bin Kaminkehrer von Beruf, und da sind nach der Arbeit Luft und Bewegung wichtig!"

Heini Holzer

* Antwort auf die Frage der Zeitschrift „Der Bergsteiger": „Wie trainieren bekannte Alpinisten?"

Kleiner großer Mann

Von Toni Valeruz

Pian di Campitello. Ich sitze vor meinem Fenster, schaue aufs Fassatal. Man schreibt den ersten Mai-Monat in einem neuen Jahrtausend. Wie dieses, gibt sich auch das Wetter bedeckt. Die Bergwelt ist verhüllt, und auf den Höhen schneit es. Ich muß mit meinen Unternehmungen noch warten. So laß auch ich mich mit den Flocken einstweilen treiben, und meine Gedanken gehen drei Jahrzehnte zurück, in die Geschichte des Extremskifahrens.

Damals machte Heini Holzer von sich reden, als Bergsteiger zunächst, dann aber auch als Steilwandfahrer. In jener Zeit erfuhr der Alpinismus in den Dolomiten eine Veränderung: Man versuchte zu klettern wie in ursprünglichen Zeiten, frei und ohne technische Hilfsmittel. Hauptsächlich Reinhold Messner machte sich dabei einen Namen, aber nicht nur.

Auch Heini Holzer versuchte sich am neuen alten Stil. Heini war ein Gefährte und Freund Reinholds, und oft kletterten sie gemeinsam, wobei ich nicht zu beurteilen vermag, wer besser war. Was ich weiß, ist, daß Heini äußerst mutig war, vielleicht ein wenig verwegen sogar. Ich weiß von einigen Aufstiegen in den Dolomiten in vollkommener Freikletterei und im Alleingang. Heini war zu jener Zeit, der Renaissance des Freikletterns, sicherlich einer der Stärksten.

Im Jahr 1968 hörte ich von Sylvain Saudan sprechen, einem Extremskifahrer aus dem schweizerischen Martigny. Seine Abfahrten erregten in europäischen Alpinkreisen großes Interesse, da er mit Skiern Rinnen und Wände abfuhr, welche im Aufstieg nur guten Bergsteigern vorbehalten waren. In dieser Zeit entstand das wahre Steilwandfahren. Sicher – auch die Steilwandfahrt hatte ihre Wegbereiter, man denke nur an den jungen k.u.k.-Offizier Richard Löschner, der im Jahr 1910 vom Gipfel der Marmolata abfuhr. Doch es blieben vereinzelte Aktionen, unerwähnt wie andere Abfahrten, die danach folgen sollten.

Es muß wohl auch das Jahr 1968 gewesen sein, in welchem in Heini der Wunsch entstand, sich aufs Steilwandfahren einzulassen. Ihm fehlte es hier in den östlichen Alpen jedoch an Vergleichsmöglichkeiten. Sein Glück – wenn man das so sagen kann – war, daß er ein herausragender Alpinist war. Das ist für einen Steilwandfahrer unentbehrlich. Und Heini schaffte eine Serie eindrucksvoller Erstabfahrten, alleine.

Persönlich bin ich Heini lediglich bei zwei Gelegenheiten begegnet. Einmal nahm ich an einem seiner Vorträge in Bozen teil. Es war zu jener Zeit als ich meine ersten Erfahrungen sammelte. Ich war in Begleitung von Almo Giambisi, einem Freund Heinis. Ich gestehe, daß ich den Abend mit einer gewissen Distanz verbrachte. Ich konnte nämlich nicht verstehen, wieso Heini seine wettkämpferische Art bergzusteigen so nachdrücklich unter die Leute bringen mußte, ja seine Sicht dem anwesenden Publikum fast aufdrängte. Für ihn mußte alles ein Wettlauf sein, vor allem der Aufstieg. Damals sprach niemand von athletisch-sportlichem Alpinismus. Die Bergsteiger waren noch an alte Schemas gebunden und hingen noch eher an einer Philosophie als an Muskeln. Heini war da wohl ein Vorreiter, seiner Zeit voraus. Die Berge so anzugehen wie er, hat sich unter den Besten zu einer gängigen Praxis entwickelt. Auch in großen Höhen.

Als Heini seine ersten Steilwand-Erfahrungen machte, fand er die meisten Wände in jungfräulichem Zustand vor: Niemand vor ihm hatte sie abgefahren. Heini reifte an diesen Wänden. Er verfeinerte seine Technik, zu Beginn an Wänden mit etwas geringerer Steilheit, um schließlich immer schwierigere anzugehen. Zu jener Zeit hatte es fast den Anschein, als würde durch das Steilwandfahren die alpinistische Geschichte der jeweiligen Wand ausgelöscht, als würde die Steilwandfahrerei eine ganze Disziplin in Frage stellen wollen. Es hat Jahre gebraucht, bis das Steilwandfahren als eine eigenständige Angelegenheit angesehen wurde, sich als alpinistische Randdisziplin positionieren konnte.

Welche Ausrüstung hatte Heini für seine Abfahrten? Was Ski, Schuhe und Bindung anbelangt, hat sich bis zum heutigen Tage nicht außerordentlich viel geändert – außer dem Gewicht! Die Markerbindung war skialpinistisch gesehen eine ziemlich sichere Bindung, und auch die Schuhe waren bereits reine Skitourenschuhe.

Dennoch frage ich mich, wie gut und mutig Heini wohl gewesen sein muß, um mit dieser Ausrüstung solche Hangneigungen anzugehen, wie er sie hinter sich gebracht hat.

Ich weiß nicht, ob es diese Angst vor der Leere, dem Nichts bei den Menschen noch gibt oder ob diese Angst ganz subjektiv betrachtet werden muß. Sicher weiß ich nur, daß Heini keine Angst vor dieser Leere hatte, denn sie kann nur in uns selbst bestehen. Man kann sie verdrängen – bis zur physischen Grenze, nur nicht darüber hinaus. Heini hat aus einem Grund, den ich nicht wissen will, jene Schwelle überschritten.

Toni Valeruz, Jahrgang 1951, ist Skilehrer und Bergführer im Fassatal. Er gilt mit 60 Steilabfahrten als derzeit erfolgreichster Steilwandfahrer. Seine Unternehmungen geht er meist mit Unterstützung eines Helikopters an.

Einsam im Gewirr
Die Trafoier Eiswand

Allein verlasse ich mein Auto am Ufer des Trafoier Baches. Nur sein Rauschen unterbricht die Stille. Auf der Holzbrücke, die zu den Heiligen Drei Brunnen führt, bleibe ich stehen und schaue in sein Wasser. Die Wellen schwingen dahin, als würden sie zu ihrer eigenen Musik tanzen. Jeder Tropfen kommt von einer anderen Richtung.
Wie lange hat etwa der gebraucht, der von der Trafoier Eiswand herunter kam? Der vielleicht viele Jahre im Eis erstarrt da oben wartete, bis ihn die Sonne als Tropfen freigab? Lange könnte ich noch schauen und träumen, doch ich muß weiter. Vorbei geht's am Kirchlein und höher, immer höher tragen mich meine Beine. Die Musik des Baches wird immer leiser, dafür das Rauschen der Bäume lauter. Bald stehe ich über der Waldgrenze und lasse auch die Berglhütte zurück, in der alles noch schläft, quere hinüber zum unteren Ortlerferner.
Schmutzig und schwarz ist das Eis, es geht erst nach oben hin in sauberen Schnee über. Zwischen Spalten und Brüchen suche ich meinen Weg. Einsam komme ich mir vor in diesem Gewirr, und doch ist es nicht anders als in der Stadt, im Alltag. Dort steht und geht man zwischen vielen Menschen, und doch ist man allein, ein Nichts, ein Niemand.
Hier ist man, was man ist – ein Mensch, der sich selbst führen muß, sich selbst überwinden, hindurch zwischen Spalten, über trügerische Schneebrücken, hinauf, weiter…
Immer näher komme ich dem Pellicciolo-Biwak, mit den Gedanken versunken zwischen Leben und Berg. Ich spreche mit mir, mit anderen, mit niemandem. Auf einmal werde ich aus meinen Träumen gerissen. Vor mir steht wuchtig die Trafoier Eiswand. Fast senkrecht wirkt ihre Nordwand, mein Ziel. Sie möchte ich durchsteigen zum Gipfel und dann mit Skiern abfahren. Mein Auftrieb sinkt. Mit Skiern da herunter? Es kribbelt in mir, als wären Ameisen unter meiner Bauchhaut. Schließlich bin ich ganz alleine, kein Mensch kann mir helfen.
Schon stehe ich am Einstieg. Die Skier und Stöcke sind auf dem Rucksack, und ich stoße meine Zwölfzacker in den Firn. Zügig klettere ich die Wand höher, mein Auftrieb nimmt zu. Langsam komme ich dem Gipfel näher, nur noch wenige Meter, eine Felsstufe – und ich stoße den Eishammer in den Gipfelschnee. Ich bin glücklich über diesen Aufstieg, gespannt auf die Abfahrt. Die Verhältnisse sind gut, die Steilheit groß. Ich bin zwar vertraut mit diesem Gelände, denn viele Steilabfahrten liegen hinter mir – in dieser

Die Trafoier Eiswand. *„Ich bin reich, bin glücklich, ich bin ... es gibt keine Worte dafür."* (Holzer)

Woche wird es die vierte – doch möchte ich sie nicht unterschätzen, denn schließlich kostet der kleinste Fehler das Leben, und dieser Preis ist zu hoch.

Drüben am Ortler steigen zahlreiche Seilschaften zum Gipfel. Die Freude vieler kann ich fühlen. Zum Stilfser Joch und von dort herab huschen lauter bunte Mäuschen – ein herrliches Spielzeug diese Welt mit ihren Menschen. Mancher Hochmütige würde bescheiden werden, wenn er dieses Theater der Menschen richtig durchschauen könnte.

An einem Haken gesichert, fahre ich los, vorsichtig ein Stück über den Grat, mit einem Sprung in die Wand. Ein, zwei, drei kurze Sprungbögen, auf einmal beim vierten ein Ruck – und schon rutscht der aufgeweichte Firn unter den Skiern weg. Mit dem Oberkörper balanciere ich das Gleichgewicht und lasse mich seitlings mit abrutschen, bis die Zwanzig-Meter-Sicherung aus ist. Schon schlagen riesige Schneewolken unten über die Randspalte. Ich sichere mich ein zweites Mal und springe einige Bögen die nächsten 20 Meter tiefer. Der Schnee hält, ich ziehe die Reepschnur aus und stehe ganz auf mich gestellt, ohne Sicherung über dem Abgrund. Bevor ich ins Zögern komme, stoße ich mich ab, fahre hin, umsteigen, dann wieder her und so fort, immer tiefer. Den Oberkörper halte ich weit nach außen, den Bergski auf Kniehöhe des Talskis, so steil ist's hier. Der Schnee wird griffiger, und so springe ich Schwung für Schwung tiefer. Bestimmt ist es nicht leicht, denn die Neigung liegt nie unter 50 Grad, doch Kondition und Körperbeherrschung machen das Unglaubliche zum Genuß. Mit doppeltem Stockeinsatz überspringe ich die Randspalte und gleite weiter über den Zirkus-

Ferner hinüber zur Biwakschachtel. Nach kurzem seitlichem Aufstieg stehe ich in der Scharte unterhalb der Schachtel.
Ein Blick zurück: Ein unglaubliches Bild steht vor mir. Diese herrliche Wand, in ihr meine Spuren, die der Wand nichts an Würde nehmen, im Gegenteil: Sie wirkt noch gewaltiger, darüber der blaue Himmel.
Ich bin reich, bin glücklich, ich bin ... es gibt keine Worte dafür. Mit dem Arm wische ich mir den Schweiß von der Stirn. Vor mir liegt noch die Abfahrt über den unteren Ortlerferner. Schon beim Aufstieg hatte ich Angst davor, doch jetzt ist die Freude zu groß. Ich fahre weiter, schwinge, springe Bogen für Bogen tiefer. Steile Hänge, Blankeisstellen, Spalten zum Überspringen, andere zum Umfahren, Schnee- und Eisbrücken, zwischen Spalten, Eis- und Steinklötzen hindurch, und schon schwinge ich am untersten Ende des Gletschers ab. Nur wenige Minuten brauchte ich für diese 700 Höhenmeter. Sie haben an Abwechslung nichts fehlen lassen. Gleich schlüpfe ich in die Turnschuhe, schnalle die Skischuhe auf den Rucksack, schultere ihn samt den Skiern und laufe, springe talwärts, vorbei an der Berglhütte, hinunter durch den Bergwald zwischen Alpenrosen und vielen anderen Blumen durch, am Kirchlein vorbei, zwischen Menschen hindurch, die mir verständnislos nachsehen. Auf der Brücke bleibe ich wieder stehen und schaue ins Wasser. Die Wellen schwingen dahin, als würden sie erst jetzt wieder weiter tanzen, doch es ist nicht dasselbe Wasser; es kommt wieder neu, es hört nicht auf, fängt nicht an zu fließen – und wenn es aufhört, so erlebt dies kein Mensch. So wie mein Erlebtes kein Mensch erlebt und keiner erleben wird.
Es ist vorbei! Heini Holzer

Meine schwierigste Steilabfahrt
Die SW-Wand des Kleinen Ifinger

Gedankenverloren ziehe ich die Turnschuhe aus, ziehe die Skischuhe an, befestige die Skier auf dem Rucksack, schultere ihn und richte mich auf. Fast unsicher komme ich mir mit den schweren Schuhen auf dem Geröll vor. Ich schaue die SW-Wand des Kleinen Ifinger hinauf, die sich 500 Meter über mir aufbäumt. Nur die ersten 150 Meter ist Schnee zu sehen, darüber nur Fels, fast senkrechter Granit.

Habe ich mich wohl nicht verschaut? Nur mit Unsicherheit konnte ich mich überzeugen, daß die Schneeverbindung bis zum Gipfel reicht, doch bald habe ich meine Sicherheit; die Skiabfahrt ist möglich. Keine Wand kenne ich so gut wie diese, keine habe ich so studiert wie sie. Wie oft bin ich nach Labers gefahren, habe sie mir angeschaut. Oft kam ich dann nach Hause mit der Überzeugung – „Sie geht nicht!“, dann wieder: „Sie geht doch!“. Drei Jahre ist sie meine Sehnsucht – drei Jahre immer wieder, „sie geht“, „sie geht nicht“ zu fahren. Vor drei Tagen schneite es stark, dann Schönwettertage, kalte Nächte. Gestern fuhr ich wieder nach Labers; jetzt sah ich: Sie geht zu fahren, wenn es kalt wird.

Es wurde kalt. Morgen ist sie schon nicht mehr möglich, vielleicht für viele Jahre nicht mehr. Auch gestern wäre sie nicht gegangen, denn der Schnee hätte zu wenig gebunden, und morgen ist er an entscheidenden Stellen schon weg.

Solche Wände sind nicht einfach zu fahren, da muß wirklich alles zusammenspielen, sogar die Stunde. Dies alles kommt in Eiswänden und Couloirs nicht vor; da geht es mindestens im Spielraum von einer Woche, in dem die idealen Verhältnisse anzutreffen sind; hier kann es oft zehn Jahre nicht gehen. Mein Auftrieb ist groß, fast wie in meinen Sturm-und-Drang-Jahren, nur mit dem Unterschied, daß ich mir der Sache sicher bin.

Langsam steige ich die Rinne zwischen Großem und Kleinem Ifinger auf, die zuerst sehr breit ist und nach oben hin enger wird. Bald stehe ich an der engsten Stelle, die an die zwei Meter beträgt. Links hängt die Wand stark über, rechts ist die Plattenwand. Dieses Kanonenrohr treibt mich zur Eile, denn jeder Stein, der sich oben irgendwo löst, saust da durch. Über mir versperrt ein Felsriegel den Weg, doch nach rechts oben führt ein Band zum SW-Grat des Kleinen Ifingers. Es ist sehr ausgesetzt, abschüssig. Ich steige langsamer, erreiche den Grat. Der Tiefblick ist großartig, fast wild. Zwischen Felsstufen wechseln Bänder mit Rinnen ab, aber es gibt eine schöne Schneeverbindung. So geht es an die hun-

dert Meter hinauf, wo dann Felsen den Weg versperren und ein zweites Band nach links oben in die Wand führt. Es ist schmäler, ausgesetzter und abschüssiger als das untere. Zum ersten Mal kommt in mir die Angst auf, Angst, das alles zu begehen. Und wie soll ich es dann erst fahren? Im Sommer wäre es vielleicht ein Spaziergang – aber da ginge es nicht zu befahren.
Ich beginne die Querung und überquere die Rinnen und Rippen, die das Band noch wilder erscheinen lassen. Je weiter ich komme, desto mehr wächst mein Selbstvertrauen. Bald stehe ich am großen Schneefeld, von dem das dritte Band nach oben zieht. Im gleichmäßigen Schritt steige ich das Schneefeld zum oberen Rand und weiter das Band, das fast mehr eine Rinne ist, empor und erreiche den Grat. Nun geht's in kurzem Zickzack die steilen Schneebändchen nach oben, die oft kaum breiter sind als zwei Meter, und noch dazu sind es steile Plattenschüsse, auf denen eine zum Teil nur 5 cm dicke Schneeauflage festgefroren ist. Ich freue mich über meine richtige Berechnung. Der Schnee ist noch sehr hart. Langsam nähere ich mich dem Ausstieg und schaue noch einmal hinunter; es sieht fast unmöglich aus. Die letzten Schritte über den Grat zum Gipfel sind leicht, und so lasse ich mich gemütlich auf dem höchsten Punkt nieder. Mein Blick geht in die Runde; ich sehe die einzelnen Zacken der Heimatkrone. Es sind viele Tausende von Zacken, von denen jede ihren Namen trägt, jede ihre Geschichte und ihre mehreren verschiedenen Seiten hat. Auf vielen bin ich gestanden; doch wenn ich so sehe, muß ich sagen, daß ich nur auf wenigen stand.

Abfahrtsroute in der südwestlichen Felswand des Kleinen Ifinger. Jahre wartet Holzer auf diese Skibefahrung.

Warum dann in die Ferne schweifen, wenn noch nahe so viel Unbekanntes ist? Nicht lange hänge ich an diesen Träumen, suche auch keine Antwort auf meine Fragen, sondern lege mich nieder und genieße die Sonne. Nach einer Stunde steige ich den oberen Teil der Wand ab, um zu sehen, ob die Abfahrt geht. Der Schnee ist zu hart. So schaue ich noch zweimal, denn der Schnee darf auch nicht zu weich werden, da er sonst von den Platten abbricht und dann …
Das dritte Mal ist es soweit. Gleich bin ich wieder bei den Skiern, schnalle sie an und fahre in kurzen Schwüngen zur Einfahrt. Ich bleibe stehen, schaue hinunter, Angst überfällt mich. Es wird eine ganz andere Abfahrt, eine Abfahrt zwischen Abbrüchen und Wänden, eine Abfahrt, die mehr verlangt als die anderen, eine Abfahrt, die alles verlangt. Für mich wird diese Abfahrt eine große Sache, ein großer Tag. Bestimmt gelingen mir die schönsten Eiswände und Rinnen der Alpen; es waren schon 60 Steilabfahrten

– aber wenn ich jeder Wand einen Ehrenplatz geben müßte, müßte ich dieser den ehrenvollsten geben. Wenn man mich fragen würde, warum, so wüßte ich es nicht. Ich habe eben eine andere Anschauung; ich liebe gewisse Berge besonders, ohne an ihren Namen zu denken.
Langsam konzentriere ich mich auf die Abfahrt, werde ruhiger. Bald schreckt mich Steinschlag aus der Konzentration; ich sehe, wie ganz schöne Brocken das Hauptcouloir hinunterpoltern, dann wieder Stille. Ich werde ruhiger, werde sicher, daß es geht.
Schon geht's los, ich fahre ein, bin drinnen, springe um, fahre vielleicht zwei Meter, springe wieder, dann kurz nur Sprung an Sprung, nun ein Stück, vielleicht drei Meter, seitliches Abrutschen, da es nur zwei Meter breit ist und die Schneeschicht dünn. Die Skier greifen wenig, aber gut. Ich springe wieder hin und her, erreiche endlich das dritte Band, wo ich kurz verschnaufe, denn dieses Springen nimmt mir die Luft.
Weiter geht die Fahrt über das dritte Band zum Schneefeld und zum zweiten Band, über dieses weiter zum Grat. Es geht besser als gedacht; auch an die Ausgesetztheit habe ich mich gewöhnt, obwohl ich so was Ausgesetztes wie heute noch nie gefahren bin. Bald liegt auch der Grat hinter mir, ich erreiche das erste Band, dann die Rinne, wo ich am Rand richtig verschanufe, denn durch diesen engen Steinschlag-Schlauch brauche ich unbedingt Reserven.
Der Eindruck ist großartig. Der Schnee, der graue Granit, darüber blauer Himmel, drunter die grünen Wälder, das wilde Naiftal, die friedlich wirkende grüne Terrasse vom Gsteierhof, ganz unten im Tal die vielen Häuser Mais, Sinich, Marling, Tscherms und Lana, dann wieder die Wälder zu den Höhen des Vigiljochs und des Mendelgebirges, Freude steigt auf, doch ich muß ja noch weiter, darf nicht die Abfahrt vergessen. Ich bin schon drinnen in diesem Kanal, gehe Sprung an Sprung tiefer. Die Rinne wird breiter, flacher, und so schwinge ich dem Wandfuß entgegen. Ich habe gewonnen, schnalle die Skier ab, steige ab zu den Turnschuhen, sehe hinauf, sehe nur die Felswand wie in der Früh, schaue hinauf zum S-Pfeiler der Gamsplatte, wo mir vor einigen Jahren die Erstbegehung mit Freunden gelang, den Gedächtnisweg für Walter Kaser, meinen ersten großen Bergfreund. Schade, daß er dies nicht erlebte. Es war einfach schön!

Heini Holzer

Die zwei Gesichter der Steilwand
Petit-Montblanc-Nordostwand

15 Uhr. Wir sitzen zwischen den Felsblöcken der Mittelmoräne des Miagegletschers, an der Einmündung des Montblancgletschers. Südwestlich von uns bäumt sich stolz die NO-Wand des Petit Montblanc auf, die mit vielen bekannten Westalpenwänden Schritt halten kann. Zum ersten Mal sehe ich sie. Sonst habe ich noch nie von ihr etwas gelesen oder gehört, sah nie ein Bild von ihr, als würde es sie nicht geben. Martin, mein Begleiter, nagt an einer Wurst wie ein Eichhörnchen an einem Tannenzapfen. Ich habe keinen Hunger, keinen Auftrieb, zu nichts Lust. Heute wollen wir noch zur Quintino-Sella-Hütte aufsteigen. Morgen will ich allein über die SW-Wand den Montblanc erreichen und dieselbe Wand mit Skiern abfahren. Je mehr ich daran denke, da hinaufzusteigen, wo bis auf 3500 Meter der Nebel herunterhängt, desto mehr denke ich an den Abstieg, an die Umkehr. Martin schaut immer wieder die Petit-Montblanc-NO-Wand hinauf, während das letzte Stück Wurst in seinem Mund verschwindet. (…)
Auf einmal meint Martin: „Du Heini, eine solche Wand wird wohl nie befahren werden?“
„Die – wer weiß?“
„Nein, nein – schau sie dir richtig an – der obere Teil hat bestimmt seine 60 Grad und dazu diese Länge!“
Je mehr ich sie betrachte, desto mehr denke ich an eine Befahrung. Ich werde sie fahren, vielleicht heute noch. Ja heute, jetzt gleich. Schweigend ziehe ich mir die Plastikstiefel und Steigeisen an, stelle die Leichtbergschuhe auf einen Felsblock, nehme alles Unnötige aus dem Rucksack. Martin sah schweigend zu.
„Nun, was hast du vor?“
Er sieht mich von Kopf bis Fuß an, als sehe er mich zum ersten Mal.
„Ich steige nun in diese Wand auf, du wartest hier, dann fahre ich sie herunter und hierher.“
„Du wirst doch nicht spinnen? Jetzt um halb vier Uhr nachmittags willst du eine 1000-Meter-Wand durchsteigen, um herunterzufahren, wo du bestimmt für den Durchstieg fünf bis sechs Stunden brauchst! Schau, du lebst nur einmal, und wenn du da oben die Skier anschnallst, dann …“
Er ist außer sich. Alle Eiswände hält er für möglich, wenn er davon ein Bild sieht, doch diese nicht. Bestimmt, sie sieht wild aus, doch wird sie in Wirklichkeit die 50 Grad nicht überschreiten.
Martin hatte bis heute nur Wanderungen und leichte Gipfelbesteigungen gemacht. Mich wollte er nur ein Stück begleiten, bis er in die Wand sieht, um einige Teleaufnahmen zu machen, denn er ist Photo-

Das 900 Meter hohe Nordost-Couloir des Petit Montblanc fährt Holzer als Ausweichabfahrt für die nebelverhangene Südwestwand des Montblanc.

graph. Für mich ist er mehr, eine moralische Stütze, auch wenn er mir nicht helfen kann und unten bleibt. Er ist sehr nachdenklich, während ich die Skier auf den Rucksack schnalle und ihn schultere. Wieder versucht er auf mich einzureden. Ich beruhige ihn, reiche ihm die Hand zum Abschied. In seinen Augen erkenne ich die Angst um mich. Er atmet tief ein. „Ich warte auf dich, mach's gut!" Seine Worte klangen auf einmal ganz ruhig.
16 Uhr. Mit dem Eishammer in der Hand, überspringe ich die Randkluft. In meinem üblichen Rhythmus steige ich die Wand höher, die mit 40 Grad beginnt. Ich steige ohne Rast. Von der Wandmitte ab beträgt die Neigung durchaus 50 Grad, die Schneemenge nimmt ab, und die Zwölfzacker greifen ins harte Eis, das wenige Zentimeter unter der Schneeschicht ist. Nach zwei Stunden liegt die genau 900 Meter hohe Wand unter mir.

Ich bin sehr glücklich, fühle mich wie ein König, der sein Land überblickt. Dies ist ein Land, das ich kenne, das wenige betreten, und wenn, nicht auf meine Art. Meistens wird es mit Waffen betreten – es wollen Kämpfer sein und Sieger und glauben, dann das Land erobert zu haben. In Wirklichkeit waren sie nur Gäste bei einem nicht kämpfenden Herrn.
Auch ich bin kein Sieger, kein König, bin auch nur Gast, ein Gast als Bergsteiger und Skifahrer. Ich bin waffenlos, bin nackt wie der Berg, habe keinen Panzer aus Seilen, Schlingen und Metall um meine Brust. Nur Luft umgibt mich, viel Luft.
Mein Gastgeber liebt nicht Metallritter, er liebt Menschen, die einen äußerst durchtrainierten Körper und Geist besitzen, die selbstsicher zum Tisch kommen und gehen. Er belohnt sie dann mit Schätzen, die man nicht kaufen kann. Waffen gegen ihn sind nutzlos, denn seine Waffen können alles, was ihm zu nahe kommt, vernichten. Dies müssen wir als seine Gäste wissen. Ich wußte und weiß es.
Martin sehe ich unten als kleinen Punkt. „Ich warte auf dich, mach's gut!" Ich sage nichts. Es waren echte Freundesworte. Wer wartet so im Alltag auf seinen Nächsten? Wenige! Sie können nicht, müssen weiter, sie haben es alle eilig.
Meine Steigeisen vertausche ich mit den 170 cm langen Völkl-Skiern und stehe nun bereit für die Abfahrt. Ich stehe genau über dem Abgrund, die halbe Skilänge ragt in die Luft hinaus. Oft sehne ich mich nach Kurzskiern, mit denen man viel wendiger wäre als mit diesen langen Brettern, doch sie greifen besser und gleiten ruhiger auf dem Eis, was wichtig ist.
Ich denke an die Kritiker, die bei meiner Körpergröße von 153 cm meine Skier als Kurzskier bezeichnen und eine solche Abfahrt deshalb als leicht betrachten. Eine Wand bleibt gleich schwierig, ob ich mich oben vom Helikopter absetzen lasse oder nicht, ob sie schon befahren oder

unbefahren ist. Das vorherige Durchsteigen braucht wohl mehr Kondition, dafür bin ich aber akklimatisiert und erlebe die Wand auf zwei ganz verschiedene Arten. Ebenso schreibt man uns Leichtsinn zu, da wir etwas machen, was andere nicht machen könnten. Nach unserem Training fragt niemand. Heute, nach all meinen Erfahrungen, kann ich sagen, daß die meisten Menschen die Gefahr von der Schwierigkeit nicht unterscheiden können. Deshalb riskieren sie mehr als ein Steilwandfahrer! Steilheit und Schwierigkeit ist noch lange keine Gefahr. Gefahr ist für mich, wenn man Steilheit und Schwierigkeit nicht mit der eigenen Leistungsgrenze beherrscht, wenn man objektive Gefahren falsch einschätzt. Also liegt es am Menschen selber.

Ich schaue die Wand hinunter, sehe mich fahren, dem Einstieg entgegen, hinunter zu Martin. Er steht bewegungslos, er wartet auf mich. Was wird er gerade denken? Mein Blick verläßt ihn wieder, geht die Wand von unten hoch, endet bei den Skiern. Ich bin ganz ruhig, selbstsicher, Freude steigt auf, ein Stockabstoß – bin drinnen. Die Kanten greifen gut, nur beim Umspringen scharren sie auf blankem Eis. Am Anfang fahre ich langsam, springe ganz konzentriert, es ist ein langsames Vortasten. Nach jedem Sprung steigt mein Selbstvertrauen.

Nur durch körperliches und autogenes Training erreicht man diese Ruhe. Am Anfang war das Wegfahren ein harter, unnötiger, innerlicher Kampf. Heute, wenn ich weiß, es geht, dann ist für mich alles klar. Bin ich unsicher, verzichte ich, bevor ich die Skier an den Füßen habe.

Schon bin ich in der Wandmitte. Ich verschnaufe kurz. Der Puls hämmert bis zum Kopf, ich schwitze am ganzen Körper. Es geht weiter, Sprung, Querfahrt, dazwischen immer wieder ein Blick nach oben und unten. Wieder liegt ein schönes Stück über mir. Die Oberschenkel schmerzen, die Atmung geht schneller, die Augen brennen im Schweiß – und doch ist es herrlich in dieser Steilheit. Auf einmal – ein kopfgroßer Stein, vielleicht 200 Meter über mir. Schnell kommt er auf mich zu. Ich fasse die Querfahrt steiler, immer wieder ein Blick zum Stein. Außer seinem Sturzbereich springe ich um, schon surrt er 30 Meter vor mir vorbei, springt einige Dutzend Meter durch die Luft, fällt auf, Schnee spritzt, immer schneller rast er dem Wandfuß entgegen, kommt endlich auf dem Gletscher zu liegen.

Stille ist, als sei nichts geschehen, nur meinen Pulsschlag höre ich. Das ist der Vorteil auf Skiern, die Flucht gelingt schnell. Nach kurzer Verschnaufpause fahre ich wieder in die Fallinie, dann Sprung um Sprung tiefer. Auch die Arme beginnen zu schmerzen, immer mehr, doch mit jedem Sprung nähere ich mich der Randkluft, überspringe sie, fahre in Schußfahrt und Hocke zu Martin. Der Fahrtwind kühlt angenehm, der Schmerz in Schenkel und Armen gibt nach. Freude, große Freude steigt auf, und schon stehe ich bei Martin. Er springt mich an vor Freude.

Ich fand nur ein Wort: „Herrlich." Es war einfach herrlich, es waren nur 20 Abfahrtsminuten, doch in diesen Minuten erlebt man mehr als in Stunden – mehr als in oft tagelangem Klettern. Eine Steilwand verlangt mehr Kraft und Nerven, aber tauschen würde ich nicht mehr. Ich bin in beiden Extremen daheim, ich kenne ihre Geheimnisse.

Heini Holzer

Face Nord
l'Aiguille d'Argentière à discrétion

Von Martin Fliri Dane

Im Sommer 1974 gab es für Heini Holzer eine besonders erfolgreiche Westalpenfahrt.
Am 13. Juni sind wir von Meran mit einem Fiat 500 Richtung Westalpen abgefahren, und am 21. desselben Monats waren wir wieder zurück: Heini mit drei Erststeilwandbefahrungen in der Tourenliste, ich selbst um die erste Begegnung mit den Westalpen reicher.
Am 14. Juni bildete die erste Skibefahrung der Ostwand des Petit Montblanc den Anfang, am 16. fuhr der kleine große Bergsteiger durch die Nordwand der Aiguille d'Argentière, am 20. schließlich gab es die erste Skibefahrung der Lyskamm-Nordwand bei Zermatt. Sie war die Ersatztour für die Weißhorn-Ostwand, die sich am Vortag, aus halber Höhe des Ostgrats, wegen totalen Blankeises als unbefahrbar gezeigt hatte.
Beim Aufstieg über den Miage-Gletscher an der Südwestseite des Montblanc verzichtete Heini wegen der aufkommenden Wolken auf die geplante Südwestwand des höchsten Berges Europas. Die gegenüber unserem Mittagrastplatz aufragende Ostwand des Petit Montblanc schien Heini aber gerade recht als nachmittäglicher Ersatz. Gesagt, getan, und schon war Heini am Einstieg der 900 m hohen Wand. Von einem Felsblock inmitten des Gletschers beobachtete ich seinen Aufstieg und die anschließende Skiabfahrt.
Am frühen Abend stiegen wir ins Val Veny ab und fuhren hinaus nach Courmayeur, wo wir bei Heinis gutem Freund, Pino Zambiasi, im Park seines Hotels unser Zelt aufschlagen durften. Am Morgen besuchten wir das Alpinmuseum des Ortes, wo Heinis Ski ausgestellt sind, mit denen er als erster Mensch den Brenvasporn, die Ostwand des Montblanc, abgefahren ist. Anschließend ging es mit dem kleinen roten Fiat durch den Tunnel – die Südwestwand des weißen Berges über unseren Köpfen konnte ja warten – nach Chamonix.
Nach einem Besuch beim Nachfahren des berühmten Montblanc-Fotografen Tairraz deckten wir uns im Kaufhaus mit Lebensmitteln ein und starteten schließlich mit reichlich Baguettes, Käse der „Gand Nation" und – für uns beide ein kulinarisches Novum – einem Poulet fumée in Richtung Martigny.
In der Gegend von Argentière hielten wir an einem Rastplatz. Das Brot war ofenfrisch, der Käse „grand", nur beim Ausschlagen des Huhnes aus der Zellophanhülle erschien uns das geräucherte Federvieh in seiner wachsgelben Farbe nicht mehr so appetitlich. Beim Auseinanderschneiden schließlich zeigte sich der eigentliche Hauptgang unserer Mahlzeit in der Farbe, wie man es von englisch gebra-

tenen Steaks gewohnt ist. Wir blickten uns wortlos in die Augen, und schließlich schob einer die „Delikatesse" unter ein nahes Gebüsch: „Für den Fuchs von Argentière!"

Bei Martigny ging es hinein ins Val Ferret bis Praz des Fort zum Ortsteil Saleinaz. Auf einer Forststraße erreichten wir ein höher liegendes Barackenlager, Baustelle für ein Wasserkraftwerk, und parkten neben einer der Holzhütten. Von dort stiegen wir ohne Eile zur Cabane de Saleinaz auf, die wir nach knapp drei Stunden erreichten. Andere Bergsteiger waren bereits angekommen, darunter auch der Hüttenwart mit seinen Freunden. Heini – in kurzen Turnhosen – und ich waren beim Fotografieren. Beim Anblick Heinis las ich aus den Blicken der Hüttengäste so etwas wie Mitleid und Bewunderung, in der Art, als ob sie denken würden: „Hat es der kleine Mann bis hier herauf wirklich geschafft?" – Es sei hier erwähnt, daß Heini 1,53 Meter groß war und damals bereits über eine breite Denkerstirne verfügte.
Nach Sonnenuntergang duftete die Selbstversorgerhütte nach Käsefondue, der Hüttenwart und seine Freunde zelebrierten lokale Gastronomie. Uns beiden gab er freundlicherweise eine große Kanne Gratistee aus.
Als wir am Morgen gegen 7 Uhr den Gästeraum betraten, waren die anderen Bergsteiger bereits aus der Hütte. So nebenbei erkundigte sich der Hüttenwart nach unserem Ziel. Mit meinem wenigen Französisch aus der Kellner-Zeit als Student erklärte ich: „Mon ami face nord de Aiguille d'Argentière, après descent avec les ski." Er schaute uns entgeistert an und meinte in seiner Sprache, da müßten wir schon um 4 Uhr früh starten. Doch wir zogen seelenruhig in Richtung Saleinaz-Gletscher.
Gegen 10 Uhr standen wir am Nordwand-Einstieg und blödelten noch einige Zeit herum. Das Wetter versprach einen herrlichen Tag, als Heini eine knappe Stunde später in die Wand einstieg. Während er im rechten Teil der Wand zügig vorankam, kämpfte ich mich auf der gegenüberliegenden Südseite des Bergs durch matschigen Schnee so weit empor, bis ich zwischen den rötlichen Granitblöcken einen geeigneten Fotostandpunkt gefunden hatte. Mit einem Fernglas hatte ich Heini bestens im Auge und beobachtete, wie er nach drei Stunden den Gipfel der Aiguille d'Argentière – um wenige Meter niedriger als der Ortler – erreichte.
Noch war strahlender Sonnenschein, und Heini schien sich Zeit zu lassen; er wußte, daß der Schnee noch etwas auffirnen würde.
In der Zwischenzeit waren Wolken aufgezogen, und um 14.45 Uhr schließlich sah ich einen Punkt vom Gipfel aus der Nordwand zustreben. Es war der Beginn der ersten Skiabfahrt durch die Nordwand dieses schweizerisch-französischen Grenzbergs (die Nordwand fällt auf Schweizer Gebiet ab). Es war eine Premiere in der Arena von Saleinaz mit einem einzigen Zuschauer. Aufkommender Nebel verhin-

derte das Fotografieren; nur mit dem Fernglas konnte ich Heini zwischen den Wolkenfetzen dem Gletscherbecken zustreben sehen.
Eine Stunde nach dem Start am Gipfel empfing ich ihn am Wandfuß mit einer Umarmung, Blumen waren hier keine zu haben.
Gemeinsam stiegen wir meine Route auf, in der Erwartung, daß sich das Wetter bessern würde und wir mit dem die Nordwand streifenden Abendlicht ein Bild von der gelegten Spur knipsen könnten. Das Warten war vergebens, und so ging es über den flachen Gletscher talauswärts – der Fotograf hinten auf den Skiern des kleinen großen Bergsteigers, bis dann der Gletscher zu flach wurde und ich angeseilt zu Fuß folgen mußte.
Mein Rutsch in eine Spalte war deshalb gleich behoben, und nach kurzer Zeit erreichten wir die talauswärts auf einem Felsgrat über dem Gletscher gelegene Hütte.
Wie es Heinis Art war, schrieb er mit kleiner Schrift und mit genauen Zeitangaben das Geschehene, die Premiere in der Nordwand der Aiguille d'Argentière, ins Hüttenbuch.
Nach eineinhalb Stunden Abstieg erreichten wir mit der Abenddämmerung unser Auto – doch, o Schreck! an den Innenwänden der Scheiben klebte ein Schwarm von fetten schwarzen Fliegen. Wir hatten das Fenster einen Spalt offengelassen. Beim Nachschauen bemerkten wir, daß sich gleich hinter der Böschung die Speisemülldeponie eines Arbeiterlagers befand. Mit Ekel vertrieben wir die schläfrigen Fliegen und beschlossen ins Tal zu fahren, um dann talauswärts Zermatt zuzusteuern.
Vor Orsières sahen wir an der Straße ein leuchtendes Wirtshausschild. Meine Freude über die erlebte Alpinpremiere war groß, und so lud ich Heini zu einem Landgasthaus-Dinner ein. In der Westschweiz sind warme Käsespezialitäten Teil der lokalen Gastronomie. Auf der einfachen Speisekarte standen unter anderem „raclette portion 8 SFr." und „raclette à discrétion 12 SFr." Letzteres meinte die Nachbestellung ohne Aufpreis – man durfte also essen, bis man satt war. Hunger hatten wir beide, und so bestellten wir zwei Portionen „à discrétion", dazu einen halben Liter Walliser Weißwein. Die erste Portion schmeckte vorzüglich. Sie war klein, weil die Schweizer höfliche Menschen sind, die nicht große Portionen auftischen, um damit aufzuzeigen, daß sie im Gast einen ausgehungerten Löwen vermuten. Für uns beide aber nahm das Wort „à discrétion" magische Kraft an. Wir bestellten die zweite Portion: Die Service-Tochter, eine schwarze, mollige, welsche Schönheit, war entzückt. Bei der dritten Portion wich ihr Entzücken einer vornehmen Zurückhaltung, und bei der vierten war alles Lächeln von ihren Lippen gewichen.
Wir waren beim zweiten halben Liter, als ich Heini erklärte, daß ich meine Waffen strecken müßte. Vielleicht wegen der extremen Luft veränderung tagsüber (Nordwand hoch und herunter) hatte er immer noch Hunger. Ich bestellte noch „une portion" und zeigte auf Heini. Als die Dame schließlich die sechste Portion von Heini hinstellte,

Die Nordwand der Aiguille d'Argentière. Die strichlierte Linie zeigt Heini Holzers Aufstiegsroute, die durchgehende Linie markiert die Abfahrtsroute. Holzer befindet sich (als winziger Punkt) im eingezeichneten kleinen Kreis

waren ihre Augen unnatürlich groß geworden. Er versuchte noch einen kleinen Flirt vom Zaun zu brechen, als er plötzlich von einer großen Müdigkeit erfaßt wurde. Weißwein und sechs Portionen Raclette begannen ihre Wirkung zu zeigen – ein schläfriger Abschluß dieses großen Alpintages.
Beim Verlassen des Gasthofes spürte ich noch den Blick der Kellnerin, der uns bis zum Auto begleitete.
Wir verließen das Dorf talauswärts, bogen bei einem Feldweg ab, fuhren bis zu einer gemähten Wiese, zogen die Schlafsäcke aus dem Auto, und wenig später, es war um Mitternacht, leuchtete uns der Walliser Sternenhimmel in den Traum

Martin Fliri Dane, Jahrgang 1949, ist Fotograf und Marillenforscher, war Freund und oftmaliger Begleiter Heini Holzers.

Die hundertste Steilabfahrt
Monte Cristallo, Nordrinne

Geschafft!
Ich schnalle die Ski ab, lege sie auf den Rucksack. Freude kommt auf, viel Freude. Es war eine Abfahrt wie viele andere – und doch nicht. Liegt der Grund hierfür in der Schwierigkeit oder etwa in der Tatsache, daß dies meine hundertste Abfahrt war? Ich weiß es nicht.
Gleich kommen meine Freunde: Helmut, Sieglinde, Alberto, dann Aldo. Sie strahlen vor Freude. Ganz anders war es zu Beginn der Abfahrt. Keiner sprach ein Wort, jeder war in sich versunken. Ich betrachtete alle und verlor dabei fast den Auftrieb. Ich bekam Angst, wurde unsicher. Doch ich war als erster startbereit, und so verabschiedete ich mich mit den Worten: „Paßt auf und macht's gut!"
Ziemlich unsicher quere ich in die Rinne, will springen, traue mich nicht, rutsche rückwärts, dann wieder vor, um erneut nicht zu springen. Der Bruchharsch ist alles andere als einladend, die Steilheit enorm, die Rinne gerade 4 Meter breit. Wiederum rutsche ich ab, nach hinten, nach vorne, will springen. Es bleibt beim Wollen. Das Ganze wiederholt sich fünfmal, dann der erste Umsprung. Ich versuche locker zu werden. Der Tiefblick ist grausig, und doch gefällt er mir. Ich fahre weiter, Sprung um Sprung, komme ein paar Meter tiefer in die 50 Grad steile, enge Rinne. Ich halte an. Helmut beginnt als nächster die Abfahrt, auch ihm geht's so wie mir. Die Schneestollen rauschen mit großer Geschwindigkeit auf mich zu, an mir vorbei. Alles scheint in Bewegung zu sein. Der Reihe nach beginnen nun auch die anderen die Abfahrt. Meine eignen Sorgen sind vergessen. Ich bekomme Angst um die Freunde. Der kleinste Fehler, dann …
Die Folgen sind unausdenkbar. Die Öffentlichkeit würde mich angreifen: „Ich hätte es wissen müssen" und und und. Doch sie fahren alle gut und sicher. Vor Jahren hätte ich im Traum nicht gedacht, daß ich eine solche Abfahrt zu fünft machen würde. Aber vieles ändert sich. Damals waren auf der ganzen Welt nicht mehr Steilwandfahrer als heute in dieser Rinne. Am Anfang hatte man mich auch für einen Verrückten gehalten; niemand hatte an solche Abfahrten geglaubt. Ich aber wußte, daß noch viele Abfahrten kommen würden: nie aber hatte ich die Absicht, Rekorde zu brechen. Auch meine Freunde nicht. Jeder war dagegen – und heute?
Ich fahre weiter, Sprung um Sprung, und die Steilheit nimmt ab. Die Rinne wird breiter, und schon ist der Wandfuß erreicht. Die erste Skibefahrung dieser Rinne liegt hinter uns. Auch sie mußte vorbereitet sein. Erstbefahrungen von Steilwänden verlan-

gen mehr Vorbereitung als Erstbegehungen. Alles geht schnell, sehr schnell. Das Reaktionsvermögen muß um ein Vielfaches höher sein, die ganze Kraft für längere Zeit einsetzbar sein. Und doch – wenn ich die alpine Geschichte mancher Wand verfolge, so wird die Steilabfahrt, im Gegensatz zu Allein- oder Winterbegehungen, nicht erwähnt. Wie viele Steilwandfahrer steigen alleine in Rekordzeiten und im Winter durch eine Eiswand auf? Toni Valeruz z.B. brachte die 1000 Meter hohe NO-Wand des Gran Vernel mit anschließender Steilabfahrt durch die 1200 Meter hohe Nordwand in 5 Stunden hinter sich. Die Erstbegeher der NO-Wand brauchten für ihren Aufstieg noch einige Tage. Ebenso wurden Erstbegehungen schwieriger Eiswände gemacht und anschließend mit Skiern befahren – für den Alpinismus offensichtlich wertlos. Materialschlachten und großer Zeitaufwand scheinen mehr über die Leistung auszusagen. Bergsteiger dieser Art ziehen auf die Berge der Welt, um danach dem Laien noch mehr aufbinden zu können

Mir selbst gelang eine Eiswand in vier Stunden, wo eine Seilschaft im Winter drei Tage brauchte. Mitglieder dieser Seilschaft werden heute „Weltbergsteiger“ genannt – weil sie in der Bergen der Welt unterwegs sind?

Ich kenne heute viele Steilwandfahrer, mit denen ich befreundet bin, alle großartige Alpinisten, die aber im alpinen Kreise unbekannt geblieben sind. Zu glauben, eine Wand sei nicht schwierig, nur weil sie mit Skiern befahren wird, ist trügerisch. Keine Wand wird leichter durch die Abfahrt – im Gegenteil: Die Grenzen des Alpinismus werden nach oben geschoben. Was gibt es Echteres, als seilfrei neben Seilschaften aufzusteigen, manchesmal neben Stufenleitern, um dann ohne jede Sicherung nur auf normalen Skiern abzufahren?

Meine Freunde kommen und reißen mich aus meinen Gedanken. Gedanken um die Geschichte der Steilabfahrt, Gedanken um mein Leben!

Heini Holzer

Seine „100. Steilabfahrt“ gelingt Holzer am Monte Cristallo am 23. April 1977. In Wirklichkeit handelte es sich bereits um die 101. Abfahrt. Mit ihm fuhren Sieglinde Walzl, Aldo Dibiasi, Alberto Dorigatti und Helmut Vitroler.

Bei der Eiswand, auf welche Holzer Bezug nimmt, handelt es sich um die Nordwand des Lyskamm-Westgipfels, welche er zwei Jahre zuvor begangen und mit Ski abgefahren hatte.

Mit diesem unveröffentlichten Text tritt Holzer – vorerst für sich – der mangelnden bergsteigerischen Beachtung bzw. Anerkennung gegenüber seinen alpinen Unternehmungen (Rekordaufstieg samt Steilabfahrt) entgegen.

Im Eiltempo auf den Gran Paradiso

Von Hans Pescoller

4. August 1973. Heini und ich rasten am Gipfelgrat des Gran Paradiso nach der Durchsteigung der NW-Wand. Ganz allmählich trübt ein Wermutstropfen die Stimmung meines Freundes, weil die Sonne den Schnee in der Eiswand nicht nach Wunsch zu verändern vermag. Unter ungünstigen Voraussetzungen ist an eine Skibefahrung nicht zu denken. Heini schmerzt diese Tatsache, denn er ist eigens für die Skiabfahrt – mitten im Sommer – angereist.

Ich hingegen kann mir die Euphorie über meine Leistung und die köstlichen Episoden nicht verkneifen. Gerne lasse ich alles noch einmal Revue passieren.

Noch gestern sind wir beide mit dem „Gamsl" – Heinis liebevolle Bezeichnung für sein Fünfhunderter-Auto – von Südtirol ins aostanische Val Salvarenche gelangt. Knapp unterhalb des Rifugio Vittorio Emanuele hat Heini seine Ski hinter dem Felsblock versteckt, denn niemand soll von seinem Vorhaben „Wind" bekommen. Nach dem Abendessen weist uns der Hüttenwirt in den Schlafraum ein, wo wir auf drei Bergsteiger aus Turin beim Sortieren ihrer Eisausrüstung treffen. Auch sie wollen zur NW-Wand. Rund 50 Karabiner und 20 Eisschrauben werden sorgfältig verteilt. Wir beneiden sie um einen solchen Überfluß, und Heini meint, daß eine derartige Menge an Ausrüstung nicht einmal in unseren Sportgeschäften hängt. Wir kommen allmählich mit den Zimmergenossen ins Gespräch, und mein Begleiter stellt seltsame Anfängerfragen. Diese wirken wie Öl im Feuer, und die drei Turiner entwickeln uns gegenüber eine erdrückende Überlegenheit. Sie geben uns unmißverständlich zu verstehen, daß die gegen Nordwest abfallende, lange und sehr steile Eiswand am Gran Paradiso ein ganz großes Unternehmen sei. Nur extreme und absolut fähige Eisgeher sollten sich an ihr versuchen. Außerdem dürfte diese Eiswand wohl eine Nummer zu groß für zwei unbekannte „Dolomitisti" sein. Wir hatten nämlich voreilig und kleinlaut unsere Herkunft verraten.

Bereits um 2 Uhr morgens machen sich die drei Turiner zur NW-Wand auf. Der letzte empfiehlt uns noch den Normalweg mit dem Hinweis, daß die ungewöhnliche Höhe des Gran Paradiso von über 4000 m und der lange Gletscheranstieg gerade für uns passen könnten. Außerdem gäbe es in den Dolomiten kein Eis, und für die Annäherung an das große Eis der Westalpen wäre die gutgemeinte Empfehlung schon recht.

Wir beginnen unseren Aufstieg erst gegen 5 Uhr im ersten Morgenlicht. In der Dunkelheit hätten wir uns im weglosen Gelände nicht zurechtgefunden. Von einem Geländerücken aus sehen wir die Eiswand zum ersten Mal. Die Dreierseilschaft ist soeben eingestiegen, und plötzlich entwickelt Heini ein ungewöhnliches Tempo: Er will die Turiner offensichtlich einholen.

Am Bergschrund übergibt er mir wie vereinbart seine Ski und stürmt unaufhaltsam in die Wand. Unsere Vorgänger werden bereits in ihrer dritten Seillänge überholt, und ich kann mich noch gut an ihre ungläubigen und wortlosen Blicke erinnern, als Heini mit einem ungewöhnlich deutlichen „Buon giorno" in der Überholspur vorbeisteigt. Ihre Mienen werden noch ratloser, als sie die Ski an meinem Rucksack entdecken. „Ma che cosa cercano gli sci in questa parete?" Zugegeben, auch ich kann mich einer kleinen Schadenfreude nicht erwehren, beschränke mich jedoch auf einen einfachen Gruß. Nach knapp drei Stunden erreichen wir sicher den Gipfelgrat. Eine gute Stunde später gesellen sich die drei Turiner zu uns. Und just in dem Augenblick , als die zwei Nachsteiger den Grat erreichen, fährt Heini in die Ostwand ein. Als Alternative zur NW-Wand hat er völlig unprogrammgemäß die kürzere und weniger steile Ostwand für eine Skibefahrung entdeckt. So bekommen die drei Bergsteiger aus Turin die Live-Vorstellung einer Steilwandabfahrt und gleichzeitig eine Kostprobe von Heinis Können und ungewöhnlichen Fähigkeiten präsentiert.

Am Fuße der Eiswand springt er noch mit einem hellen Jauchzer über die Randspalte, hält inne, schnallt die Ski auf den Rucksack und die Steigeisen an die Schuhe und beginnt, ohne zu rasten, mit dem Wiederaufstieg durch die soeben befahrene Eiswand. Dies gibt den Turinern vollends den Rest, und sie bewundern sprachlos das Geschehen. Heini ruft mir zu, ich solle mich an den Abstieg machen, er werde am Normalweg mit Ski eben schneller sein, und außerdem sollten wir noch an die Heimfahrt denken. Vom Fuße der Ostwand wäre er nur auf einem langen und beschwerlichen Umweg zum Ausgangspunkt gelangt. Deshalb hat er sich für den direkten Weg über den Gipfel entschieden.

In der Hütte treffen wir später noch unsere Mitbewerber, und sie versuchen mit der Bezahlung einer doppelten Portion „Pastasciutta" mit Heini ins reine zu kommen. Bald wissen alle Anwesenden von der Steilabfahrt und der Begehung von zwei Eiswänden an einem Vormittag.

Heini freut sich jedoch mehr über die Versöhnung zwischen „Occidentalisti" und „Dolomitisti". Mit der üblichen Zurückhaltung genießt er jedoch die aufrichtige und uneingeschränkte Bewunderung und Anerkennung des Hüttenwirtes und der anwesenden Gäste.

Hans Pescoller, Jahrgang 1941, Gemeindesekretär im Gadertal, war langjähriger Seilgefährte und Freund Heini Holzers.
Die begehrte NW-Wand-Abfahrt am Paradiso sollte Holzer 1975 mit Sieglinde Walzl und Helmut Vitroler glücken.

Notwendige Tiefe
Erlebter Traum – Ortler-Südwand

Südwand! Man denkt dabei an Sonne und Wärme. Am Ortler aber bedeudet die S-Wand mehr, wenn Sonne und Wärme zur Wirkung kommen: Sie bedeutet Tod! Grausam klingt dieses Wort: Ende!

Wie oft war ich schon am Rande von diesem Ende – und doch entfernt. Ich kenne diese Grenze; sie ist ein Gesetz. Jeder muß sich fügen. Da nützt kein hoher Titel, kein Geld – ganz anders als im Alltag.

Oft schon sah ich das nahe Ende, sah ins andere Reich: Ich hatte aber nie Lust, es zu betreten. Ich liebe meine Welt, auch wenn sie nicht immer zu begreifen ist, mit ihren Menschen, die durch Hast und Neid sich selber vernichten. Wie schön wäre es anders und doch langweilig. Die Tiefe ist notwendig! Erst in ihr erkennt man die Höhe, nach der man sich sehnt. Zu der man sich emporrafft, sie erreicht, sich freut – auch wenn's nur ein Moment ist, bis einen die nächste Tiefe verschlingt.

Meine Gedanken pendeln zwischen Leben und Berg. Die Felsen, das Eis, sie sprechen zu mir; sie lassen mich tiefer denken, denn ich habe nichts außer mich selber.

Bereits die halbe Wand liegt unter mir. Unten am Einstieg sind meine drei Schweizer Freunde, die durch die Minnigerode zum Hintergrat und über ihn zum Gipfel wollen. Auf der Hintergrathütte hatte ich mich verabschiedet, von ihnen, von den Wirtsleuten, als wäre es für immer. Es geht mir immer so – und doch bin ich sicher, daß ich alle wiedersehe.

Mein Weg führt, steiler werdend, die linke Eisrinne direkt zum Gipfel. Eine metertiefe Lawinenfurche läßt die nur 3 bis 5 m breite Rinne noch schmäler, steiler und wilder erscheinen. Immer wieder sausen Steine an mir vorbei. Sie treiben mich zur Eile. Nach 90 Minuten liegt die 600 Meter hohe Wand unter mir, ich stehe auf dem Gipfel. Die Aussicht ist einmalig. Sogar von meinem Heimatdorf Schenna sehe ich einen Teil, darüber den Hausberg, den Ifinger. Mein Blick schweift durch die NO-Wand, die Schückrinne. Sie war eine meiner ersten Steilabfahrten, eine meiner schönsten. Inzwischen sind es viele geworden, die Gefühle haben sich geändert, die Selbstsicherheit ist gesteigert.

Über den Normalweg kommen viele Menschen. Wie eine Schlange kommen sie höher und höher ... Eine Stunde später stehen sie da. Es sind Soldaten. Der Ausdruck der Gesichter ist verschieden. Für die einen ist es Freude, für die anderen ein Muß. Bald verlassen sie den

Gipfel. Ein Heereshubschrauber kommt näher, umkreist den höchsten Punkt, verschwindet. Es ist wieder still.
(...) Ich schnalle meine Skier an, blicke noch einmal den schmalen Eisschlauch hinunter, den ich gekommen bin, versuche ruhig zu werden, fahre los. Das Fahren ist schwierig, da alles zerfurcht ist. Zweimal fahre ich rückwärts, gewinne dabei zehn Meter, steige um, fahre nach rechts, halte an. Ich war ziemlich unsicher und versuche noch einmal ruhig zu werden, konzentriere mich auf die Bewegungsvorgänge, fahre los. Viel Kraft brauche ich, um die Skier zu beherrschen. Doppelten Stockeinsatz, umspringen, den nächsten Stockeinsatz, umspringen, und nun habe ich den Rhythmus. Die Enge erlaubt kaum ein Fahren, nur einen Meter – schon wieder umspringen. Sprung an Sprung geht es tiefer, wie bei einem Spezialslalomfahrer, der Schwung an Schwung durch die Tore fährt. Dort ist es ein Kampf um Hundertstelsekunden, hier ein Kampf gegen die Schwerkraft. Beides verlangt ganzen Einsatz. Der Skirennfahrer verliert bei einem Sturz das Rennen, ich darf nicht stürzen – ich würde mehr verlieren. Aber ich stürze nicht, dessen bin ich mir sicher. Hartes Training allein bringt diese Sicherheit! Ich gewinne nichts – und doch etwas, was mir niemand nehmen kann. (...)

Heini Holzer

Öffentlichkeit und Verweigerung

Abseits von Fels und Eis

„Um wirklich der Öffentlichkeit bekannt zu sein, muß man tatsächlich ein Könner sein; aber die etwas können, sind ruhig – und das ist schön.“
Die Äußerung Holzers ist bezeichnend für das zeitlebens zwiespältige Verhältnis des Extremalpinisten im Umgang mit Öffentlichkeit. „Ruhig“, zurückhaltend – das sind Attribute, die auch für eine Charakterisierung Holzers gelten können. Doch der Extremalpinist ist ehrgeizig genug, für seine bergsteigerischen Leistungen die notwendige Anerkennung einzufordern. Für Holzer, der sich grundsätzlich über sein Bergsteigen definiert, ist damit ein sehnlicher Wunsch verbunden: über die reine alpinistische Leistung hinaus, Anerkennung zu finden, bei Freunden, Bekannten, den Leuten in seinem Dorf.
Der Wunsch nach persönlicher Anerkennung einerseits, der Wille zu bescheidener Zurückhaltung andererseits zwingt Holzer eine schwierige Gratwanderung auf. Eindrückliche Auskunft darüber geben seine schriftlichen Arbeiten.

Zwei Worte

Wind, Wolken und Sonne,
Wetterbäume und Steinmänner.
Zerfurchte Täler und zackige
Grate, Wände aus Fels und Eis.
Verschneite Hänge und grüne
Matten – Alle sind da, wirken
stumm, sagen nichts.
Lange muß man geh'n,
allein vielleicht,
um ihre Sprache zu hören,
zu verstehen, wie sie sprechen.
Oder es ist ein Mensch,
der die Sprache übersetzt,
mit zwei Worten:
Schau und horch!

Die Öffentlichkeit erfährt der Alpinist zunächst über Einladungen des Trienter Bergfilmfestivals, über die Teilnahme an Diskussionen, dem Vorträgehalten. Nach dem internationalen Durchbruch als Steilwandfahrer folgen Interviews, Vortragsreisen und Filmaufnahmen. Heini Holzer ist in den 70er Jahren der Welt erfolgreichster Steilwandfahrer. Das Interesse der Printmedien für seine Abfahrten ist dementsprechend. Abgesehen von den alpinen Fachzeitschriften widmen große Gesellschaftmagazine wie „Bunte“, „Epoca“ oder die „Schweizer Illustrierte“ dem Schennaer Ausnahmekönner mehrseitige Bildberichte.
In alphabetischer Reihenfolge zwischen „Höllental“ und „hölzernem Glachter“ wird „Holzer, Heini, italien. Bergsteiger u. Skisteilwandfahrer“ selbst in alpinen Lexikas (Lexikon der Alpen, Bertelsmann) mit etlichen seiner Unternehmungen angeführt.
Am Zenit seines alpinistischen Erfolgs erlebt Holzer einen beinahe paradoxen Zustand: Er, der trotz seines Anerkennungswillens Aufsehen um seine Person vermeiden will, ist gefragter denn je. Ein Schritt vor, zwei zurück – die Tuchfühlung mit der Öffentlichkeit gestaltet sich schwierig.
Noch vor seinem internationalen Durchbruch als Skialpinist schreibt er Hermi Lottersberger:
„(...) Wenn mich einer nicht kennt und von sich redet und mich total übersieht, dann freue ich mich.“ Von den Segnungen des Berühmt-

Ich weiß, daß man mich in Bergsteigerkreisen überall kennt, aber glaub' mir, daß mich das innerlich stört.

seins hat ein Einzelgänger seines Schlages nichts zu erwarten. Im Gegenteil: *„Ich fühle mich oft einsamer unter Menschen als alleine in der Wand“*, schreibt Holzer an anderer Stelle. Segnungen materieller Art hält er für nicht weniger zweifelhaft.

Der Familienvater, notorisch knapp bei Kasse, weiß seinen Öffentlichkeitswert letztlich nicht zu nützen, ja will es auch gar nicht. Ungleich lieber ist Holzer eine mediale Präsenz, in der er nicht als Akteur aufscheint, sondern als Autor zeichnet. Als solcher kann er selbst alpinistische Themen abhandeln; und das macht er nur zu gerne, wie seine vielen Stellungnahmen in der alpinen Beilage der Südtiroler Tageszeitung „Dolomiten“ zeigen.

In den Ultner Bergen

Ein Walliser Traum

Zermatt, wie oft hört man von diesem Dörfchen schwärmen, und doch, wenn man den Namen klingen hört, so sieht man in Gedanken ein paar Heuschuppen, im Hintergrund das Matterhorn.
In Wirklichkeit ist es ein Ort mit modernsten Hotels, Restaurants, Geschäften. Man muß es gesehen haben. Schon ein paarmal war ich dort, nicht des Matterhorns wegens, nein, es gibt noch sehr viele andere Größen von Bergen und Wänden. Wir schlendern durch die Gassen, schauen Ansichtskarten an, wo es eigentlich außer dem Matterhorn nicht viel Auswahl gibt. Wir betrachten die uralten Scheunen und Schuppen zwischen den modernen Gebäuden, die aber der Gegend angepaßt sind. Lustig ist auch das Treiben der Menschen. Man sieht alle Typen: vom Gammler bis zum Supermillionär, vom Wanderer bis zum extremen Bergsteiger, Menschen aller Kontinente.

Es ist 17 Uhr. Martin bleibt im Tal, und ich fahre mit der Gornergratbahn zum Rotboden. Morgen früh wird er zur Monte-Rosa-Hütte nachkommen. Wir verabschieden uns, er reicht mir noch die Skier nach, dann fährt die Zahnradbahn los. Martin verschwindet in der Menschenmenge wie ein Wassertropfen im Meer. Verlassen komme ich mir vor, obwohl die Bahn voller Menschen ist. Doch ich habe andere Probleme und komme mir vor wie eine Gemse in einem Ziegenstall, fast wild, unsicher. „Fahrkarten!“ Der Ruf des Schaffners schreckt mich auf. Ich reiche meine Karten.
„Monte Rosa?“, fragt er.
„Alleine?“
„Nein, nur bis zur Hütte.“
„Aber mit Ski?“, wundert er sich.
„Ja, ich gehe nur ein Stück hinauf.“
Das sei gefährlich, warnt er mich. Ich weiß es, doch wenn er wüßte, wie weit das Stück hinauf ist! Langsam gewöhne ich mich an den Ziegenstall, während sich die Bahn zwischen den Zirbenwäldern durch Tunnels in gleichmäßigem Geknatter hochschlängelt. Die Riesen zeigen sich in ihrer Wucht und Größe, fast kommt mir vor, als wollten sie sich gegenseitig übertreffen: das Matterhorn, das Zinalrothorn, das Weißhorn, östlich dann das Breithorn, die bescheidenen Kuppen des Castor und Pollux, dann wieder wuchtig der Lyskamm mit seiner Nordwand. Mein Blick bleibt an ihr hängen, sie sieht wild aus.
Rotboden. Ich steige aus, schultere meinen Rucksack und die Skier und gehe den schönen Wanderweg in Richtung der Monte-Rosa-Hütte. Ich gehe langsam, denn es ist so herrlich. Die Menschen

sind in ihren Restaurants oder auf der Bergstation. Meine Aufmerksamkeit gilt den Blumen am Wegesrand, den Murmeltieren, dem Steinwild. Naturwunder zu bestaunen, Blumen und Tiere zu erblicken, ist mir eine Freude. Immer wieder aber werfe ich einen Blick zu den Wänden hoch. Sie wollen nicht nur angeschaut werden. Ich will sie selber erleben, ihre Schwierigkeiten, erst dann bin ich zufrieden und werde ruhig; denn ich erfahre, daß wir Menschen nur schwache Geschöpfe sind und uns alle anpassen müssen, damit wir bestehen können.

Heini Holzer

Auszug aus einem unveröffentlichten Text

Die Bergsteigerseite in den „Dolomiten"

Dem Bergfex Holzer fällt das Schreiben alles andere als leicht. Dennoch wagt er bereits als 19jähriger einen ersten Schritt in die Öffentlichkeit. In der Alpinbeilage „Der Bergsteiger in den Dolomiten" der lokalen Südtiroler Tageszeitung „Dolomiten" erscheint im Herbst 1964 sein erster Artikel „Der Thurwieser-Nordpfeiler". Es ist ein Erlebnisbericht, redigiert von Josef Rampold, treibende Kraft und verantwortlicher Redakteur der Alpinbeilage.
Sehr viel später wird Rampold seine Zusammenarbeit mit Heini Holzer folgendermaßen charakterisieren:
„Ich hatte das Glück und das große Erlebnis, viele Jahre hindurch sein Vertrauen zu besitzen. Er sah in mir einen wesentlich älteren Freund, der ihn verstand, oder zumindest immer ehrlich zu verstehen suchte; mehr wollte er nicht. Im übrigen ging es darum, mit mir seine literarischen Anliegen zu besprechen; denn Heini Holzer hatte immer das Bemühen in sich, seinen innersten Gedanken Form zu geben. Dabei war ihm die Schilderung eher Nebensache, er berichtete sachlich vom äußeren Drum und Dran. Aber dann kamen die Sätze des Bekenntnisses, die Zusammenfassung eines alpinen und menschlichen Programms. Er wollte den wenigen, die von vornherein dazu befähigt sind, Außergewöhnliches in Kauf zu nehmen, von seinen Grenzbereichen Mitteilung machen."
Die „Mitteilungen" kommen in Südtiroler Alpinistenkreisen an, die Vermittlung der eigenen „Grenzbereiche" macht die Szene auf den Unbekannten aufmerksam. Daß der junge Holzer zudem in einem Forum schreiben darf, in welchem sich neben lokalen Alpingrößen auch ausländische Extremalpinisten zu Wort melden, ist ihm zusätzlicher Reiz.

Tatsächlich nimmt „Der Bergsteiger in den Dolomiten" seit seinem Ersterscheinen im Jahr 1958 eine beachtliche Rolle ein. Im gesamten deutschsprachigen Raum sind die „Dolomiten" die einzige Tageszeitung, welche im Zweiwochenrhythmus dem Thema Bergsteigen kontinuierlich eine Beilage widmet. Zudem ist die Bergsteigerseite von einer beachtlichen Lebendigkeit, bringt sie doch die (Südtiroler) Alpinisten-Befindlichkeit der 60er Jahre auf den Punkt. Ausschlaggebend ist die einfache wie sinnvolle Einbindung der Alpinisten in die Gestaltung der Beilage. Lokalgrößen wie Sepp Schrott, Oliver Renzler, Leo Breitenberger oder ein Reinhold Messner, aber auch bundesdeutsche Kletterer vom Schlage eines Toni Hiebeler, Dieter Hasse oder Jörg Lehne zeichnen hier als Autoren; allesamt sind sie Erstbegeher heute klassischer Dolomitenrouten. Mit der Einbindung der Protagonisten selbst hat im Blatt auch Polemik Platz. Zum Beispiel jene über das Für und Wider künstlicher Hilfsmittel. Im offenen Schlagabtausch entwickeln sich Befürworter und Gegner zu fundamentalistischen Grabenkämpfern. Den Diskussionen haften mitunter groteske wie

Wir sind seit jeher ausgemachte
Heuchler, wir Bergsteiger des
deutschsprachigen Raumes:
Wir führen ein herrlich barbarisches Leben im Gebirge,
aber wir glorifizieren es als eine
Großtat von Geist und Kultur.
Ulrich Aufmuth

amüsante Züge an, und man verzeichnet den einen oder anderen argumentativen Absturz. Der Lebendigkeit der Bergsteigerseite tut dies keinen Abbruch – im Gegenteil.
Abseits alpinliterarischer Hammerschläge wird eine bunte Palette an Themen rund um den Berg präsentiert. Mit dem Expeditionsalpinismus und der Erstürmung der 8000er bietet die Beilage zudem spektakulären Stoff auch für Nicht-Bergsteiger.
Für schreibambitionierte Alpinisten indessen wird von redaktioneller Seite nur eine einfache wie eindeutige Devise ausgegeben: „bei aller Schlichtheit so zu schreiben, daß es verantwortbar ist." (Rampold)
Redakteur Rampold, selbst Bergbegeisterter mit Touren im V. Schwierigkeitsgrad im Rucksack, läßt seinen Schreibern durchaus großzügige Freiheiten. Kompromißlos jedoch ist die eigene Position in Umweltbelangen. Während man sich andernorts hörig dem zeitgemäßen Fortschrittsglauben ergibt, hält er mit seinem Blatt ein ökologisches Gewissen dagegen.

Kampf und Tod – diese Begriffe sind quer durch die Geschichte des Bergsteigens geschrieben. Vor ihrem Antlitz muß das Tun und Handeln des Bergsteigers bestehen, vor ihnen fällt erbarmungslos die Maske, wenn es nur ein frevelhaftes Spiel mit dem Leben war. Nur dann stirbt einer den wahren Bergsteigertod, wenn über sein erkennendes und abwägendes, sicherndes und abwehrendes Bergsteigerkönnen hinaus der Tod listiger und stärker war. Des Bergsteigers Tun und Können muß im schattenlosen Licht dieser vollkommenen Rechenschaft bestehen. Dann werden Mütter und Bräute ihre Tränen trocknen und der Berg wird nicht verflucht werden.
Gunther Langes

Tatsächlich unzeitgemäß ist das Bergsteigerblatt früher Jahre jedoch in anderer Hinsicht. „Enttäuscht über die Wandlung des alpinen Gedankens" (Rampold), wird nachdrücklich der klassisch-alpine Geist beschworen. Wozu sollte auch eine „moderne Bergsteigerei" (Rampold) gut sein, wenn sie nicht mehr den geistigen und persönlichkeitsbildenden Zwecken dient? Rampold setzt dem neuen alpinen Zeitgeist das idealistische Erbe der alpinen Pioniere entgegen. Und damit ein unzeitgemäßes Weltbild. Immerhin ist damit auf sprachlicher Ebene Dramatik angesagt. Jungen schreibenden Stürmern und Drängern wie Heini Holzer soll's recht sein.

Der Leserschaft werden Lobgesänge auf die ausschließlich hehre Bergkameradschaft nähergebracht, archaische Kräfte werden gepriesen; man liest von höheren Sphären und lernt sogar den „wahren Bergtod" (Gunther Langes) kennen.

Für den Bergsteiger Rampoldscher Prägung ist die Wand „nur mehr lebende Macht" und „ritterlicher Gegner". Natürlich ist sie nur im „schrittweisen Kampf" zu bezwingen; dem Alleingänger „sprechen tausend andere Stimmen deutlicher als sonst zu", oder es „greift der Fels mit dürren Fingern nach dem Vermessenen und spricht eine unheimliche Sprache mit ihm", der Winterbergsteiger indessen wird als „Bezwinger eisgepanzerter Mauern" präsentiert, und seine Leistung „grenzt ans Unfaßbare". Wie auch immer: Am Ende droht doch überall der Abgrund: „Höhnisch grinst jetzt die Tiefe, ein unersättlicher Schlund, er zerrt am nackten Leben, an diesem Körper, der da hoch oben klebt."
Das Pathos, das Heldenhafte und Übermenschliche ist dem frühen „Bergsteiger in den Dolomiten" nichts Außergewöhnliches. Mögen die wenigen Artikelzitate (von 1959 bis 1965) auch aus dem Zusam-

Sprachrohr Alpinseite. In seiner Lokalzeitung verhandelt Heini Holzer Alpinistisches.

menhang gerissen sein, so stehen sie doch beispielhaft für eine Sprache und Weltsicht aus vergangen geglaubten Tagen.
Die Südtiroler Alpinisten und Freizeitschreiber unter der Leserschaft läßt eine solche Auseinandersetzung mit dem Berg nicht unbeeinflußt. Außerdem ist „Der Bergsteiger in den Dolomiten" für viele die vorerst einzige Informationsquelle zum Thema Alpinismus. So kommt es nicht von ungefähr, daß zunächst auch ein junger und unbedarfter Heini Holzer sich für das kämpferische Ringen und Raufen am Berg begeistert.

Für den Macher der Alpinbeilage und „seine Buben" – wie Rampold die Heini Holzers und Reinhold Messners anfänglich zu bezeichnen pflegt – ist es ein gegenseitiges Geben und Nehmen. „Die Burschen hatten die Chance bekannt zu werden. Ich bin da wirklich in den Hintergrund getreten." (Rampold)
Die „Buben" haben mit dem ideologisch besetzten Alpinjargon freilich nichts im Sinn. Wenn sie sich auch anfänglich für das nicht unbelastete Vokabular begeistern, so verbinden sie mit dem „Kampf auf Leben und Tod" wenig Heldisches. Für Holzer bedeutet „Kampf" ganz einfach tiefstes Existenzerlebnis. Der alpinistische Kampf ist ihm Höhepunkt des Lebendigseins. Je härter dieser Kampf, desto fester steht er im Leben. Der Gegner ist nicht mehr der Berg, der Gegner ist man selbst.
Die „Buben" finden schnell ihren eigenen, einfachen Stil. Für Holzer bleibt die Alpinbeilage immerhin das wichtigste Sprachrohr. Er veröffentlicht darin Gedichte, Kletter- und Skitourenberichte; hier bringt er das Erlebte, aber auch sein alpinistisches Programm auf den Punkt. Dieses schließt den Berg als mögliche Verdienstquelle aus. Bergsteigen bleibt so gesehen die schönste Nebensache der Welt. Im Gegensatz zu Holzer wird sich Messner bald völlig von der Rampoldschen Sicht lösen: Mit seiner kritischen Hinterfragung der Begriffe Berg Heil, Heimat und Kameradschaft wird er in den „Dolomiten" zur „persona non grata" (Messner).

Wir Verrückten
Der Thurwieser-Nordpfeiler

An einem Sonntag fuhren wir durchs schöne Vinschgau nach Trafoi, von wo aus eine gut befahrbare Straße zu den Heiligen Drei Brunnen führt. Hier wurden die schweren Rucksäcke angeschnallt, und los ging's durch den lichten Bergwald zur Berglhütte. Von hier führt unser Weg weiter unter den Ortlerfelsen zum unteren Ortlerferner, über einige Spalten hinweg und rechts ziemlich steil hinauf auf den Felskopf, auf dem die schmucke Biwakschachtel steht.

Nach vier Stunden Weg ist man schön hungrig, und man darf sich schon was kochen. Nach einigen Hüttenbeschäftigungen geht der Tag zu Ende.

Um zwei Uhr morgens wurde nach dem Wetter geschaut, aber da war nur dichter Nebel zu sehen. Dies wiederholte sich um vier und um sieben Uhr. Um ¼ nach sieben wurde doch aufgestanden, und siehe da, die Wolken waren verschwunden! Jetzt nichts wie gefrühstückt, Rucksäcke gepackt, aufgeräumt, Seil und Eisen angelegt und weg von hier. Ziemlich hurtig ging's über den Zirkusferner dem Einstieg zu, der in einer halben Stunde erreicht war. Noch ohne Seil ging's zwei Drittel des Eisfeldes hinauf. Das letzte Drittel wurde gesichert. Nach zwei solchen Seillängen waren wir am Pfeiler. Er sah freundlich aus, war uns aber nicht hold. Man schien Tritte und Griffe zu sehen, aber als man nahe war, waren es nur lose und teilweise eingefrorene Steine. Es war wie ein Schleichen über glatte Ziegelplatten. Der Sichernde ließ kein Auge vom Kletternden, jeder kleinste Muskel war gespannt.. nach 4 ½ Seillängen war das Ziel unser! Mir kam diese Tour ähnlich der der Königswand vor, nur steiler, aber wesentlich kürzer. Ein Händedruck, ein Schluck Tee aus der Flasche, und dann ging's über den Nordostgrat hinunter aufs Eiskögele. Unsere Blicke schweiften glücklich in die Runde, und wir „Verrückten", wie man uns oft nennen hört, nahmen Abschied von einem schönen Stück unserer Bergheimat.

Heini Holzer

Bei dieser Tour – unternommen mit Hans Authier als Nachsteigenden – handelt es sich um eine Erstbegehung. Der Autor läßt dies unerwähnt. Holzers erster Bericht auf der Bergsteigerseite der „Dolomiten" erscheint unter der Rubrik „Unser Tourenvorschlag"

Vergessene Berge

Ja, ich habe schon alle schönen Bergfahrten hinter mir, weiß bald nicht mehr, wohin ich am Sonntag gehen soll." Das ist die Sprache eines „Modebergsteigers". Einem solchen Menschen könnte ich einen guten Rat geben. Man nimmt einfach eine Karte zur Hand, und man sieht Berge, von denen man nie etwas gehört hat, und man müßte tagaus, tagein in die Berge gehen, um alle besteigen zu können. Ein bißchen Naturtalent braucht's, und man findet die schönsten Berge, fern vom Menschenrummel.

Eine jede Berggruppe hat ihren Hauptberg, der am meisten bestiegen wird. So ist es auch in den Sarntaler Alpen. Der Ifinger ist ein vielbesuchter Gipfel, aber die Scheibenspitze links davon kennt kaum ein Bergsteiger. In Wirklichkeit hat sie mehr zu bieten als ihr Nachbar; ein Berg mit kurzen, aber schönen Granitwänden, auch ein kühner Grat fehlt an ihr nicht. Der Normalweg über den SW-Grat hat wirklich alles in sich – ein erster Schwierigkeitsgrad. Auch ein verwöhnter Kletterer kann an den SW- und Südwandführen der Scheibenspitze sein Können messen. Die SW-Wand ist die längste Bergfahrt an dieser Spitze und erreicht den vierten Grad. Durch die Südwand, die nur vier Seillängen hoch ist, wovon zwei Seillängen auf den Kamin zwischen Ifinger und Scheibenspitze fallen, führen sehr schöne Wege. Die Originalführe rechts und die Payerroute links schwanken um den vierten Grad, und die direkte, auch UKK-Führe (Plungger-Pichler), die über ein Dach führt, ist ein netter oberer „Sechser". Am abwechslungsreichsten ist der NW-Grat, der den Schwierigkeitsgrad I bis II, eine Stelle III. Grades aufweist.

Ja, diesen Grad hatte ich schon lange vor, aber solche Touren verschiebt man gerne und jeder geht nicht mit. Doch am 25. April wurde es Wirklichkeit. Ein Mädchen, das sich nicht nach berühmten Bergen sehnt, sondern sich freut, nur in den Bergen zu sein, war mit meinem Vor haben einverstanden. Die Ifingerhütte war erreicht, und mit schwerem Schritt und leichtem Herzen trabten wir dem Einstieg zu. Über harten Schnee, ähnlich wie im steilen Eis, ging's die Rinne aufwärts. Meine Begleitung wurde angeseilt, Schlosserei an meine Heldenbrust, und es kann beginnen. Ein Genuß war es, über die schneebedeckte Rampe aufzusteigen – da hieß es schon „Seil aus". Einen Haken in den Fels, ein Klicken des Karabiners, und schon konnte mein „Waldi" an der Leine nachkommen. Nun ging's schräg nach rechts bis zur Kante, über sie

hinauf bis auf den Gipfel des ersten Turmes; hier wurde in die Scharte abgeseilt und, Turm auf, Turm ab, ging's über diese Leiter aus Schnee und Granit, dem Gipfel zu. Schneien und Nebeltreiben erhöhten die Romantik, doch die Sonne wäre angenehmer gewesen. Eine Seillänge nach der anderen folgte, und bald waren die drei Haupttürme hinter uns.
Nun fühlte sich auch Erika sicher, als wir den 35 Grad geneigten Gipfelgrat gleichzeitig hinauf stampften. Nun stand auf einmal der Gipfelsteinmann vor uns, der uns sagte: „Weiter geht's nimmer." „Berg Heil!" und ein Händedruck. Wir schlüpften in den Biwaksack, um vor Wind geschützt zu sein und machten den Proviantsack kleiner.
Den Schneegrat stiegen wir wieder ab, und vom Schartl zwischen den Türmen und-Gipfeln stiegen wir durch die Rinne, die dann weiter unten schräg nach rechts und zuletzt mit zwei Abseilern endet. Ja, jetzt standen wir auf sicherem Boden und packen Seil samt Anhängsel in den Rucksack. Bald erreichten wir die Hütte. Gemütlich war's, zur Melodie der Ziehharmonika ein Bier zu schlürfen. Der Wirt ist ein lustiger Bursche, der die „Spinnereien" der Jugend kennt, aber auch den verwöhnten Menschen zu bedienen weiß. Aber leider mußte man auch hier Abschied nehmen, in den Alltag treten und auf den Sonntag warten, der wieder Neues und Schönes in den Bergen bringt.

Heini Holzer

Der aufstrebende Extremkletterer ist selbstbewußt genug, auch den Kontakt zu den großen deutschen Fachzeitschriften „Der Bergkamerad“ und „Alpinismus“ zu suchen. Doch zum Schreiben reicht es vorerst nicht. Nicht zuletzt auch deshalb, weil in seinem Tourenbuch die großen Touren, etwa die Nordwandklassiker eines Matterhorns, Eigers oder der Grandes Jorasses, fehlen. Immerhin berichtet man in Kurznotizen von Holzers heimischen Kletterpartien. Diese sind zwar weniger spektakulär, doch schwierig sind sie allemal. Für den Macher des „Alpinismus“-Journals, den Spitzenbergsteiger Toni Hiebeler, sind sie extrem genug, um sie in seinem Heft zu vermerken.
Holzers Durchbruch in den ausländischen Printmedien kommt erst mit den großen, spektakulären Unternehmungen als Steilwandfahrer. Ab dem Jahr 1970 ist Holzer als Akteur und als Autor gefragt. „Heini Holzers neueste Steilabfahrten“ (Alpinismus) kommentiert der Protagonist zuweilen selbst. Doch der Schennaer, den man nunmehr mehrseitige Porträts widmet, ist auch als Gesprächspartner gefragt. Etwa zu Themen wie Seilsturz, Gletscherspalten, Training, Seilgefährten, Skialpinismus. Mitunter teilt sich der Interviewte die Zeitungsspalten mit einem anderen berühmt gewordenen Südtiroler: mit dem ehemaligen Seilgefährten Reinhold Messner.
In der Folge bringen illustrierte Zeitschriften den „Steilwand-Desperado“ als „kleinen Napoleon der Wände“ (Bunte) heraus. Im Fahrwasser der deutschen Zeitschrift „Bunte“ widmen sich Magazine in Italien, Schweden und Amerika dem gefährlichen Hobby des Schennaer Kaminkehrers.
Obschon der „erfolgreichste Steilwandfahrer aller Zeiten“ (Alpinismus), nie über den engeren Umkreis der Alpen hinausgekommen ist, wird er zur Abenteurer-Ikone hochgeschrieben. So ist es gar kein Zufall, daß der skitragende Holzer im Aufstieg zur Lyskamm-Nordwand sogar von einem Japaner mit „Du Holzel?“ angesprochen wird. Dabei sollte Holzer sein „Leinwand-Debüt“ noch vor sich haben – mit Jürgen Gorters Kinofilm „Abenteuer Ski“, 1976. In dem 80-Minuten-Streifen über Drachenflieger, Trickski- und Skirennläufer deckt Heini Holzer den Bereich des Steilwandfahrens ab; am Beispiel der Befahrung der Cima-Cantone-Nordwand.

Du Holzel?
Akira Nobukumi, Wanderer

Mit gut 30 Jahren scheint sich der ehemals pubertäre (vergessene?) Wunsch Holzers, einer der besten Extremalpinisten der Welt zu werden, in Teilen zu erfüllen: Es reicht zum besten Skibergsteiger oder, genauer: zum besten Steilwandfahrer.
Holzers Bekannheitsgrad macht sich kurioserweise ein bergbegeisterter Deutscher namens Hans Eichel zunutze. Auf der Rückfahrt von einer angeblichen Westalpenfahrt taucht dieser in zünftiger Bergsteigerkluft in Schenna auf. Knapp bei Kasse, bittet er Holzer um ein Nachtquartier. Der Mann will zudem ein guter Bekannter von Holzers

Holzer mit Extrembergsteiger und „Alpinismus“-Chefredakteur Toni Hiebeler. Regelmäßig vermeldet letzterer Holzers neueste Steilwandabfahrten in seinem Bergsteigerblatt.

Bergfreunden, Ulli Kössler und Reinhold Messner, sein und erzählt von einer angeblichen Winterüberschreitung des Peutereygrates am Montblanc. Von diesem sonderbaren Besucher hört Holzer erst wieder, als in einer Bergsteigerzeitschrift von der Verhaftung eines bergbegeisterten Hochstaplers die Rede ist. Zuvor hatte dieser noch Kössler und Messner besucht, nicht ohne von seinem Freund Holzer und einer Winterüberschreitung zu erzählen – und um ein Nachtquartier und ein bißchen Reisegeld bittend.

Fragende Blicke
Alpspitz-Nordwand

Vor vielen Jahren las ich einen Bericht über eine Begehung der fünfhundert Meter hohen Alpspitz-Nordwand. Damals war ich noch in den alpinen Kinderschuhen. Mich beeindruckte die Leistung der Männer, die der glattgeschliffenen Wand Meter für Meter abkämpften.

Jahre später las ich den gleichen Bericht noch einmal, da empfand ich dies normal, fast übertrieben! Heuer, nach der Skibefahrung der Hochblassen-Nordrinne, sah ich mir die Wand vom Kreuzeck aus genau an. Wieder kam mir der Bericht von damals in den Sinn. Irgendwie kam ich mir lächerlich vor, sie in nächster Zeit mit Skiern angehen zu wollen.

Das sind zehn Tage her, und heute sind wir da. Neben der Skipiste vom Osterfelderkopf schnallen wir die Ski ab, befestigen sie am Rucksack. Einige Skifahrer bleiben stehen, mustern uns mit fragendem Blick, fragen nicht. Mir ist's recht, denn wie sollte man ihnen begreiflich machen, daß man von da oben abfahren kann? Fünfzehn Minuten später stehen Helmut und ich am Wandfuß. Gleichzeitig steigen wir hintereinander die Wand hoch. Am Anfang ein Rinnensystem zu einem steigenden Band nach links, zum „Schneeherz". Unter uns bricht die Wand in Felsen ab, über uns wird sie nach oben hin steiler. Zuerst im Zickzack durch Felsen in die sichelartige Verschneidung, die von links unten nach rechts oben führt. Der Schnee ist ziemlich kompakt. Manchmal scharren die Sohlen auf dem Fels. In der linken Begrenzungswand treffen wir zweimal auf Felshaken. Welche Kontraste! Wieder denke ich an den Bericht vor Jahren. Sie sicherten an Haken, wir steigen seilfrei im Winter durch, um anschließend mit den Skiern abzufahren. Gleichgültigkeit oder Wahnsinn würde man uns zuschreiben. Aber wir sind weder gleichgültig noch wahnsinnig, alles ist eine Berechnung und Einstellung. Hartes Training, viel Erfahrung und Selbstdisziplin sind unbedingt notwendig. Von der eigenen Leistungsgrenze Abstand halten – das ist mein Grundsatz. Diese Grenzen sind verschieden. Für den einen ist diese Wand im Sommer das Letztmögliche, für mich wird sie eine mittelschwierige Skiabfahrt im Winter.

Nach neunzig Minuten liegt die Wand unter uns. Fünfzig Meter unterhalb des Gipfels schnallen wir die Skier an. Der Platz ist knapp, ziemlich ausgesetzt. Helmut wirkt unruhig. Mir gefällt es. Meine neunzigste Steilabfahrt! Ich bin abfahrbereit. Noch ein prüfender Blick auf die Marker-Bindung, Ski und Stöcke, ein weiter Blick nach unten. Auch Helmut ist fahrbereit. Ich fahre los. Doppelstockeinsatz, der erste Sprung, kurz darauf der zweite, so folgt Sprung auf Sprung, nach jeweils zwei bis drei Metern ein Sprung. Nahe an den Begrenzungsfelsen fahre ich am ersten Haken, dann am zweiten vorbei. Immer wieder scharren die Kanten auf Fels.

Bald liegt die „Sichelverschneidung" über mir. Ich halte an, warte auf Helmut. Heute hat er Schwierigkeiten. Nicht immer ist man gleich in Form. Aber mit jedem Sprung-Schwung gewinnt er an Sicherheit. Immer wieder sausen Schneebrocken an mir vorbei, die seine Skier auslösen. Bald ist er bei mir. Hintereinander fahren wir weiter, zwischen den Felsen durch, über das Band nach links zur Schlußrinne und durch diese zum Einstieg. Im Nu stehen wir auf der Skipiste. Einige Skifahrer warten, gratulieren uns. Wir schauen hinauf, sehen die Spuren, Freude steigt auf.

Heini Holzer

Die Befahrung der Alpspitz-Nordwand im Wettersteingebirge unternimmt Holzer gemeinsam mit Helmut Vitroler im März 1976. Die 500 Meter hohe Wand bewertet Holzer mit dem III. Schwierigkeitsgrad.

Die verpönte Verdienstquelle

„Er setzte sein Leben bei diesen waghalsigen Unternehmen jedesmal aufs Spiel, aber er tat es nicht leichtsinnig, vor allem – er tat es nicht des Geldes wegen, und das ist das Große an ihm, ich möchte fast sagen das Moralische" (Maria Luise Maurer).

In ihrer Kurzgeschichte „Der Dolomitenzwerg", einem Nachruf auf Heini Holzer, bringt die Schreiberin Maria Luise Maurer das Südtiroler Bergsteigerklischee der 70er Jahre auf den Punkt. Im Gleichklang mit der Bergsteigerseite in den „Dolomiten" ringt Maurer dem Bergerlebnis eine moralische Komponente ab. Und die Moral, oder was man dafür hält, steht hoch im Kurs. Demnach zeichnet sich ein Extremalpinist durch Bescheidenheit, Naturverbundenheit und vor allem Idealismus aus. Will heißen: Wer aus seinem Bergsteigen Kapital schlägt, handelt unmoralisch. Die Erlebnisse in der Natur dienen hehren Zielen. Wer anderes verfolgt – so die unausgesprochene Schlußfolgerung – verrät die Natur als Hort letzter Reinheit. Unberücksichtigt bleibt, wie wertbesetzt der Begriff Natur in dieser Argumentation bereits gehandhabt wird.

Freilich – auch über ein halbes Jahrhundert nach Dülfer steigt man noch immer aus Freude auf die Berge. Doch für viele Extremalpinisten der 60er und 70er Jahre ist Bergsteigen schon lange nicht mehr die schönste Nebensache der Welt. Ihnen ist es zur Hauptsache geworden.

Doch das moralinsaure Credo vom edlen Bergsteigen hat sich in das Selbstverständnis Südtiroler Alpinisten eingegraben. Auch und vor allem in Heini Holzer. Dabei erkennt auch er: Wer in der internationalen Kletterelite mitmischen will, hat als Wochenendbergsteiger nur mehr geringe Chancen. Nichtsdestotrotz lehnt Holzer das Profibergsteigertum rundherum ab. Zu sehr ist der Schennaer ein Kind seiner Zeit, zu sehr den gängigen Anstandsgeboten verpflichtet. Geld zu verdienen mit *„den Bergen, von denen mir Hilfe kommt"* (Holzer), übersteigt seine ethische Schmerzgrenze.

Sponsoring bleibt in Südtirol zunächst ein Femdwort. So ist es nicht verwunderlich, daß die Südtiroler Teilnehmer an den Expeditionen in den Hindukusch (1965) oder zum Nanga Parbat (1970) nur auf die sehr bescheidene und diskrete Unterstützung seitens privater Spender zurückgreifen können.

In die Berge steigt man, weil's Freude macht
Hans Dülfer, Alpinpionier

Anders in England und Frankreich. Mit der Bergsteigerei Geld zu verdienen, hat über den Führerberuf hinaus nichts Anrüchiges mehr an sich. Daß Spitzenbergsteiger wie Dougal Haston (Erstbegeher der Eiger-Nordwand-Direttissima) und Chris Bonington, Gaston Rébuffat und René Desmaison (u.a.Wintererstbegeher des Fréneypfeilers und der Grandes Jorasses-Nordostwand) von ihren alpinistischen Aktivitäten leben, hat Selbstverständlichkeitswert. Selbst in Italien macht ein Walter Bonatti vor, wie lukrative Verträge abgeschlossen

werden: Vor der ersten Winterbegehung des Walkerpfeilers am Grandes Jorasses im Jänner 1963 verkauft er sämtliche Veröffentlichungsrechte exklusiv an die italienische Illustrierte „Epoca“. Seine Bilder und Berichte sind mehr als gefragt; von verkauften Seelen oder Bergen spricht kaum jemand.
Noch ein Jahrzehnt vorher war sich ein anderer Extremalpinist seines gewinnbringenden Namens bewußt: Hermann Buhl, Holzers großes Vorbild. Mit der österreichischen Wahl zum besten „Sportler des Jahres 1953“ gibt's für Buhl die ersten Nebeneinkünfte durch Sponsoren im Ausrüstungssektor. Buhl hat für etwaige ethische Zweifel nichts übrig, hat er doch über die Bergsteigerei hinaus seine Familie zu versorgen. Das hat auch Heini Holzer.

Werbung des Schuhausrüsters von Heini Holzer in der Alpinzeitschrift „Der Bergsteiger“

Unter dem Titel „Extrem auf Ski“ erscheint auf der Bergsteigerseite der „Dolomiten“ und kurz darauf in der Zeitschrift „Alpinismus“ (1971) ein Beitrag Holzers. Darin zeichnet der Autor seine Entwicklung zum Steilwandfahrer nach und nennt einzelne Ausrüstungshersteller. Die bewußte oder unbewußte Werbung Holzers für ein Sportgeschäft sorgt bei den Südtiroler Lesern für Aufregung. Grundtenor der erbosten Telefonanrufer in der „Dolomiten“-Redaktion: Das hat's noch nie gegeben! Holzer hatte im einzelnen geschrieben:

„Im Sportgeschäft „Pifl“, Meran, traf ich zufällig Hubert Fliri, den Besitzes des Geschäftes, der selbst eine Skireparaturwerkstätte führt. Mit ihm besprach ich mein Problem. Er konnte mir helfen, mich beraten wie keiner zuvor. Ihn interessierten meine Erfahrungen. Ich sah, daß er jeden berät, bevor er verkauft.
(…)
Was ich während des Aufstiegs als Ausrüstung bei mir habe, ist: Stubai-Leichtsteigeisen und Stubai-Eishammer und den Steinschlaghelm am Kopf. Im Rucksack trage ich außer Bussole, Karte, Höhenmesser, Neigungsmesser und sonstigem Kleinkram die Steigfelle, die ich zum Einstieg brauche. Dazu eine 40-Meter-Reepschnur (6 mm), eine Stubai-Eisschraube und zwei Eishaken für den Notfall. Für die Abfahrt trage ich noch am Rücken die normale Länge der Kästle-Ski CPM 70, die nicht zu hart sind und in Blankeisstellen doch sehr gut halten, als Bindung den Marker-Simplex-Backen und die Tourenautomatik Rotomat TR, die ist sicher, leicht zu überprüfen und beim Aufsteigen mit Skiern sehr bequem, da man viel Fersenfreiheit hat.“

Ein Service-Artikel für interessierte Skialpinisten? Werbung oder unbeabsichtigte Detailinformation? Die scharfen Reaktionen auf Holzers Zeilen sind bezeichnend für das vorherrschende Bild einer hehren (Südtiroler) Bergwelt, die rein zu bleiben hat.
Mit den ungeschriebenen Gesetzen in Holzers Umfeld bricht ab Mitte der 70er Jahre erst der Villnösser Reinhold Messner. Als weltbester Extremalpinist gehandelt, wirbt er in deutschen Bergzeit-

schriften für diverse Ausrüstungshersteller – ganzseitig, und zum Entsetzen der alpinen Gralshüter südlich und nördlich des Brenners. Zudem sorgt der „schriftstellernde Berufsalpinist" (Messner) mit Aussagen, wie „ich würde auch für Geld die Wände rauf- und runtergehen, wenn es das gäbe", für zusätzlichen Zündstoff.
Der Tabubruch und die Diskussionen rund um das Profibergsteigertum leiten im deutschsprachigen Raum eine überfällige Entwicklung ein. Doch Heini Holzer bleibt dieser gegenüber skeptisch, was ihn nicht hindert, diskrete Öffentlichkeitsarbeit in eigener Sache zu betreiben. Hierin unterstützt ihn die lokale Spar- und Vorschußkassa: Sie finanziert ihm eine Porträt-Visitenkarte und läßt von dem Filmemacher Ernst Pertl einen Kurzfilm über den Steilwandfahrer produzieren. Holzer begibt sich damit auf Tour durch Südtirol. Volle Säle sind ihm sicher. Doch die Auswertung seiner skialpinistischen Unternehmungen erschöpft sich mehr oder weniger in den schriftlichen Berichten und Vorträgen bei AV-Sektionen im In- und Ausland. Und obschon sein Bekanntheitsgrad mit jeder Abfahrt wächst, sind professionelle Sponsorenverträge kein Thema. Für Völkl und Marker, welche dem Steilwandfahrer kostenlos Ski und Bindung zur Verfügung stellen, „wirbt" Holzer im bescheidenen Rahmen seiner Vorträge und Zeitungsberichte. Lediglich der Berg- und Skischuhhersteller Meindl nimmt Holzer mit Porträtaufnahme und Originalzitat in Zeitschriftannoncen in die Pflicht („Extreme entscheiden sich für..."). Es ist ein erster Schritt in die bislang undenkbare Richtung; hierfür spricht auch seine Werbekampagne für die lokale Milchwirtschaft. Doch der Rahmen bleibt eng gesteckt. So eng, daß selbst einzelne Fachmedien glauben schreiben zu müssen:
„Überhaupt ist er unter den Steilwandfahrern bestimmt auch der ungeschickteste, was geschäftliches Denken und den Sinn für irdische Güter angeht. Die Firmen, deren Ski, Schuhe und Bindung er fährt, geben ihm ab und zu ein neues Stück. Als Zuschüsse für seine oft kostspieligen Unternehmungen hat er zusammengerechnet schon runde tausend Mark herausgeholt" (Alpinismus). Und: „Da ist der Schweizer Sylvain Saudan schon unvergleichlich geschickter: er hat mit den Firmen Verträge, kassiert hohe, fünfstellige Summen, ließ ein Buch über sich schreiben, fährt einen Rennsportwagen, auch wenn er nur 17 Steilabfahrten nachweisen kann. Aber das stört den Heini nicht. Er lebt sein Leben, ist zufrieden" (Alpinismus).
Selbst für Reportagen über seine Steilwandfahrten muß Holzer von seinem Freund und oftmaligen Begleiter, dem Fotografen Martin Fliri, „zugeredet werden wie einem kranken Roß" (Fliri). Doch als sich der Erlös der großen „Bunte"-Reportage 1976 in eine dringend benötigte Wohnzimmereinrichtung umrechnen läßt, gibt sich Holzer geschlagen: Die Summe macht knapp das Dreifache seines Monatsgehalts als Kaminkehrer aus. Für den Familienvater, der finanziell viel in seine Steilwand-Unternehmungen steckt, ist es dringend benötigtes Kleingeld.

Doch das Gefühl, dabei Ehre abzugeben, wird Holzer nicht ganz los. Wesentlich leichter tut er sich mit privaten Spendern. Etwa dem Meraner Hans Singer. Immer wieder unterstützt der bergbegeisterte Zahnarzt die Unternehmungen junger Südtiroler Extremalpinisten. Sein größtes Sorgenkind erblickt er jedoch in Heini Holzer, dem er über kleine finanzielle Zuwendungen hinaus auch willkommene Funkgeräte zukommen läßt. Holzer revanchiert sich auf seine Weise und führt seinen Förderer durch verschiedenste Kletterwände.

Heini Holzers zuletzt passable Sponsorenverträge reichen freilich nicht aus, sich einen langgehegten Traum zu erfüllen: einmal von einem großen Berg im Himalaja abzufahren. Abgesehen von den beruflichen Verpflichtungen müßte sich Holzer hierfür ganz in die Hände von Sponsoren begeben. Vorfühlend, ob es solche überhaupt gäbe, schreibt die deutsche Bergzeitschrift „Alpinismus" in ungewohnt direkter Weise:
„Man kann sich nur wünschen, daß sich bald die Möglichkeit findet, für den Skialpinisten auch mal außeralpine (sprich: außereuropäische, Anm.d. Hrsg.) Unternehmungen zu finanzieren."
Ohne sich wirklich darum zu kümmern, zieht Holzer dem Ausgeliefertsein sein Amateurdasein vor.

Tod eines Suchenden

Wahnsinn

Auf die Berge zu gehen,
durch die Wand zu klettern,
im Winter alleine mit Ski
abzufahren,
über Hänge und Wände.
Wahnsinn für die,
die Sklaven sind,
Sklaven ihrer selbst.

Piz Roseg - Der letzte Akt

100 Steilabfahrten! Die große Zahl hat Heini Holzer schon lange angepeilt. Im April '77 ist es soweit: Holzer befährt die Nordrinne des Peitlerkofels in den Dolomiten. Auf der nicht allzu schwierigen Abfahrt wird Holzer von gleich mehreren Gefährten vergangener Unternehmungen begleitet; Aldo Dibiasi, Alberto und Sandro Dorigatti, Gerold Koppelstätter und Helmut Vitroler. Letzterer hatte als Skitourenführer des CAI Holzer sogar von seinem rückenlagigen „Scheibenwischer-Stil" geheilt. Doch Stilistik kümmert Holzer wenig – vor allem nicht, wenn der Doppelstocksprung am besten über Steilstufen hilft wie in der schmalen Nordrinne des Peitlerkofels.
Das numerische Ziel ist mit dieser Abfahrt zwar erreicht, doch ans Aufhören denkt Holzer deshalb nicht. Warum auch? War er nach der 100. oder 500. Kletterfahrt nicht auch weiter bergsteigen gegangen? Nichtsdestotrotz ahnt Holzer, daß das Steilwandfahren einer anderen Dynamik gehorcht. Im Unterschied zum Extrembergsteigen kann Holzer mit der weiteren Befahrung steiler Alpenwände keine Qualitätssteigerung mehr erzielen. Und hat er mit über 55° – in kurzen Teilstücken gar bis knapp über 60° – die natürliche Grenze nicht schon erreicht? Bringt das reine Sammeln noch skiunberührter Wände noch so etwas wie eine persönliche Weiterentwicklung?
Gegenüber ehemaligen Seilgefährten kündigt Holzer im Frühsommer '77 an, *„nur noch ein paar Abfahrten"* machen zu wollen. Doch kann er, süchtig nach starken Emotionen, überhaupt vom Steilwandfahren lassen? Noch stehen unerledigte Projekte an: die Nordrinne des Monte Cristallo, die Direkte Nordwand des Ortlernachbarn, des Monte Zebrù, und vor allem die Nordostwand des Piz Roseg in der Berninagruppe. Das Jahr '77 beginnt aber mit Ausrüstungsproblemen. Diese hatten sich mit dem Rückzug von Holzers Ausrüster, dem Skibindungs-Hersteller Marker, abgezeichnet. Man wolle mit Bindungen werben, die sich im Bedarfsfalle öffnen, und nicht mit solchen, die um jeden Preis geschlossen bleiben müssen wie beim Steilwandfahren, läßt man den Steilwandfahrer wissen. Holzer greift enttäuscht auf das Ausrüstungsangebot eines anderen Herstellers zurück. Doch erste Abfahrten mit der neuen Bindung verheißen nichts Gutes. In den Sextner Dolomiten, in der 400 Meter hohen Nordrinne der Punta Anna, öffnet sich die Bindung in voller Fahrt. Heini hat die Lage unter Kontrolle, ist aber vorgewarnt. Auch die härtestmögliche Bindungseinstellung erzielt nicht ganz das gewünschte Resultat.

Am Höhepunkt seiner „Karriere" als Steilwandfahrer lächelt Holzer aus etlichen Zeitschriften heraus.

Holzers Verbesserungsvorschläge beim Hersteller zeitigen zudem keine schnelle Wirkung. Verärgerung und Trotz aber verbieten Heini Holzer den gebotenen Rückgriff auf das sicherere Modell seines früheren Ausrüsters.

Holzer beschließt indessen weiterzufahren – eine gewagte Entscheidung angesichts der geplanten Abfahrten jenseits der 50°-Grenze. Schon eine knappe Woche nach dem gefährlichen Zwischenfall steigt er mit Sieglinde Walzl und Helmut Vitroler die berüchtigte Eisrinne in der Sciora-Gruppe hinauf; das Gemelli-Couloir, 600 Meter hoch, bis zu 52° steil. Dichter Nebel und Lawinengräben vereiteln das Projekt allerdings im unteren Drittel. Zum wiederholten Male muß Holzer hier unverrichteter Dinge abziehen. Und auch der nächste Steilwandversuch scheitert. Umsonst wartet er im Juni '77 zwei Tage am Fuße des Piz Roseg auf bessere Verhältnisse. Unentwegt donnern Lawinen die Nordostwand herab und drängen Holzer zum Rückzug. Doch er will – muß wiederkommen: fünf vergebliche Anläufe sind genug. Die Erstbefahrung dieser Wand will sich Heini nicht mehr nehmen lassen. Diese Nordostwand wird ihm zum dringlichsten Ziel dieser Saison.

Aber ich stürze nicht, dessen bin ich mir sicher

Vorerst aber steht das alljährliche Treffen der Internationalen Hochtouristengruppe Bergland an. Ein Wiedersehen unter Spitzenalpinisten, Bergfreunden. Und so fährt Heini mit seiner Partnerin Sieglinde und seinem Freund Alberto Dorigatti auf die Hofpürglhütte im Dachstein. Kaum auf der Hütte angekommen, treibt es ihn allein über eine Südwandroute auf die Große Bischofsmütze. Eine leichte IVer Tour; gerade recht, um etwas in Übung zu bleiben. Als ob sich Holzer damit aber den geselligen Hüttenabend noch nicht verdient hätte, steigt er nächtens mit einer kleinen Gruppe wieder zur Großen Bischofsmütze hinauf, um eine in Bergnot geratene Seilschaft in Sicherheit zu bringen.

Der Aufenthalt auf der Hofpürglhütte wird Heini Holzers letztes Auftreten im erweiterten Kreise der Bergfreunde sein. *„Also mach' ein paar schöne Sterbebilder von mir!“* ruft er dem fotografierenden „Alpinismus“-Redakteur und Extrembergsteiger, Toni Hiebeler, vor dem Auseinandergehen zu.

Sechs Tage später, am 2. Juli '77, steht Holzer mit seinen Skiern auf dem Gipfel des Zebrù. Verdeckt hinter dem Piz Bernina wähnt er das Ziel des nächsten Tages: den Piz Roseg.

Als Vorbereitungstour angelegt, ist die Zebrù-Nordwand dennoch ein schwieriges Unternehmen. Mit bis zu 52° Neigung steht sie der Nordostwand ein Bergmassiv weiter in kaum etwas nach.

Die Abfahrt vis-à-vis dem Ortlerhintergrat, verläuft für den erfahrenen Steilwandfahrer nach Plan. Sechs Jahre zuvor war Holzer an anderer Stelle schon einmal erfolgreich zum Suldenferner abgefahren: durch die Nordostwand der Königsspitze.

Das Erfolgserlebnis auszukosten, bleibt jedoch keine Zeit. In Sulden sucht Holzer den Chef des lokalen Bergrettungsdienstes, Pfarrer Josef Hurton, auf. Dieser hat für ihn ein vergriffenes Buchexemplar über eine Alpinistenlegende parat: „L'arte di arrampicare di Emilio Comici". Doch Holzer hat weder Zeit noch Muße, darin zu blättern. Sehr nervös und „unruhig wie nie zuvor" (Hurton) sieht er bereits der bevorstehenden Unternehmung entgegen. Zu oft war er am Piz Roseg schon umgekehrt. Und diesmal scheinen die Verhältnisse zu stimmen. „Ich muß es jetzt abschließen", läßt er Hurton wissen und begibt sich auf die Weiterfahrt. In Spondinig trifft er mit seiner Lebensgefährtin, Sieglinde Walzl und seinem Freund Helmut Vitroler zusammen. Gemeinsam startet man zum Piz Roseg. Für Holzer ist es mittlerweile der 6. Versuch. Hatte er die Skibefahrung der Gran-Paradiso-Nordwestwand nicht auch erst im 6. Anlauf geschafft?
Tags darauf um 8 Uhr stehen die drei bei idealen Verhältnissen auf dem Gipfel des Piz Roseg. Doch nur Holzer selbst hat die Skier mit. Seinen Gefährten hat er die Abfahrt abgeraten: Das kurze Abseilmanöver in den Felsen unterhalb der Wandmitte dürfte schwierig werden.
Am Seil gesichert, probiert Heini im Gipfelbereich einige Schwünge. Doch die dabei abgehenden Schneerutschen gefährden eine aufsteigende Seilschaft in der Wand. Für weiteres Zuwarten ist es bereits zu spät; zu schnell nämlich wird der Firn jetzt von der Julisonne aufgeweicht. Schweren Herzens muß Heini erneut verzichten. Unverrichteter Dinge steigt er mit seinen Freunden über den Eselsgrat ab.
Doch Holzer gibt sich nicht geschlagen. Während Walzl und Vitroler aus Arbeitsgründen die Rückreise antreten müssen, schenkt sich Holzer einen Tag und bleibt auf der Tschierva-Hütte. Die Wand *„abzuschließen"* (Holzer), das hat jetzt Vorrang.

Zuwarten auf eine freie Wand. Holzer bricht am Vortag des Unglücks seinen Versuch, die Nordostwand des Piz Roseg abzufahren, wegen des matschigen Schnees ab.

Montag, 4 Juli.
Zusammen mit drei Zweierseilschaften, Schweizer Bergführer-Anwärtern, verläßt er gegen 3 Uhr die Hütte. Um 7 Uhr hat er den Aufstieg über die 650 Meter hohe NO-Wand hinter sich. Auf dem Gipfel unterhält er sich kurz mit einem St. Moritzer Bergführer, einem ausgewanderten Landsmann, der mit einer Kundschaft über den Normalweg aufgestiegen ist. Es ist Holzers letztes Gespräch. Inzwischen steigt auch die dritte Seilschaft der angehenden Bergführer aus der Wand. Heini ist optimistisch. Es herrschen gute Verhältnisse: hart scheinender Schnee, Windstille, schönes Wetter. Und Heini verabschiedet sich: *„Wir sehen uns auf der Hütte wieder",* die Abfahrt in Richtung Nordostwand beginnend.
Nach wenigen Schwüngen im obersten und noch unproblematischen Gipfelbereich bricht er mit einem Skistock ein, bleibt hängen, kommt in Rückenlage und stürzt. Wie oft schon hat er einen solchen Sturz im Training simuliert? Wie oft schon mögliche Reaktionen vor seinem inneren Auge durchgespielt? Seine Bewegungsabläufe sind so gut wie automatisiert, verinnerlicht. Holzer kann sich umgehend fangen und bleibt Herr der Lage.

Gefräßige Ungetüme: Skizze des Tschierva-Hüttenwirtes, Arnold Amstutz, mit der abgebrochenen Spur Holzers im oberen Wandbereich

Blitzschnell wieder auf den Beinen, fährt er sofort weiter. Und entschwindet in der nun steiler werdenden Nordostwand den Blicken der Zurückgebliebenen.
Der Wirt der Tschierva-Hütte verfolgt die Abfahrt Holzers mit dem Feldstecher. Das steile obere Drittel der Wand hat Holzer bereits hinter sich, als er oberhalb des Felsriegels in voller Fahrt zu schwanken beginnt und um das Gleichgewicht kämpft. Für Heini gibt es diesmal jedoch kein Halten. Er stürzt, schlägt auf Felsen auf und verschwindet im Abgrund.
Heini Holzer wird wenig später tot am Wandfuß geborgen. Der so oft gelebte *„Augenblick, wo der Tod zum Leben, die Angst zur Freude wird, der schönste Augenblick der Steilabfahrt“* (Holzer) – er wiederholt sich nicht mehr.

Fragen zur Ursache des Sturzes bleiben unbeantwortet.
Hat sich die neue Skibindung geöffnet, wie schon in den Sextner Dolomiten und in einigen Tests zuvor? War eine eigene Unachtsamkeit der Auslöser für den Todessturz?

Wenige Tage zuvor hatte Holzer für die Alpinbeilage seines Lokalblattes noch einen Nachruf geschrieben. Sein Freund, der belgische Meisterkletterer Claudio Barbier, war tödlich abgestürzt. Holzers Nachruf wurde publiziert – gemeinsam mit jenem Nachruf, der ihm nun selbst galt.

Ein Zeichnung Paul Ernis von Heini Holzer, anläßlich eines „Gitarrenkonzertes“ des Steilwandfahrers

Bewundert und verurteilt

Von Markus Holzer

Daten, Fakten und Geschichten über einen Menschen sagen etwas aus. Wer er aber wirklich war, wer will das beurteilen? War er ein guter, war er ein schlechter Vater? Auch wenn ich es wüßte – es wäre damit nur ein Denken in Schubladen bedient.
Als er starb, war ich sieben Jahre alt. Ob versunkene Bilder, schwache Stimmen und zurückgebliebene Kinderwünsche reichen, von einem Leben zu erzählen? Wenn ich aber seine Geschichten, Berichte und Eintragungen lese, weiß ich, was er dachte, fühlte. Ich höre ihn und glaube ihn zu verstehen.
„Glaube nicht jedem, der sagt, er hätte ihn gut gekannt!" Mutters Worte habe ich nicht vergessen.
Ich habe jedem zugehört – und die Leute erzählten viel. Nachträglich weiß ich, daß fast alle meinen „Vater gut gekannt" haben. Doch sie kannten ihn nicht gut genug, und so machte ich mir meine eigenen Gedanken.

Er versuchte alles richtig zu machen. Er wurde bewundert und gleichzeitig verurteilt. Er bemühte sich selbst um die Anerkennung derjenigen, die seine Handlungen mißbilligten – auf seine Weise: kletternd, skifahrend, in seinen Bergen zurechtkommend.
Ich bin oft an seiner Hand. Führt er mich, zieht er mich? Bin ich es, der ihn nicht losläßt? Auf den Fotos sehe ich, was ich erlebt habe. Das Wie bleibt unausgesprochen, ich war zu jung.

Der Hirsch, den er mir in die Mitte eines Blattes zeichnet, steht noch immer allein da. Ich habe weitergezeichnet, und ich versuchte mein Bestes. Nichts aber reichte an das stolze Tier heran. Ich konnte nicht so gut zeichnen, und mein Wald gefiel mir nicht. So schnitt ich um den Hirschen herum alles weg. Am besten war es, daran nichts zu verändern.
Was blieb? Ein kleines Stück Papier mit seinem Hirsch darauf. Daß dieser bis heute ganz ohne Wald auskommen mußte, sollte mein Vater nie erfahren.

Markus Holzer, Jahrgang 1969, ist der ältere der beiden Söhne Heini Holzers. Er lebt und arbeitet als Koch in Sulden/Südtirol.

Anhang

Schwierigkeitsbewertung

Gemäß den vom Dachverband der alpinen Vereine, der UIAA (Union Internationale des Associations d'Alpinisme), festgelegten Richtlinien für die Definition von Kletterschwierigkeiten unterscheidet man grundsätzlich zwischen freier und künstlicher Kletterei.
Freiklettern – fälschlicherweise oft mit dem Klettern ohne Seil verwechselt – bedeutet, daß ausschließlich die natürliche Felsoberfläche zur Fortbewegung benützt wird; Passagen sind nur dann in freier Kletterei überwunden, wenn Haken, Keile, Schlingen, Steigleitern und andere Hilfsmittel lediglich zur Sicherung verwendet werden.
Beim künstlichen oder technischen Klettern werden ebendiese künstlichen Hilfsmittel auch zur Fortbewegung im Fels verwendet.
Während die künstliche Kletterei mit A^0 bis A^4 (A für artificiel) bewertet wird, geschieht dies bei der freien Kletterei durch römische Ziffern I bis VI, bei denen noch Zwischenstufen „untere (–) Grenze" und „obere (+) Grenze" unterschieden werden. Diese Zwischenstufen finden jedoch erst ab dem III. Schwierigkeitsgrad Anwendung.

Schwierigkeitsgrad-Bewertung beim freien Klettern (bis zum Jahr 1977)

I **leicht** – unschwierig: In diesem Gelände kann ein geübter Bergsteiger meist ohne Benutzung der Hände steigen. Schwindelfreiheit bereits erforderlich.

II **mäßig schwierig** – Die Hände werden nicht nur zur Erhaltung des Gleichgewichtes benötigt, man beginnt bereits zu klettern (Drei-Punkte-Haltung). Das Seil wird meist schon angewandt (Selbstsicherung beginnt)

III **schwierig**: Dieses Gelände erfordert eine gewisse Technik und Erfahrung.
Einwandfreie Seilbedienung ist erforderlich. Geübte Kletterer können noch ohne Seilsicherung klettern.

IV **besonders schwierig**: Je nach dem Können des einzelnen werden besonders für Sicherungen Haken und Karabiner benötigt.

V **überaus schwierig**: Nur Könnern vorbehalten. Es werden für die Sicherung Hilfsmittel (Haken und Karabiner) verwendet. Zunehmende Anzahl der Zwischensicherungen ist die Regel.

VI **äußerst schwierig**: Ausgefeilte Klettertechnik und viel Erfahrung erlauben Spitzenkönnern ein sicheres Klettern an der Grenze des Möglichen. Zum Teil vermehrte Anwendung künstlicher Hilfsmittel haben nichts mit VI zu tun.

Schwierigkeitsgrad-Bewertung beim künstlichen Klettern

A^0:
Die einfachste Form künstlicher Kletterei. Haken oder andere Zwischensicherungen (Holz- oder Klemmkeile, Schlingen usw.) in vorwiegend freien Routen müssen als Griff oder Tritt benutzt werden. Auch die Benutzung von Selbstzug, die Anwendung von Pendeltechnik und die des Seilzugquergangs zur Fortbewegung fällt unter künstliches Klettern A^0.

A^1:
Haken und andere technische Hilfsmittel sind relativ leicht anzubringen, und die Passage verlangt relativ wenig Kraft, Ausdauer und Mut. Die Verwendung einer Trittleiter pro Seilpartner, die mehrfach eingehängt wird, ist ausreichend, eine zweite ist nicht erforderlich.

$A^2 - A^4$:
Größere Schwierigkeiten beim Hakensetzen und Anbringen anderer technischer Hilfsmittel (kompakter Fels, geschlossene Risse, brüchiger und kleinsplittriger Fels) und/oder größere körperliche Leistungen beim Überwinden der Kletterstelle (Überhang, Dach, großer Hakenabstand) und/oder große Ausgesetztheit, welche vom Kletterer immer größere Fähigkeiten verlangen. Zwei Trittleitern notwendig

Klettertouren* Heini Holzers (Auszug)

1963

Ifinger, N-Wand (Sarner Alpen)
Santnerspitze, N-Wand (Schlern)
Similaun, N-Wand (Ötztaler Alpen)
Rosengartenspitze, O-Wand – Steger
Winklerturm, S-Wand (Rosengarten)
Fensterleturm, O-Wand (Rosengarten) – Eisenstecken
Scheibenspitze, S-Wand (Sarner Alpen) – UKK
Vertainspitze, N-Wand (Ortlergruppe) – 1. Winterbegehung

1964

Ortler, N-Wand; Schückrinne 1. Winterbegehung im Abstieg
Erster Sellaturm, S-Kante – Tissi
Gamsplatte (Sarner Alpen), SW-Verschneidung – UKK
Königsspitze, N-Wand (Ortlergruppe)
Tofana di Rozes, S-Pfeiler (Ampezzaner Dolomiten)
Thurwieser, N-Pfeiler, (Ortlergruppe) – 1. Begehung
Schattenkofl, N-Kante (Schlern) – 1. Alleinbegehung d. Kritzinger-Führe
Margarethenturm, SW-Wand (Rosengarten); 1. Alleinbegehung d. Schrott-Führe
Fleischbank, O-Wand (Wilder Kaiser) – Dülfer
Cima Canale, W-Riß (Palagruppe) – Buhl
Kleinste Zinne, SO-Wand – Cassin
Furchetta, N-Wand (Geisler-Dolomiten) – 1. Alleinbegehung Solleder-Führe

1965

Euringer, Ostverschneidung (Schlern) – Abram
Torre Venezia, S-Wand (Civetta) – Tissi
Punta Pilatus, W-Verschneidung (Kreuzkofelgruppe) – Mayerl
Campanile Basso, W-Wand (Brenta)
Torre di Valgrande, NW-Wand (Civetta) – Carlesso
Torre Trieste, S-Wand (Civetta) – Carlesso
Cima su Alto, NW-Wand (Civetta) – Livanos
Rotwand, W-Wand (Rosengarten) – Maestri
Fleischbank, SO-Verschneidung (Wilder Kaiser)

1966

Geierwand, S-Verschneidung (Fanes-Dolomiten) – 1. Winterbegehung
Sperone Vettorato, SSO-Wand (Paganella) – Steinkötter/Velo
Sperone Vettorato, O-Wand – Steinkötter
Kleine Zinne, S-Wand – Egger
Piz Ciavazes, S-Kante (Sella-Gruppe) – Defrancesch
Rochetta Alta (Bosconero-Gruppe), NW-Kante – Scoiattoli
Torre Trieste, SO-Kante (Civetta) – Cassin
Rochetta Alta, N-Wand (Bosconero-Gruppe) – Via delle Grotte
Laserzwand, S-Wand-Riß (Lienzer Dolomiten) – Mayerl/Röhr
Cima Margherita, N-Wand (Brenta) – Steinkötter
Delagoturm, NW-Wand (Rosengarten) – Schrott/Hasse
Punta Civetta, NW-Wand – Aste/Susatti
Cima Bancon, O-Wand (Civetta) – Gabriel/Da Roit
Pelmo, SO Pfeiler – Franceschi/Bellodis
Torre Alleghe, NW-Kante (Civetta) – Belenzier
Punta Tissi, NW-Wand (Civetta) – Philipp/Flamm
Peitlerkofel, W-Wand (Geisler-Dolomiten) – Schließler
Mugoni, SO-Verschneidung (Rosengarten) – De Francesch
Campanile Caigo, SO-Wand (Brenta) – Steinkötter

Östl. Sattelspitze, NO-Wand (Rosengarten) – Abram/Schrott
Stevia, N-Wandriß (Puez-Dolomiten) – Vinatzer
Cima delle Costé, O-Wand (Daino-Gruppe) – 1. Begehung

1967
Spaloti di Fai, SW-Pfeiler (Paganella) – 1. Winterbegehung des Terray-Pfeilers
Paganella, O-Wand – 1. Winterbegehung Super-Direttissima
Spaloti di Fai, SO-Pfeiler – 1. Allein- u. Winterbegehung Pilastro Luciano
Große Cirspitze, S-Wand (Puez-Dolomiten) – De Francesch
Piz Ciavazes, Kleine S-Verschneidung – Buhl
Spiz delle Roé di Ciampedié, S-Kante Larsec-Gruppe) – Schubert
Cima Scotoni, SW-Wand (Fanes-Dolomiten)– Lacedelli/Ghedina/Lorenzi
Croz dell' Altissimo, S-Wand (Brenta) – Oppio
Rotwand, W-Verschneidung – 1. Alleinbegehung Abram/Schrott
Marmolata d'Ombretta, S-Wand – Aste/Solina
Große Zinne, N-Verschneidung – Abram/Schrott
Civetta, NW-Wand – 1.Begehung Weg der Freunde
Aiguille d'Argentière, Dir. NO-Wand (Montblanc) – 1. Begehung
Monte Agnèr, Dir. NO-Wand (Pala) – 1. Begehung
Cima della Busazza, W-Wand (Civetta) – Castiglione/Gilberti
Comiciturm, N-Wand (Langkofel-Gruppe) – Comici
Piz Ciavazes, W-Verschneidung – 1. Alleinbegehung Vinatzer/Riffesser-Führe

1968
Rotwand, W-Wand (Rosengarten) – 1. Alleinbegehung Eisenstecken-Führe
Fleischbank, O-Wandkamin – 1. Alleinbegehung Schmuck-Führe
Kleine Vernel, Dir. S-Wand (Marmolata) – 1. Begehung

1969
Hohe Weiße, NW-Pfeiler (Texelgruppe) – 1. (Allein-)Begehung
Mittlere Coronelle, W-Wand (Rosengarten) – 1. Begehung
Marmolata Penia, S-Wand – Messner/Renzler
Westlicher Meisulesturm, O-Wandriß (Sella) – Vinatzer

1970
Sperone Anneta, NO-Wand (Paganella) – 1. Alleinbegehung Stenico-Führe
Cima Verde, NO-Wand, (Monte Bondone) – Steinkötter
Cima Verde, NO-Kante, (Monte Bondone) – Steinkötter
Cima Terranova, NW-Wand (Civetta) – Erstbegehung

1971
Torre Roma, S-Wandriß – 1. Alleinbegehung Piaz-Führe

1972
Piz de Ciavazes, S-Wand – Schubert
Lagazuoi, Nordgipfel „Drachenweg“ (Fanes-Dolomiten) – Barbier

1973
Piz Ciavazes, S-Kamine – 1. Winterbegehung Demetz/Glück-Führe
Gardenaccia, N-Wandriß (Puez-Dolomiten) – 1. Begehung
Aiguille Noire de Peuterey, Südgrat (Montblanc) – Brendel/Schaller

Tofana di Rozes, Südwand (Fanes-Dolomiten) – Tissi

1974
Kleine Weiße, N-Kante (Texelgruppe) – Gritsch

1975
Odla di Valdussa, N-Kante (Geislergruppe) – 1. Alleinbegehung Buratti/Nerzer-Führe
Neunerspitze, Südwand (Fanes-Dolomiten) – 1. Gesamtbegehung der 4-Südwandführen
Mumelterkopf, NO-Verschneidung (Schlern) – 1. Begehung

Vordere Karlspitze, O-Wand (Wilder Kaiser) – Göttner
Großes Mühlsturzhorn, S-Wandpfeiler (Ramsau)
Burgstall, Dir. O-Wandriß (Schlern) – 1. Begehung

1976
Rofanspitze, O-Wandriß – Habeler
Rofanspitze, O-Wandriß – Rebitsch

* Auszug ausschließlich schwieriger Klettertouren mit Namen der Erstbegeher

Steilwandabfahrten*

1970
Marmolata, Nordwand (Dolomiten):
600 m Wandhöhe; 50-55 Grad Neigung. 1. Skibefahrung am 13. Juni mit Hermi Lottersberger und Siegfried Messner.

Similaun, Nordwand (Ötztaler Alpen):
450 m; 40-50 Grad. 1. Skibefahrung am 20. Juni, allein
Cima Tosa, Nordrinne (Brentagruppe):
900 m; bis 50 Grad. 1. Skibefahrung am 21. Juni mit Ander Tscholl

Cima Brenta, Nordwand:
500 m; bis 48 Grad. 1. Skibefahrung am 11. Juli mit A. Tscholl

Hoher Angelus, Nordostwand (Ortlergruppe):
250 m; 40 50 Grad. 1. Skibefahrung am 25. September, allein

Hohe Schneide, Nordwand (Ortlergruppe):
250 m; 40-55 Grad. 1. Skibefahrung am 11. Oktober, allein

Monte Pasquale, Westnordwestwand (Ortlergruppe):
400 m; 40-50 Grad. 1. Skibefahrung am 17. Oktober mit A. Tscholl

Geisterspitze, Nordostwand (Ortlergruppe):
200 m; 45-50 Grad. 1. Skibefahrung am 18. Oktober, allein.

Payerspitze, Nordostwand (Ortlergruppe):
200 m; 40-45 Grad. 1. Skibefahrung am 18. Oktober mit A. Tscholl

1971
Tablander Spitze; Ostflanke (Texelgruppe):
300 m; 40-50 Grad. 1. Skibefahrung am 13. März, allein
Cima Paganella, Ostrinne „Battisti" (Paganella):
750 m; 20-45 Grad. 1. Skibefahrung am 15. März

Alpplattspitze, Südwestrinne (Sarntaler Alpen):
300 m; 35-45 Grad. 1. Skibefahrung am 3. April mit A. Tscholl

Scheibenspitze, Nordwestgrat u. Westrinne (Sarntaler Alpen):
350 m; 40-52 Grad. 1. Skibefahrung am 10. April, allein

Marmolata, Nordwestwand:
400 m; 40-48 Grad. 1. Skibefahrung am 12. April, allein

Ortler, Nordostwand „Schückrinne“:
1100 m; 45-55 Grad. 1. Skibefahrung am 20. April, allein

Innerkoflerturm, Nordwand (Langkofelgruppe):
500 m; 45-52 Grad. 1. Skibefahrung am 25. April, allein

Schrötterhorn, Nordgrat u. Nordwand (Ortlergruppe):
600 m; 30-40 Grad. 1. Skibefahrung am 8. Mai

Monte Cristallo, Nordwand-Eisrinne (Dolomiten):
600 m; 40-50 Grad. 1. Skibefahrung am 11. Mai, allein

Königsspitze, Nordostwand „Minnigerode“ (Ortlergruppe):
550 m; 45-53 Grad. 1. Skibefahrung am 20. Mai, allein

Habicht, Direkter Mischbachferner (Stubaier Alpen):
600 m; 30-45 Grad. Skibefahrung am 6 Juli, allein

Tuckettspitze, Direkte Nordwestwand (Ortlergruppe): 250 m; 45-50 Grad.
1. Skibefahrung am 7. Juli, allein

Cima Presanella, Nordwand:
550 m; 45-50 Grad. 1. Skibefahrung am 8. Juli, allein

Trafoier Eiswand, Nordwand „Dangl“ (Ortlergruppe):
350 m; 50-55 Grad. 1. Skibefahrung am 10 Juli, allein

1972

Gantkofel, Goiderschlucht (Mendelgruppe):
250 m; 35-40 Grad. 1. Skibefahrung am 12. März, allein

Col Turond, Südrinne (Puezgruppe):
300 m; bis 40 Grad. 1. Skibefahrung am 19. März mit S. Walzl

Sass Pordoi, Nordwestrinne (Sella-Dolomiten):
500 m; 40-50 Grad. 1. Skibefahrung am 30. April, allein

Hochgall, Direkte Nordwand (Riesenfernergruppe):
300 m; 50-53 Grad. 1. Skibefahrung am 4. April, allein

Sass Songher, Südostrinne (Puezgruppe):
600 m; 40-50 Grad. 1. Skibefahrung am 7. Mai, allein

Sass Songher, Südostrinne (Puezgruppe):
600 m; 40-50 Grad. 2. Skibefahrung am 24. Mai, allein

Hintere Langspitze, Westrinne (Zillertaler Alpen):
400 m; 45-53 Grad. 1. Begehung u. 1. Skibefahrung am 3. Juni, allein

Griesferner, Nordwand (Zillertaler Alpen):
750 m; bis 50 Grad. 1. Skibefahrung am 4. Juni, allein

Monte Cercen, Nordwand (Presanella):
750 m; 40-50 Grad. 1. Skibefahrung am 18 Juni, allein

Hohe Wand, Südwestwand (Zillertaler Alpen):
450 m; 40-50 Grad. 1. Skibefahrung
am 25. Juni, allein

Hintere Weißseespitze, Nordwand (Zillertaler Alpen):
1100 m; 40-50 Grad. 1. Skibefahrung
am 3. Juli, allein

Piz Palü, Nordwand „Rechter Hängegletscher“ (Bernina):
800 m; 40-55 Grad. 1. Skibefahrung
am 9. Juli, allein

Hohe Schneide, Direkte Nordwand (Ortlergruppe):
250 m; 45-55 Grad. 2. Skibefahrung
am 17. Juli, allein

Lenzspitze, Direkte Nordwand (Wallis):
500 m; 50-53 Grad. 1. Skibefahrung
am 22. Juli, allein

Monte Pasquale, Westnordwest-Wand (Ortlergruppe):
400 m; 40-50 Grad. 2. Skibefahrung
am 3. August, allein

Geisterspitze, Nordostwand (Ortlergruppe):
200 m; 45 bis 50 Grad. 2. Skibefahrung am
5. August, allein

Payerspitze, Nordwand (Ortlergruppe):
200 m; 40-52 Grad. 2. Skibefahrung
am 5. Augst, allein

Tuckettspitze, Westnordwest-Wand (Ortlergruppe): 250 m; 45-50 Grad. 2. Skibefahrung
am 5. August, allein

Weißlahnspitze, Westrinne (Aferer Geiseln):
250 m; bis 40 Grad. 1. Skibefahrung
am 31. Dezember mit S. Walzl

1973

Sasso Becce, Nordflanke (Sellagruppe):
250 m; 40-45 Grad. 1. Skibefahrung
am 21. März, allein

Sass de Forca, Südrinne (Sellagruppe):
250 m; 40-45 Grad. 3. Skibefahrung
am 24. März mit S. Walzl

Cima di Salimmo, Nordwand (Adamello):
500 m; 40-48 Grad. 1. Skibefahrung
am 13. Mai mit S. Walzl

Piz de la Margna, Nordwand (Bernina):
450 m; 40-50 Grad. 1. Skibefahrung
am 27. Mai, allein

Weißseespitze, Nordwand (Ötztaler Alpen):
500 m; 40-50 Grad. 1. Skibefahrung
am 11. Juni, allein

Piz Bianco, Nordgrat „Biancograt“ (Bernina):
900 m; 30-50 Grad. 1. Skibefahrung
am 13. Juni, allein

Montblanc, „Brenvasporn“:
1000 m; 30-50 Grad. 1. Skibefahrung
am 30 Juni, allein

Monte Stella, Nordrinne „Lourousa“ (Argenteragruppe-Seealpen):
750 m; 40-50 Grad. 1. Skibefahrung
am 7. Juli, allein

Gran Paradiso, Ostwand:
400 m; 45-50 Grad. 1. Skibefahrung
am 4. August, allein

Montblanc, Nordflanke:
800 m; 30-45 Grad. Skibefahrung
am 5. September

1974

Monte Cristallo Nordwestgipfel, Nordostrinne (Dolomiten):

800 m; 40-50 Grad. 1. Skibefahrung
am 17. März mit Heini Prenner

Laaser Wand, Nordostrinne (Ortlergruppe):
350 m; 40-45 Grad. 1. Skibefahrung
am 24. März mit H. Prenner

Dreischusterspitze, Westrinne „Comici-Rinne" (Sextner Dolomiten):
650 m; 40-52 Grad. 1. Skibefahrung
am 30. März mit H. Prenner

Schwemser Spitze, Ostwand (Ötztaler Alpen):
550 m; 40-48 Grad. 1. Skibefahrung
am 6. April mit H. Prenner

Weißkugel, Ostwand (Ötztaler Alpen):
200 m; 45-48 Grad. Skibefahrung
am 7. April, allein

Civetta, Südflanke „Tivan-Weg" (Civetta-Dolomiten):
850 m; 40-50 Grad. 1. Skibefahrung
am 12. April, allein

Fröllspitze, Nordwestflanke (Plose-Dolomiten):
200 m; 40-48 Grad. Skibefahrung
am 14. April mit S. Walzl u. H. Prenner

Kapuzinerspitze, Nordostflanke (Puez-Gruppe):
650 m; 40-52 Grad. 1. Skibefahrung
am 15. April mit H. Prenner

Kleiner Ifinger, Südwestwand (Sarntaler Alpen): 450 m; 40-50 Grad. 1. Skibefahrung
am 13 Mai, allein

Jaufenspitze, Nordwestrinne (Sarntaler Alpen):
450 m; 42-48 Grad. 1. Skibefahrung
am 16. Mai mit H. Prenner

Schrötterhorn, Direkte Nordwand (Ortlergruppe):
300 m; 40-50 Grad. 1. Skibefahrung
am 18. Mai mit H. Prenner

Presanella, Nordwestwand „Detassis":
500 m; 50-52 Grad. 1. Skibefahrung
am 21. Mai, allein

Rotwand, Nordostflanke (Rosengarten-Dolomiten):
250 m; 45-50 Grad. 1. Skibefahrung
am 30. Mai, allein

Hochfernerspitze, Direkte Nordwand „Vanis" (Zillertaler Alpen):
900 m; 30-50 Grad. 1. Skibefahrung
am 3. Juni, allein

Petit Montblanc, Nordostwand-Couloir:
Wandhöhe 900 m; 40-50 Grad;
1. Skibefahrung am 14. Juni, allein

Aiguille d'Argentière, Nordwand (Montblanc):
700 m; 40-50 Grad. 1. Skibefahrung
am 16. Juni, allein

Lyskamm, (Westgipfel) Nordwand „Holzer-Sérac-Z" (Wallis):
1200 m; 40-50 Grad. 1. Begehung u. 1. Skibefahrung am 20. Juni, allein

Piz Palü, Ostgipfel, Östliche Nordwand „Feuchtl-Dobasch" (Bernina):
700 m; 40-50 Grad. 1. Skibefahrung
am 14. Juli, allein

Hochgrat, Nordwestflanke (Nagelfluhkette, Allgäuer Alpen):
450 m; bis 40 Grad. 1. Skibefahrung
am 8. Oktober, allein

1975

Grigna Meridionale, Südflanke (Grignagruppe-Lecco):

670 m; 35-45 Grad. 1. Bef. am 11. April, allein

Eidechsspitze, Westflanke (Pfunderer-Zillertaler Berge):
1100 m; 35-45 Grad; 1. Skibefahrung am 19. April mit Helmut Vitroler

Piz Stiga, Nordflanke (Fanes-Dolomiten):
400 m; 40-45 Grad. 1. Skibefahrung am 27. April mit Claudio Nardi

Antelao, Nordwestflanke (Dolomiten):
1000 m; 30-48 Grad. 1. Skibefahrung am 18. Mai mit S. Walzl, Helmut Vitroler u. C. Nardi

Monte Pelmo, Ostflanke (Pelmo-Dolomiten):
900 m; 30-40 Grad. 1. Skibefahrung am 19. Mai mit S. Walzl, H. Vitroler u. C. Nardi

Eggenspitze, Nordost-Rinne (Ortler-Gruppe):
350 m; 40-48 Grad. 1. Skibefahrung am 6. Juni, allein

Nördliche Falwellspitze, Südwestrinne (Ötztaler Alpen): 370 m; 40-48 Grad. 1. Skibefahrung am 8. Juni mit S. Walzl und H. Vitroler

Taschach-Eiswand, Nordwand (Pitztaler-Ötztaler Alpen):
700 m; 40-50 Grad. 1. Skibefahrung am 15 Juni mit S. Walzl, H. Vitroler und C. Nardi

Lodner, Nordostflanke, „Lammer-Route" (Texelgruppe):
300 m; 40-48 Grad. 1. Skibefahrung am 22. Juni mit S. Walzl und H. Vitroler

Hohe Weiße, Nordostwand (Texelgruppe):
400 m; 40-48 Grad. 1. Skibefahrung am 24. Juni, allein

Sattelhorn, Nordwand (Berner Oberland):
550 m; 40-50 Grad. 1. Skibefahrung am 3. Juli, allein

Großes Aletschhorn, Nordwand (Berner Oberland):
1100 m; 40-50 Grad. 1. Skibefahrung am 6. Juli, allein

Ortler, Südwand-Rinne, „Minnigerode":
600 m; 40-50 Grad. 1. Skibefahrung am 11. Juli, allein

Gran Paradiso, Nordwestwand „Adami":
600 m; 40-52 Grad. 1. Skibefahrung am 13. Juli mit S. Walzl und H. Vitroler

Punta Cadini, Nordwestwand (Südl. Ortlergruppe):
350 m; 42-48 Grad. 1. Skibefahrung am 27. Juli mit S. Walzl, Augusta Longariva, H. Vitroler und Edi Moser

Hohe Wilde, Westwand-Diagonale (Ötztaler Alpen):
250 m; 40-46 Grad. 1. Skibefahrung am 2. August mit H. Vitroler

1976

Hochblassen, Nordrinne (Wetterstein):
200 m; bis 45 Grad; 1. Skibefahrung am 20. Februar; allein

Parpaner Rothorn, Nordgipfel Westrinne (Plessurgruppe):
250 m; 40-42 Grad. 1. Skibefahrung am 22. Februar, allein

Alpspitz, Nordwand (Wetterstein):
500 m; 35-50 Grad. 1. Skibefahrung mit H. Vitroler am 1. März

Monte Kempel, Nordflanke (Asiagogruppe):
300 m; 40-50 Grad. 1. Skibefahrung mit S. Walzl und H. Vitroler am 19. März

Östliche Puezspitze, Nordrinne (Puez-Dolomiten):
600 m; 35-40 Grad. 2. Skibefahrung mit H. Vitroler und Aldo Dibiasi am 27. März

Peitlerkofel, Ostwand (Geisler-Dolomiten):
400 m; 40- 45 Grad. 1. Skibefahrung mit S. Walzl am 28. März

Piz Linard, Südflanke (Silvrettagruppe):
550 m; 40-45 Grad. 1. Skibefahrung mit S. Walzl am 1. April

Bleispitze, Südrinne (Stubaier Alpen):
300 m; 40- 45 Grad. 1. Skibefahrung am 3. April mit S.Walzl u. H. Vitroler

Ippeleskogel, Südostrinne (Stubaier Alpen):
300 m; 40-47 Grad. 1. Skibefahrung Am 1. Mai mit S. Walzl, Alberto u. Sandro Dorigatti

Cima Cantone, Nordwand (Bergell):
270 m; 50-52 Grad. 1. Skibefahrung am 10. Juni, allein

Cima di Rosso, Nordwand (Bergell):
400 m; 45-50 Grad. 1. Skibefahrung am 13. Juni, allein.

Torrone Centrale, Direkte Nordwand (Bergell):
350 m; bis 50 Grad. 1. Skibefahrung am 18 Juni, allein

1977

Peitlerkofel, Nordrinne (Dolomiten):
500 m; 35-45 Grad. 1. Skibefahrung am 16. April mit H. Vitroler, A. Dorigatti, Gerold Koppelstätter

Monte Cristallo, Nordrinne (Dolomiten):
450 m; 40-52 Grad. 1. Skibefahrung am 23. April mit S. Walzl, H. Vitroler, Aldo Dibiasi u. A. Dorigatti

Punta Anna, Nordrinne (Sextner Dolomiten):
400 m; 40-50 Grad. 1. Skibefahrung Am 25. April mit S. Walzl, H. Vitroler, A. u. Sandro Dorigatti

Monte Zebrù, Direkte Nordwand (Ortlergruppe):
750 m; 40-52 Grad. 1. Skibefahrung am 2. Juli, allein.

* Die Angabe des Neigungswinkels beruht auf persönlichen Messungen Heini Holzers und liegt durchschnittlich unter den Angaben in Alpinführern.

Literaturverzeichnis

Ulrich Aufmuth: Zur Psychologie des Bergsteigens. Fischer Taschenbuchverlag. Frankfurt, 1988.

Ulrich Aufmuth: Lebenshunger. Die Sucht nach Abenteuer. Walter-Verlag. Zürich, Düsseldorf 1996.

Helmut Dumler: Grenzen des Menschenmöglichen. Alleingänger am Berg. Verlag Das Bergland-Buch, Salzburg 1970.

Hermann Buhl: Achttausend drüber und drunter. Nymphenburger Verlagshandlung, München 1954.

Hermann Buhl: Kompromißlos nach oben. Hrsg. v. Reinhold Messner und Horst Höfler. Steiger-Verlag; Augsburg 1997.

Handbuch Alpingeschichte im Museum. Hrsg. von Helmuth Zebhauser/DAV. Verlag, München 1991.

Eugen Guido Lammer: Durst nach Todesgefahr.

Hrsg. von Reinhold Messner und Horst Höfler. Steiger-Verlag, Augsburg 1999.

Anna Lauwaert: La via del drago. Centro di Documentazione Alpina. Torino 1995.

Maria Luise Maurer: Der Dolomitenzwerg. Erzählungen aus Südtirol. Tübinger Poesie Verlag. Tübingen 1979.

Sepp Mayerl: Der Turm in mir. Zu schwierigsten Gipfeln der Erde. Verlagshaus Alfred Förg, Rosenheim 1984.

Reinhold Messner: Zurück in die Berge. Bergsteigen als Lebensform. Athesia, Bozen 1970.

Reinhold Messner: Aufbruch ins Abenteuer. Athesia; Bozen, 1972.

Reinhold Messner: Alle meine Gipfel. F.A. Herbig Verlagsbuchhandlung. München 1993.

Reinhold Messner Die Freiheit, aufzubrechen, wohin ich will. Piper, München 1989.

Paul Preuss: Freiklettern mit Paul Preuss. Hrsg. v. Reinhold Messner. BLV; München, 1986.

Sylvain Saudan: Skifahren an der Grenze des Möglichen. Panorama-Verlag, Altstätten/Schweiz 1983.

Zeitungen/Zeitschriften

1959-1977	„Der Bergsteiger in den Dolomiten", Alpinbeilage der Tageszeitung „Dolomiten"
1959-1977	„Der Bergsteiger"
1959-1977	„Alpinismus"
10/1973, 12/91	„Rivista della montagna"

Als Primärquellen wurden die Tourenbücher und -berichte, sowie Briefe Heini Holzers herangezogen. Des weiteren wurden Interviews mit Verwandten, Bekannten, Freunden, Seilgefährten und Extremalpinisten ausgewertet. Die im Buch wiedergegebenen Texte Holzers sind leicht redigiert und – sofern nicht anders vermerkt – dem „Bergsteiger in den Dolomiten" (der Tageszeitung „Dolomiten") entnommen.

Fotonachweis:

Peter Aellen:
S. 88 (u. rechts, nachfotografiert von Helmut Vitroler)

Alpinismus:
S. 154

Hans Authier:
S. 81, 82, 84 (u. rechts)

Der Bergsteiger:
S. 158

Dieter Drescher:
S. 38

Martin Fliri Dane:
S. 87 (o.), 105, 130, 136

Archiv Heini Holzer:
S. 8, 12, 13, 14, 15, 16, 18, 19, 20, 24, 27, 29, 35, 45, 47, 49, 51 (u.), 54, 55, 56, 62, 64 (u.), 66, 67, 71, 77, 79, 84 (o. links und u. rechts), 103

Ulli Kössler:
S. 124

Alos Kröss:
S. 11, 24

Helmut Mayer:
S. 33

Giuseppe Pellegrinon:
S. 89

Hans Pescoller:
S. 28, 84 (m. links)

Helmut Vitroler:
S. 36 (nachfotografiert), 83, 87 (u. mitte), 88 (o. und u. rechts)

Archiv Sieglinde Walzl:
S. 30, 43, 51 (o.), 57, 64 (o.), 69, 84 (m. rechts), 85, 86, 87 (u. links und u. rechts), 88 (u. links), 91, 107, 111, 116, 117, 118, 119, 127, 144, 161, 163

Der Verlag hat versucht, alle Quellen und Urheberrechtsinhaber zu ermitteln und zu kennzeichnen. Er bittet etwaige Bildrechtsinhaber, die nicht ausfindig gemacht werden konnten, sich mit dem Verlag in Verbindung zu setzen.

Dank an:

Hans Authier, Martin Fliri Dane, Alberto Dorigatti, Dieter Drescher, Hans Peter Eisendle, Almo Giambisi, Alessandro Gogna, Markus Holzer, Josef Hurton, Hans Kammerlander, Ulli Kössler, Alois Kröss, Erika Lösch-Holzer, Hermi Lottersberger, Reinhold Messner, Helmut Larcher, Sepp Mayerl, Hans Pescoller, Josef Rampold, Siegfried Stocker, Andreas Tscholl, Christa Unterlechner, Toni Valeruz, Helmut Vitroler, Luis Vonmetz, Sieglinde Walzl.

Zum Autor:

Markus Larcher, geboren 1962 in Meran/Italien, Studium der Theaterwissenschaft und Publizistik in Wien, arbeitet als Publizist, Dokumentarfilmer und Theaterpädagoge in Südtirol.

Inhalt